मुग़लकालीन युद्ध और कूटनीति: विजयों से पतन तक

डॉ. सुषमा कुमारी सिंह

सहायक प्राध्यापक और प्रभारी प्राचार्य

इतिहास विभाग

दुर्गावती महाविद्यालय, बिछिया

विषयसूची

लेखिका परिचय

डॉ. सुषमा कुमारी सिंह

डॉ. सुषमा कुमारी सिंह एक प्रतिष्ठित शिक्षाविद्, विद्वान और लेखिका हैं, जिनका नाम भारतीय इतिहास और सांस्कृतिक धरोहर के अध्ययन में सम्मान के साथ लिया जाता है। ये दुर्गावती महाविद्यालय, बिछिया, डुमरी (कैमूर), बिहार में सहायक प्राध्यापक (प्रधान प्रभारी) के रूप में कार्यरत हैं। इतिहास के प्रति उनकी गहरी रुचि, शोध के प्रति उनकी निष्ठा और शिक्षा के प्रति इनका समर्पण उन्हें अपने क्षेत्र में एक अद्वितीय स्थान प्रदान करता है। इनका मानना है कि इतिहास केवल अतीत की घटनाओं का संकलन नहीं, बल्कि भविष्य की दिशा तय करने का माध्यम है। इसी सोच के साथ वे इतिहास के उन पक्षों को उजागर करने का कार्य कर रही हैं, जो शोधार्थियों, विद्यार्थियों और आम पाठकों के लिए एक नई दृष्टि खोलते हैं। डॉ. सिंह शिक्षा और शोध में नवाचार की पक्षधर हैं। इनके मार्गदर्शन में अनेक विद्यार्थी शोध के क्षेत्र में आगे बढ़ रहे हैं। उन्होंने अपने शोध और लेखन के माध्यम से इतिहास की अलक्षित गहराइयों को खोजकर उसे समाज के समक्ष प्रस्तुत किया है। इनकी विद्वता और अनुशासन ने उन्हें केवल एक शिक्षिका ही नहीं, बल्कि एक मार्गदर्शक और प्रेरणास्रोत भी बना दिया है।

इन्होंने मुग़ल शासन पर आधारित दो अत्यधिक लोकप्रिय पुस्तकें लिखी हैं, जो इतिहास प्रेमियों, शोधकर्ताओं और प्रतियोगी परीक्षाओं की तैयारी करने वाले छात्रों के लिए अनमोल धरोहर साबित हो रही हैं। इसके अतिरिक्त, उन्होंने छह से अधिक शोध पत्र उच्च प्रभाव कारक वाली अंतरराष्ट्रीय शोध पत्रिकाओं में प्रकाशित किए हैं और कई

प्रतिष्ठित पत्रिकाओं की रिव्यूअर भी हैं। यह उनकी शोध क्षमता और ज्ञान की गहराई को दर्शाता है। इनकी नवीनतम पुस्तक "मुग़लकालीन युद्ध और कूटनीति: विजयों से पतन तक" मुग़ल साम्राज्य के रणनीतिक अभियानों, प्रशासनिक नीतियों और समाज पर उनके प्रभावों का एक विस्तृत एवं विश्लेषणात्मक अध्ययन प्रस्तुत करती है। यह पुस्तक न केवल इतिहास के शोधकर्ताओं और विद्यार्थियों के लिए एक अवश्य पढ़ी जाने वाली कृति है, बल्कि UPSC, PCS, और अन्य प्रतियोगी परीक्षाओं की तैयारी करने वाले अभ्यर्थियों के लिए भी अत्यंत उपयोगी है।

"ज्ञान वही सार्थक है, जो समाज को दिशा दे और व्यक्ति को प्रगति की ओर ले जाए।" इसी सिद्धांत पर चलते हुए डॉ. सुषमा कुमारी सिंह इतिहास को केवल एक विषय नहीं, बल्कि समाज के विकास का मूल आधार मानती हैं। वे इतिहास की एक नई नींव रख रही हैं, जो आने वाली पीढ़ियों के लिए प्रेरणा, मार्गदर्शन और सफलता का आधार बनेगी। इनका समर्पण, इनकी विद्वता और इनकी लेखनी भविष्य के शोधकर्ताओं और विद्यार्थियों के लिए एक प्रकाश स्तंभ की तरह कार्य करेगी।

अगर आप इतिहास को सिर्फ पढ़ना नहीं, बल्कि महसूस करना चाहते हैं, तो इनकी कृतियाँ आपको अतीत की गहराइयों तक ले जाएंगी और वर्तमान को एक नई दृष्टि से देखने की प्रेरणा देंगी!

आभार व्यक्त करते हुए

इस पुस्तक "मुग़लकालीन युद्ध और कूटनीति: विजयों से पतन तक" को लिखना मेरे लिए एक अविस्मरणीय यात्रा रही है। यह न केवल मुग़ल सैन्य रणनीतियों, प्रशासनिक नीतियों और कूटनीति को गहराई से समझने का अवसर था, बल्कि इसने मुझे ऐतिहासिक शोध और विश्लेषण की दिशा में और अधिक परिपक्वता प्रदान की। इस यात्रा को सफल बनाने में जिन व्यक्तियों, संस्थानों और परिस्थितियों ने मेरा सहयोग और मार्गदर्शन किया, उनके प्रति मैं अपनी हृदय से कृतज्ञता व्यक्त करती हूँ। इस पुस्तक का अस्तित्व उन सभी के योगदान के बिना संभव नहीं होता।

सबसे पहले, मैं अपनी प्रेरणा और मार्गदर्शन का स्रोत अघोरेश्वर महाप्रभु अवधूत भगवान राम के शिष्य, गुरु ब्रहम मां गुरु संभव राम जी के प्रति अपना आभार प्रकट करती हूँ। उनकी आध्यात्मिक शिक्षा और प्रेरणा ने मुझे यह कार्य प्रारंभ करने और इसे पूर्ण करने की शक्ति दी।

मेरे पूजनीय माता-पिता, श्री शिव शंकर सिंह और माता आशा देवी, मेरे जीवन के आधार स्तंभ रहे हैं। उन्होंने मुझे हमेशा अध्ययन और ज्ञान के प्रति समर्पित रहने की शिक्षा दी। उनके संस्कार और समर्थन के बिना यह यात्रा संभव नहीं होती।

मैं अपनी गहरी कृतज्ञता पूजनीय माननीय डॉक्टर शशि मैडम, विभागाध्यक्ष, इतिहास विभाग, तिलकधारी कॉलेज, जौनपुर, और डॉक्टर समर बहादुर सिंह, विभागाध्यक्ष, इतिहास विभाग, पीजी कॉलेज, गाज़ीपुर, के प्रति व्यक्त करती हूँ। उनका मार्गदर्शन और विद्वत्ता मेरे इस पुस्तक को सही दिशा में ले जाने में सहायक रहे।

इस यात्रा में मेरे पति अधिवक्ता पंकज कुमार सिंह का समर्थन मेरे लिए एक मजबूत आधार था। उनके धैर्य, समझ और प्रोत्साहन ने इस पुस्तक को पूर्ण करने में मेरी सहायता की।

मैं धन्यवाद करती हूँ वर्तमान विश्वविद्यालय प्रतिनिधि, पूर्व रजिस्टार श्री धीरेंद्र कुमार सिंह, और पूर्व विश्वविद्यालय प्रतिनिधि, डॉ. राजेश वर्मा, असिस्टेंट प्रोफेसर,

जंतु विभाग, वीर कुंवर सिंह विश्वविद्यालय, आरा, जिनकी सलाह और सहायता मेरे इस कार्य के हर चरण में अमूल्य रही।

इस पुस्तक को पूरा करने में श्री सुधाकर सिंह, वर्तमान सांसद, पूर्व कृषि मंत्री बिहार सरकार, और अध्यक्ष, दुर्गावती महाविद्यालय, बिछिया, डुमरी, कैमूर, का विशेष योगदान रहा। उनका मार्गदर्शन और समर्थन मेरे लिए एक प्रेरणा स्रोत रहा है।

मैं विशेष रूप से गुरु बहन तथा पुत्री स्वरूप मार्गदर्शन देने वाली असिस्टेंट प्रोफेसर नवीना यादव वनस्पति विज्ञान विभाग दुर्गावती महाविद्यालय बिछिया डूमरी कैमूर का आभार व्यक्त करती हूँ, जिन्होंने मेरे कार्य को न केवल प्रोत्साहित किया, बल्कि हर कदम पर मार्गदर्शन भी दिया। इसके साथ ही, दुर्गावती महाविद्यालय, बिछिया, डुमरी, कैमूर, के सभी सहयोगियों और स्टाफ का आभार, जिन्होंने हर संभव सहायता प्रदान की।

विशेष धन्यवाद डॉ. अकरम राजा खान, असिस्टेंट प्रोफेसर, गणित विभाग, दुर्गावती महाविद्यालय, और मेरी सहपाठी ममता कुमारी, असिस्टेंट प्रोफेसर, समाजशास्त्र, दुर्गावती महाविद्यालय, जिनका सहयोग मेरे लिए अत्यंत महत्वपूर्ण था। महाविद्यालय के वर्तमान शिक्षक प्रतिनिधि प्रभात कुमार पांडे, असिस्टेंट प्रोफेसर, संस्कृत विभाग, दुर्गावती महाविद्यालय का भी मैं आभार व्यक्त करती हूँ। मेरी गुरु बहन, भारती यादव, और हेड मास्टर, प्राइमरी स्कूल, छत्तीसगढ़, का भी मैं हृदय से आभार व्यक्त करती हूँ। उनके अनुभव और सलाह ने मुझे प्रेरित किया।

मैं अपने परिवार के प्रति भी गहरी कृतज्ञता व्यक्त करती हूँ, विशेष रूप से मेरे बहनोई सुमंत सिंह, बहन संगीता सिंह, पूजनीय ससुर सुरेश सिंह, और पूजनीय माता पन्ना देवी, जिन्होंने हर परिस्थिति में मेरा साथ दिया और मेरा मनोबल बढ़ाया।

पुस्तक की पांडुलिपि को सुव्यवस्थित रूप देने के लिए संपादक का विशेष धन्यवाद। उनके संपादन कौशल और भाषा में सुधार ने इस पुस्तक को बेहतर और पाठकों के लिए रोचक बनाया। मैं उनकी मेहनत और समर्पण की सराहना करती हूँ।

इसके अतिरिक्त, मैं अपने सहकर्मियों, मित्रों और सभी उन व्यक्तियों का धन्यवाद करती हूँ, जिन्होंने किसी भी रूप में मेरे इस कार्य में सहयोग दिया। आपकी सभी चर्चाएँ, सुझाव और आलोचनाएँ मेरे इस कार्य को बेहतर बनाने में सहायक रहीं।

यह पुस्तक उन सभी विद्वानों और लेखकों को भी समर्पित है, जिनके कार्यों ने मुझे इस विषय को गहराई से समझने और विश्लेषण करने के लिए प्रेरित किया।

अंत में, मैं उस अदृश्य शक्ति का आभार व्यक्त करती हूँ, जिसने मुझे यह कार्य पूर्ण करने का साहस, धैर्य और संकल्प प्रदान किया। यह पुस्तक मेरे लिए केवल एक शैक्षणिक प्रयास नहीं है, बल्कि यह मेरी आत्मा और विचारों का प्रतिबिंब है।

आप सभी का धन्यवाद।

डॉ. सुषमा कुमारी सिंह
सहायक प्राध्यापक और प्रभारी प्राचार्य
इतिहास विभाग
दुर्गावती महाविद्यालय, बिछिया

अध्याय 1

मुग़ल साम्राज्य की स्थापना और सैन्य परंपराएँ

1.1 मुग़लों की उत्पत्ति और उनकी जड़ें

मुग़ल साम्राज्य भारतीय उपमहाद्वीप के सबसे शक्तिशाली और प्रभावशाली साम्राज्यों में से एक था, जिसने लगभग तीन शताब्दियों तक उत्तरी और मध्य भारत पर शासन किया। इस साम्राज्य की जड़ें मध्य एशिया में थीं, और इसका प्रारंभिक आधार तैमूर और चंगेज़ खान की सैन्य एवं प्रशासनिक विरासत पर आधारित था। मुग़लों की युद्ध शैली, रणनीतियाँ और कूटनीति मुख्य रूप से उनकी मध्य एशियाई परंपराओं से प्रेरित थीं, जिन्हें उन्होंने भारतीय परिस्थितियों के अनुरूप ढाला। मुग़ल शासकों ने न केवल अपनी सैन्य शक्ति के बल पर विजय प्राप्त की, बल्कि उन्होंने भारतीय समाज और संस्कृति में गहरी पैठ भी बनाई। उनकी प्रशासनिक प्रणाली अत्यधिक संगठित थी, जिसमें सूबों, परगनों और गाँवों के स्तर पर सशक्त प्रबंधन व्यवस्था विकसित की गई थी। अकबर के शासनकाल में "मनसबदारी प्रणाली" लागू की गई, जिसने सैन्य और प्रशासनिक ढांचे को स्थिरता प्रदान की। इस प्रणाली के तहत अधिकारीगण को उनके पद और जिम्मेदारियों के आधार पर श्रेणियों में विभाजित किया जाता था, जिससे शासन कुशलतापूर्वक चलता था।

मुग़लों ने भारतीय कला, वास्तुकला, संगीत और साहित्य को भी गहराई से प्रभावित किया। मुग़ल स्थापत्य कला की महान कृतियों में ताजमहल, लाल किला, फतेहपुर सीकरी और जामा मस्जिद जैसी संरचनाएँ शामिल हैं, जो इस काल की भव्यता और कलात्मक उत्कृष्टता को दर्शाती हैं। इसके अतिरिक्त, मुग़लकालीन लघु चित्रकला, फारसी एवं हिंदी साहित्य का उत्कर्ष और संगीत में नई शैलियों का विकास भी हुआ। धार्मिक सहिष्णुता और विविधता की नीति भी मुग़ल शासन का एक महत्वपूर्ण पहलू था। विशेष रूप से अकबर ने "सुलह-ए-कुल" की नीति अपनाई, जिससे विभिन्न धर्मों और संप्रदायों के बीच समरसता स्थापित करने का प्रयास किया गया। इसके अंतर्गत उन्होंने जज़िया कर को समाप्त किया, विभिन्न धार्मिक विद्वानों से संवाद स्थापित किया और दीन-ए-इलाही जैसी विचारधारा को प्रस्तुत किया।

हालाँकि, 17वीं शताब्दी के अंत और 18वीं शताब्दी की शुरुआत में मुग़ल साम्राज्य की शक्ति धीरे-धीरे क्षीण होने लगी। औरंगज़ेब के शासनकाल में अत्यधिक सैन्य अभियानों और कठोर नीतियों के कारण विद्रोह बढ़ने लगे। मराठों, सिखों और अन्य क्षेत्रीय शक्तियों के उदय ने मुग़लों की स्थिति को कमजोर कर दिया। 18वीं शताब्दी के मध्य तक मुग़ल साम्राज्य केवल नाममात्र का शासक बनकर रह गया और अंततः 1857 के स्वतंत्रता संग्राम के बाद ब्रिटिश सरकार द्वारा इसे पूर्णतः समाप्त कर दिया गया।

तैमूर और चंगेज़ खान की विरासत: मुग़लों की सैन्य परंपराओं और प्रशासनिक ढांचे पर तैमूर और चंगेज़ खान की छाप स्पष्ट रूप से दिखाई देती है। चंगेज़ खान, मंगोल साम्राज्य के संस्थापक, इतिहास के सबसे महान युद्ध नायकों में से एक माने जाते हैं। 13वीं शताब्दी में, उन्होंने एक विशाल साम्राज्य की स्थापना की जो एशिया और यूरोप के बड़े हिस्से तक फैला हुआ था। मंगोलों की युद्ध रणनीति अत्यंत विकसित थी, जिसमें घुड़सवार सेना, तेज़ गति से हमले, और मनोवैज्ञानिक युद्ध जैसी विशेषताएँ थीं। चंगेज़ खान ने एक कठोर अनुशासन और विस्तृत सैन्य संगठन का निर्माण किया, जिसमें सैनिकों को कड़ी ट्रेनिंग दी जाती थी और उन्हें विभिन्न सैन्य संरचनाओं में संगठित किया जाता था।

तैमूर (1336-1405) चंगेज़ खान की सैन्य परंपराओं से प्रभावित था, लेकिन उसने अपनी युद्ध रणनीतियों में कुछ महत्वपूर्ण संशोधन किए। तैमूर लंग को अपनी क्रूरता और युद्ध कौशल के लिए जाना जाता है। उसने मध्य एशिया, फ़ारस, और भारतीय उपमहाद्वीप के कुछ हिस्सों में विजय प्राप्त की थी। तैमूर ने 1398 में दिल्ली पर आक्रमण किया और उसे बुरी तरह से तबाह कर दिया। उसने अपनी सेनाओं को छोटी-छोटी इकाइयों में संगठित किया, जो एक साथ समन्वयित रूप से आक्रमण करने में सक्षम थीं।

बाबर, जो तैमूर का वंशज था, ने इसी सैन्य परंपरा को आगे बढ़ाया। उसने मंगोलों और तैमूरियों की युद्ध शैली को अपनाया और उसमें नई तकनीकों को शामिल किया। विशेष रूप से उसने बारूद आधारित हथियारों, तोपों और नई सैन्य रणनीतियों का उपयोग किया, जिससे वह भारत में सफलतापूर्वक मुग़ल साम्राज्य की स्थापना कर सका।

मध्य एशिया में बाबर का उत्थान

बाबर (1483-1530) मध्य एशिया के फरग़ना घाटी में जन्मा था। उसका असली नाम ज़हीरुद्दीन मुहम्मद बाबर था। वह तैमूरी राजवंश से संबंधित था और उसकी

माँ चंगेज़ खान के वंश से थी। इस तरह, वह मंगोल और तैमूरी दोनों परंपराओं का उत्तराधिकारी था।

प्रारंभिक संघर्ष और संघर्षपूर्ण शासन:

बाबर के पिता उमर शेख मिर्ज़ा फरगना घाटी के शासक थे, लेकिन जब बाबर केवल 12 वर्ष का था, तब उसके पिता की मृत्यु हो गई। इस युवा शासक को लगातार आंतरिक विद्रोहों और बाहरी आक्रमणों का सामना करना पड़ा। उसने समरकंद पर कब्ज़ा करने की कोशिश की, लेकिन उज़्बेक शासक शैबानी खान के हाथों हार गया और अपनी मातृभूमि खो बैठा।

काबुल पर अधिकार: 1504 में, बाबर ने अफ़ग़ानिस्तान के काबुल पर कब्ज़ा कर लिया और उसे अपनी नई राजधानी बनाया। यहाँ से उसने अपनी शक्ति को संगठित किया और एक मजबूत सेना तैयार की। काबुल उसके लिए एक सुरक्षित आधार बन गया, जहाँ से उसने भारत की ओर अपने आक्रमणों की योजना बनाई।

भारत पर आक्रमण की योजना: भारत उस समय दिल्ली सल्तनत के सुल्तान इब्राहिम लोदी के शासन में था, लेकिन लोदी साम्राज्य कमजोर हो चुका था और उसके सामंत उसके खिलाफ थे। राजपूत शासक राणा सांगा, अफ़ग़ान अमीर, और कुछ अन्य स्थानीय शासक बाबर को भारत पर आक्रमण करने के लिए आमंत्रित कर रहे थे।

बाबर ने भारत पर आक्रमण करने से पहले तैमूरी और मंगोल युद्ध परंपराओं का अध्ययन किया और अपनी सेना को नई तकनीकों से लैस किया। उसने घुड़सवार सेना, तोपखाने, और बारूद आधारित युद्धक रणनीतियों को अपनाया।

1526: पानीपत की पहली लड़ाई

21 अप्रैल 1526 को बाबर और इब्राहिम लोदी के बीच पानीपत की पहली लड़ाई लड़ी गई। बाबर की सेना संख्यात्मक रूप से लोदी सेना से छोटी थी, लेकिन उसकी सैन्य रणनीति अधिक प्रभावशाली थी। उसने "तुलगुमा" नामक युद्ध रणनीति अपनाई, जिसमें तोपखाने और घुड़सवार सेना का कुशल उपयोग किया गया। बाबर ने अपनी सेना को छोटे-छोटे समूहों में संगठित किया, जिससे वे अधिक प्रभावी ढंग से युद्ध लड़ सके।

इस युद्ध में बाबर की तोपखाने और उसकी गतिशील युद्ध तकनीक ने निर्णायक भूमिका निभाई। इब्राहिम लोदी की भारी संख्या वाली पारंपरिक सेना बारूद आधारित हथियारों और घुड़सवार सेना की तेज़ी के आगे टिक नहीं पाई। इस विजय के साथ बाबर ने भारत में मुग़ल साम्राज्य की नींव रखी।

बाबर की सैन्य परंपराएँ और युद्ध शैली

बाबर ने मध्य एशियाई सैन्य परंपराओं को भारत में लागू किया और उनमें आवश्यक सुधार किए। उसकी प्रमुख सैन्य विशेषताएँ थीं:

1. **तोपखाने और बारूद आधारित युद्ध:** बाबर भारतीय उपमहाद्वीप में बारूद और तोपखाने का कुशल उपयोग करने वाला पहला शासक था।

2. **तुलगुमा प्रणाली:** इसमें सेना को कई भागों में विभाजित कर एक सुव्यवस्थित हमले की योजना बनाई जाती थी।

3. **घुड़सवार सेना की दक्षता:** उसने तेज़ गति से हमला करने वाली घुड़सवार सेना का कुशल उपयोग किया।

4. **मनोवैज्ञानिक युद्ध:** युद्ध से पहले दुश्मनों को डराने और उनकी एकता को तोड़ने की नीति अपनाई।

बाबर की विजय केवल उसकी सैन्य शक्ति का परिणाम नहीं थी, बल्कि उसकी कूटनीति और युद्ध तकनीक का भी महत्वपूर्ण योगदान था। उसने मध्य एशियाई सैन्य परंपराओं को भारतीय परिस्थितियों के अनुसार ढालकर एक नई युद्ध प्रणाली विकसित की। पानीपत की पहली लड़ाई के बाद उसने राजपूतों और अफ़ग़ानों के खिलाफ भी कई सफल युद्ध लड़े, जिससे मुग़ल साम्राज्य की नींव और अधिक मजबूत हो गई। बाबर की सैन्य रणनीतियाँ और उसकी युद्ध प्रणाली आगे चलकर हुमायूँ, अकबर, और अन्य मुग़ल शासकों के लिए मार्गदर्शक बनीं। मुग़लों ने न केवल सैन्य शक्ति के आधार पर, बल्कि कूटनीति और प्रशासनिक दक्षता के सहारे भी भारत पर दीर्घकाल तक शासन किया। इस अध्याय में हमने देखा कि मुग़लों की उत्पत्ति किस प्रकार मध्य एशिया की सैन्य परंपराओं में थी और कैसे बाबर ने भारत में अपनी सैन्य रणनीतियों से मुग़ल साम्राज्य की नींव रखी।

1.2 बाबर का भारत पर आक्रमण

बाबर ने भारत पर आक्रमण करने से पहले मध्य एशिया में कई कठिनाइयों का सामना किया। फरगना और समरकंद में असफलताओं के बाद उसने 1504 में काबुल पर कब्जा किया, जो उसके लिए एक महत्वपूर्ण ठिकाना बना। काबुल में अपने शासन को मजबूत करने के बाद, उसने भारत की ओर रुख किया।

उसके भारत पर आक्रमण का मुख्य कारण दिल्ली सल्तनत की राजनीतिक अस्थिरता थी। इब्राहिम लोदी एक अयोग्य शासक था, जिसे कई अफ़ग़ान सरदारों और राजपूत शासकों का विरोध झेलना पड़ रहा था। बाबर को अफ़ग़ान सरदारों और राणा सांगा से समर्थन के संकेत मिले, जिससे उसे भारत पर आक्रमण करने का प्रोत्साहन मिला। उसने 1526 में दिल्ली पर आक्रमण कर दिया और भारत में मुग़ल शासन की नींव रखी।

भारत पर विजय प्राप्त करने के लिए बाबर ने एक विस्तृत सैन्य रणनीति अपनाई। उसकी सेना मुख्य रूप से तुर्की और मध्य एशियाई योद्धाओं से बनी थी, जो घुड़सवार युद्ध, तोपखाने और तीरंदाजी में माहिर थे। बाबर ने भारत में अपनी विजय यात्रा की शुरुआत पंजाब से की, जहाँ उसने पहले ही कुछ क्षेत्रों पर कब्जा जमा लिया था।

1526 में बाबर और इब्राहिम लोदी की सेनाओं के बीच पानीपत की पहली लड़ाई हुई। इस युद्ध में बाबर की सेना केवल 12,000 सैनिकों की थी, जबकि इब्राहिम लोदी के पास लगभग 1,00,000 सैनिक और 1,000 हाथी थे। बाबर ने अपने तोपखाने और घुड़सवार सेना का कुशलतापूर्वक उपयोग किया, जिससे लोदी की सेना को भारी नुकसान हुआ। उसने "तुलुगमा" नामक युद्ध रणनीति अपनाई, जिसमें उसकी सेना ने शत्रु को चारों ओर से घेर लिया और घातक हमला किया।

इस युद्ध में इब्राहिम लोदी मारा गया और बाबर की सेना ने दिल्ली तथा आगरा पर कब्जा कर लिया। इस जीत के साथ ही भारत में मुग़ल शासन की नींव पड़ गई।

बाबर के अन्य युद्ध और भारतीय राज्यों के साथ संघर्ष: दिल्ली और आगरा पर कब्जा करने के बाद बाबर को कई और चुनौतियों का सामना करना पड़ा। उत्तर भारत में उसकी स्थिति को चुनौती देने वाले कई शक्तिशाली शासक थे।

1. **खानवा की लड़ाई (1527) - राणा सांगा से संघर्ष:** बाबर को सबसे बड़ी चुनौती मेवाड़ के शासक **राणा सांगा** से मिली, जो एक शक्तिशाली राजपूत नेता थे। उन्होंने बाबर को भारत से बाहर निकालने के लिए अफ़ग़ानों और अन्य राजपूतों के साथ गठबंधन किया। खानवा की लड़ाई में बाबर ने एक बार फिर तोपखाने और घुड़सवार सेना की रणनीति अपनाई और राणा सांगा की सेना को पराजित कर दिया। इस जीत के बाद बाबर ने उत्तर भारत पर अपना अधिकार और मजबूत कर लिया।

2. **चंदेरी की लड़ाई (1528) - राजपूत शक्ति का दमन:** खानवा की लड़ाई के बाद भी राजपूतों का प्रतिरोध समाप्त नहीं हुआ था। 1528 में बाबर ने चंदेरी के किले पर

हमला किया, जहाँ मेदिनी राय के नेतृत्व में राजपूतों ने वीरता से संघर्ष किया। अंततः बाबर ने इस युद्ध में भी विजय प्राप्त की और मेवाड़ तथा मालवा के क्षेत्रों को अपनी सत्ता के अधीन कर लिया।

3. **घाघरा की लड़ाई (1529) - अफ़ग़ानों से संघर्ष:** बाबर की अंतिम बड़ी लड़ाई 1529 में घाघरा नदी के किनारे लड़ी गई, जहाँ बंगाल और बिहार के अफ़ग़ान शासकों ने उसके विरुद्ध मोर्चा खोला। बाबर ने अपनी सैन्य ताकत का प्रदर्शन करते हुए इस युद्ध में भी जीत दर्ज की और पूर्वी भारत में अपनी स्थिति को मजबूत किया।

बाबर की शासन प्रणाली और प्रशासनिक नीतियाँ: बाबर केवल एक विजेता ही नहीं, बल्कि एक दूरदर्शी शासक भी था। उसने भारत में एक संगठित प्रशासनिक व्यवस्था की नींव रखी। उसके शासन की कुछ प्रमुख विशेषताएँ थीं:

- **सैन्य संगठन** - बाबर ने अपनी सेना को कुशल और अनुशासित बनाया। उसने घुड़सवार सेना, तोपखाने और पैदल सेना के बीच तालमेल स्थापित किया।

- **भू-राजस्व प्रणाली** - उसने तैमूरी परंपरा के अनुसार कर संग्रह की व्यवस्था की, जिससे आर्थिक स्थिरता आई।

- **धार्मिक सहिष्णुता** - बाबर ने धार्मिक सहिष्णुता की नीति अपनाई और अपने दरबार में हिंदू और मुस्लिम दोनों को समान अवसर दिए।

बाबर की साहित्यिक और सांस्कृतिक रुचियाँ: बाबर केवल एक योद्धा ही नहीं, बल्कि एक विद्वान और कवि भी था। उसने "बाबरनामा" नामक आत्मकथा लिखी, जो फारसी और तुर्की भाषा में थी। इसमें उसने अपने युद्धों, विजय अभियानों, प्राकृतिक सौंदर्य और भारतीय समाज का विस्तृत वर्णन किया है।

बाबर की मृत्यु और मुग़ल वंश की विरासत: 1530 में बाबर की मृत्यु आगरा में हो गई। उसके पुत्र हुमायूं ने मुग़ल साम्राज्य की बागडोर संभाली, लेकिन प्रारंभ में उसे कठिनाइयों का सामना करना पड़ा। बाबर की मृत्यु के बाद भी उसकी सैन्य रणनीतियाँ, प्रशासनिक नीतियाँ और सांस्कृतिक योगदान भारत में लंबे समय तक प्रभावी रहे।

1.3 हुमायूं का संघर्ष और निर्वासन

बाबर के निधन (1530) के बाद, उसका पुत्र हुमायूं मुग़ल साम्राज्य का उत्तराधिकारी बना। लेकिन बाबर के विपरीत, हुमायूं को एक सशक्त और कुशल सेनानायक नहीं माना जाता था। उसने कई महत्वपूर्ण युद्ध लड़े, लेकिन प्रशासनिक और सैन्य अनुभव

की कमी के कारण वह अपने सबसे बड़े प्रतिद्वंद्वी शेरशाह सूरी से हार गया और उसे भारत छोड़कर निर्वासन में जाना पड़ा। हुमायूं का जीवन संघर्षों से भरा था, लेकिन उसने धैर्य और कूटनीति के बल पर दोबारा सत्ता प्राप्त की और मुग़ल साम्राज्य की पुनर्स्थापना की।

1.3.1 शेरशाह सूरी से पराजय और निर्वासन

शेरशाह सूरी - एक योग्य प्रतिद्वंद्वी

हुमायूं के शासनकाल में उसे सबसे बड़ी चुनौती शेरशाह सूरी (शेर खान) से मिली, जो एक कुशल सेनापति और रणनीतिकार था। शेरशाह सूरी अफ़ग़ान मूल का था और पहले बिहार तथा बंगाल का शासक था। उसकी ताकत और प्रशासनिक क्षमता हुमायूं से कहीं अधिक थी। उसने एक संगठित सेना और प्रभावशाली रणनीतियों के बल पर मुग़लों के खिलाफ विद्रोह किया और धीरे-धीरे अपनी शक्ति बढ़ाई।

चौसा का युद्ध (1539) - पहली बड़ी हार

हुमायूं और शेरशाह सूरी के बीच पहला बड़ा संघर्ष 1539 में चौसा (बिहार) के पास हुआ। इस युद्ध में हुमायूं की सेना बुरी तरह पराजित हुई और उसे भागकर अपनी जान बचानी पड़ी। शेरशाह ने इस जीत के बाद खुद को "शेरशाह" की उपाधि दी और अपनी सत्ता को और अधिक सुदृढ़ किया।

कन्नौज (बिलग्राम) का युद्ध (1540) - निर्णायक पराजय

- हुमायूं ने अपनी हार से सबक लेते हुए दोबारा सेना संगठित की, लेकिन 1540 में कन्नौज के पास हुए युद्ध में फिर से हार गया। इस हार के बाद हुमायूं को भारत छोड़कर निर्वासन में जाना पड़ा। शेरशाह सूरी ने दिल्ली और आगरा पर कब्ज़ा कर लिया और सूरी वंश की स्थापना की।

हुमायूं का निर्वासन

पराजय के बाद हुमायूं ने सिंध और राजपूताना की ओर भागने की कोशिश की, लेकिन उसे कोई सुरक्षित स्थान नहीं मिला। उसने अपने भाइयों से समर्थन पाने का प्रयास किया, लेकिन वे या तो उसकी सत्ता के विरोध में थे या स्वयं कठिनाइयों से जूझ रहे थे। कुछ समय तक उसने अमरकोट में शरण ली, जहाँ 1542 में उसकी पत्नी हमीदा बानो बेगम ने अकबर को जन्म दिया, लेकिन यहां भी स्थायी सुरक्षा नहीं थी। निराश

होकर, हुमायूं ने अपने कुछ विश्वस्त साथियों के साथ फारस (ईरान) की ओर प्रस्थान किया। फारस के शासक शाह तहमास्प ने उसे न केवल शरण दी, बल्कि सैन्य सहायता भी प्रदान की, हालांकि इसके बदले में हुमायूं को शिया इस्लाम स्वीकार करने की शर्त माननी पड़ी। इस समर्थन के बल पर हुमायूं ने अपनी सेना को संगठित किया और धीरे-धीरे अपने खोए हुए क्षेत्रों को पुनः प्राप्त करने की योजना बनाई।

1.3.2 फारस में हुमायूं की शरण और मदद

शाह तहमास्प से सहायता

हुमायूं ने अपनी सत्ता पुनः प्राप्त करने के लिए फारस के सफ़वीद शासक शाह तहमास्प से सहायता मांगी। शाह ने उसे शरण देने और सैन्य सहायता प्रदान करने का वादा किया, लेकिन इसके बदले में हुमायूं को शिया इस्लाम अपनाने की शर्त स्वीकार करनी पड़ी, जिसे उसने मजबूरी में मान लिया। फारस में हुमायूं ने लगभग 15 वर्षों तक निर्वासन में जीवन व्यतीत किया, जहां उसने अपने बिखरे हुए सैनिकों को संगठित किया और सैन्य रणनीतियों में महारत हासिल की। इस अवधि में उसने शाह तहमास्प के दरबार में रहकर कूटनीति और प्रशासनिक दक्षता विकसित की, जिससे भविष्य में उसका शासन अधिक संगठित और प्रभावी बन सका। फारसी सहायता के बल पर उसने एक शक्तिशाली सेना तैयार की और धीरे-धीरे भारत में अपनी सत्ता दोबारा स्थापित करने की योजना बनाई। इस दीर्घकालिक रणनीति के अंतर्गत उसने पहले कंधार और काबुल पर नियंत्रण स्थापित किया, जिससे उसे एक मजबूत आधार मिला, और अंततः 1555 में दिल्ली पर विजय प्राप्त कर मुग़ल साम्राज्य की पुनस्र्थापना की।

1.3.3 दोबारा सत्ता प्राप्ति

शेरशाह सूरी की मृत्यु और सूरी वंश की कमजोरी

1545 में शेरशाह सूरी की मृत्यु एक दुर्घटना में हो गई, जब कालिंजर के किले पर आक्रमण के दौरान एक बारूदी विस्फोट में वह मारा गया। उसकी मृत्यु के बाद, उसका पुत्र इस्लाम शाह (1545-1554) गद्दी पर बैठा और उसने अपने शासनकाल में साम्राज्य को स्थिर बनाए रखा। इस्लाम शाह एक योग्य शासक था, लेकिन उसके कठोर शासन के कारण अफ़ग़ान अमीरों के भीतर असंतोष बढ़ने लगा। 1554 में इस्लाम शाह की मृत्यु के बाद सूरी वंश का पतन शुरू हो गया। उसके उत्तराधिकारी फिरोज़ शाह सूरी और अन्य शासक आपसी संघर्षों में उलझ गए, जिससे साम्राज्य कमजोर हो गया। अफ़ग़ान सरदारों के बीच गृहयुद्ध छिड़ गया, जिससे दिल्ली और आगरा की सत्ता

अस्थिर हो गई। इस राजनीतिक अस्थिरता और नेतृत्व के अभाव का लाभ उठाते हुए हुमायूं ने भारत पर दोबारा आक्रमण करने की योजना बनाई।

काबुल और कंधार पर नियंत्रण

निर्वासन में वर्षों बिताने के बाद, 1545 में हुमायूं ने फारस से लौटकर काबुल और कंधार पर अपना नियंत्रण स्थापित किया। यह विजय हुमायूं के लिए महत्वपूर्ण थी, क्योंकि इससे उसे एक सुरक्षित ठिकाना और सैन्य शक्ति बढ़ाने का अवसर मिला। काबुल में उसने अपनी सेना को पुनर्गठित किया और अपने वफादार सेनानायकों को संगठित कर भारत पर चढ़ाई की योजना बनाई। फारस के शाह तहमास्प द्वारा दी गई सैन्य सहायता के साथ, हुमायूं ने धीरे-धीरे अपनी खोई हुई शक्ति को वापस प्राप्त करना शुरू किया। काबुल और कंधार को अपने नियंत्रण में लेने के बाद उसने लाहौर की ओर बढ़ना शुरू किया, जहाँ उसने अफ़ग़ान विरोधियों को हराकर अपनी स्थिति मजबूत की।

दिल्ली और आगरा की विजय (1555)

भारत में सूरी वंश की स्थिति कमजोर हो चुकी थी, और इसी अवसर का लाभ उठाकर हुमायूं ने 1555 में दिल्ली पर आक्रमण किया। उसकी सेना ने सरहिंद के पास सूरी सेना को निर्णायक रूप से हराया, जिससे मुग़लों के लिए दिल्ली और आगरा का रास्ता साफ हो गया। इसके बाद, हुमायूं ने सूरी वंश के अंतिम प्रभावशाली शासक सिकंदर शाह सूरी को हराकर जुलाई 1555 में दिल्ली पर पुनः कब्जा कर लिया। इस जीत के साथ, उसने मुग़ल साम्राज्य की पुनर्स्थापना की, जो कुछ वर्षों के लिए समाप्त हो गया था। हालांकि, हुमायूं की यह विजय अधिक समय तक नहीं टिक सकी, क्योंकि 27 जनवरी 1556 को वह अपनी लाइब्रेरी की सीढ़ियों से गिरने के कारण गंभीर रूप से घायल हो गया और कुछ दिनों बाद उसकी मृत्यु हो गई। इसके बाद, उसका पुत्र अकबर गद्दी पर बैठा, जिसने मुग़ल साम्राज्य को एक नई ऊंचाई तक पहुंचाया और इसे अधिक संगठित व शक्तिशाली बनाया।

1.4 मुग़ल सैन्य संगठन और युद्ध नीति

मुग़ल साम्राज्य की सैन्य शक्ति का आधार उनकी उन्नत तोपखाने प्रणाली, घुड़सवार सेना, और किलेबंदी तकनीकों में था, जिससे वे अपने विरोधियों पर रणनीतिक बढ़त बना सके। बाबर ने भारत में तुर्की तोपखाने और बारूद आधारित हथियारों का प्रभावी उपयोग किया, जिससे पानीपत की पहली लड़ाई (1526) में इब्राहिम लोदी की विशाल

सेना को हराने में सफलता मिली। अकबर के समय में, सेना को और अधिक संगठित किया गया और मनसबदारी प्रणाली लागू की गई, जिससे सैन्य प्रशासन अधिक कुशल बना। इसके अलावा, मुग़ल शासकों ने राजपूतों और अन्य स्थानीय शासकों को अपनी सेना में शामिल कर उन्हें विशेष पद और जागीरें प्रदान कीं, जिससे उनकी सैन्य शक्ति और भी बढ़ गई। जहांगीर और शाहजहाँ के काल में मुग़ल सेना ने अपने तोपखाने को और मजबूत किया, जिससे दक्षिण भारत में विजय प्राप्त करना आसान हुआ। औरंगजेब के शासनकाल में, सेना का विस्तार चरम पर था, लेकिन लगातार युद्धों के कारण आर्थिक दबाव बढ़ने लगा, जिससे अंततः साम्राज्य की स्थिरता प्रभावित हुई। कुल मिलाकर, मुग़ल सेना की श्रेष्ठता केवल उनकी संख्या तक सीमित नहीं थी, बल्कि उनकी युद्ध रणनीतियों, आधुनिक हथियारों, घेराबंदी तकनीकों, और संगठनात्मक दक्षता ने उन्हें भारतीय उपमहाद्वीप का सबसे शक्तिशाली साम्राज्य बनाने में अहम भूमिका निभाई।

मुग़ल सैन्य संगठन संरचना

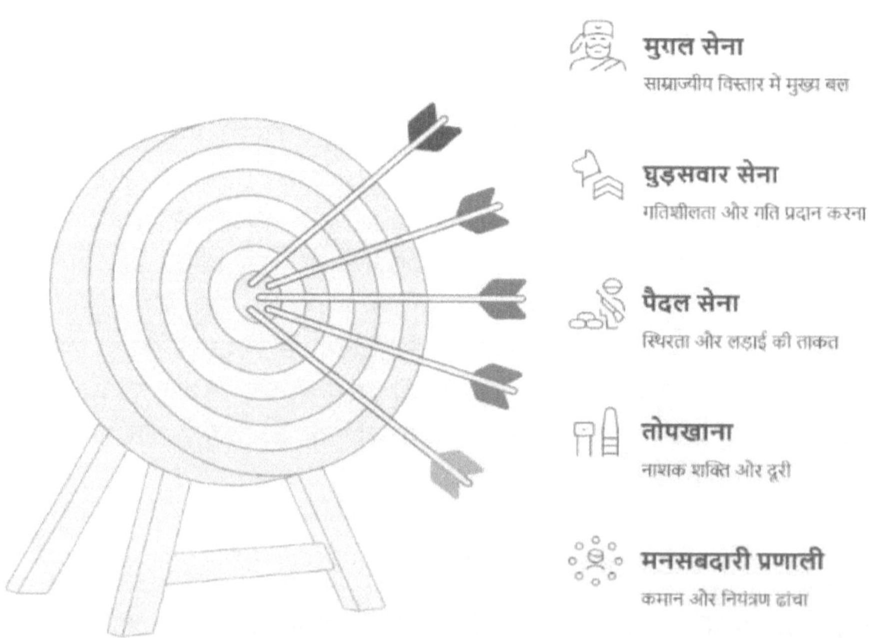

मुग़ल सैन्य संगठन

1.4.1 घुड़सवार सेना, पैदल सेना और तोपखाना

(A) घुड़सवार सेना- मुग़ल सैन्य शक्ति की रीढ़

मुग़लों की सेना का सबसे महत्वपूर्ण अंग घुड़सवार सेना थी, जिसे "मुग़ल सैन्य व्यवस्था की रीढ़" माना जाता था। घुड़सवार सैनिकों को तेज गति, कुशल युद्ध तकनीकों और आधुनिक हथियारों के उपयोग के लिए प्रशिक्षित किया जाता था। बाबर ने भारत में घुड़सवार सेना को प्रभावी ढंग से इस्तेमाल किया और अपनी तुलुगमा युद्धनीति (दोनों ओर से दुश्मन को घेरने की रणनीति) के माध्यम से विजय प्राप्त की। अकबर के शासनकाल में घुड़सवार सेना को मनसबदारी प्रणाली के तहत संगठित किया गया, जिसमें सैनिकों की संख्या और गुणवत्ता को सुनिश्चित करने के लिए सख्त नियम बनाए गए। मुग़ल घुड़सवार आमतौर पर तलवार, भाले, धनुष-बाण, और बारूदी हथियारों से लैस होते थे, जिससे उन्हें युद्ध के दौरान अत्यधिक गतिशीलता और प्रभावशीलता मिलती थी। युद्ध के मैदान में मुग़ल घुड़सवार सैनिकों की रणनीतिक तैनाती, उनकी तेज़ गति और समन्वित हमले की तकनीकें उनके दुश्मनों पर भारी पड़ती थीं। शाहजहाँ और औरंगजेब के शासनकाल में घुड़सवार सेना का और भी अधिक विस्तार हुआ, विशेषकर दक्कन और मराठा क्षेत्रों में होने वाले अभियानों के दौरान, जहाँ तेज़ गति वाली सेना की आवश्यकता अधिक थी। घुड़सवार सेना की यह मजबूती मुग़लों को भारतीय उपमहाद्वीप में दीर्घकालिक सैन्य और राजनीतिक प्रभुत्व बनाए रखने में सहायक बनी।

विशेषताएँ:

- **तेजी और गतिशीलता:** मुग़ल घुड़सवार सेना तेज गति से युद्ध के मैदान में घुसकर दुश्मन को घेरने और हराने की क्षमता रखती थी।

- **तुलगुमा पद्धति:** बाबर ने "तुलगुमा" नामक युद्ध तकनीक का इस्तेमाल किया, जिसमें घुड़सवारों को छोटे-छोटे समूहों में बाँटा जाता था, ताकि वे चारों ओर से हमला कर सकें।

- **हल्की और भारी घुड़सवार सेना:** हल्की घुड़सवार सेना (Light Cavalry) गुप्त हमलों और घेराबंदी में माहिर थी, जबकि भारी घुड़सवार सेना (Heavy Cavalry) निर्णायक युद्धों में मुख्य भूमिका निभाती थी।

- **घोड़ों की श्रेष्ठ नस्लें:** घुड़सवार सेना में अरबी, तुरानी और भारतीय नस्ल के घोड़े शामिल किए जाते थे।

- **मनसबदारी प्रणाली:** घुड़सवार सैनिकों की संख्या को नियंत्रित करने के लिए मुग़लों ने मनसबदारी प्रणाली अपनाई, जिसमें सैनिकों की संख्या के अनुसार उन्हें वेतन और ज़िम्मेदारियाँ दी जाती थीं।

(B) पैदल सेना- सहायक लेकिन कमजोर इकाई

मुग़ल सेना में पैदल सैनिकों की भूमिका सहायक मानी जाती थी, क्योंकि घुड़सवार सेना को अधिक प्राथमिकता दी जाती थी। पैदल सेना में मुख्य रूप से धनुर्धारी, तलवारधारी, भालेधारी, और बारूद आधारित हथियार चलाने वाले सैनिक शामिल थे। हालांकि, उनकी संख्या काफी अधिक थी, लेकिन घुड़सवार सेना की तुलना में इनकी गतिशीलता और आक्रमण क्षमता सीमित थी। मुग़ल शासकों ने अपनी पैदल सेना को प्रभावी बनाने के लिए तोपखाने और बंदूकधारी सैनिकों (मुस्कटधारी) को शामिल किया, जिससे युद्ध के दौरान इनकी उपयोगिता बढ़ी। बाबर ने भारत में बारूद और तोपों का प्रभावी इस्तेमाल करके पानीपत (1526) और खानवा (1527) की लड़ाइयों में विजय प्राप्त की, जिससे पैदल सेना की भूमिका रणनीतिक रूप से महत्वपूर्ण हो गई।

अकबर के शासनकाल में फारसी और तुर्की सैन्य परंपराओं से प्रभावित होकर पैदल सेना को अधिक संगठित किया गया। हालांकि, यह इकाई मुख्य रूप से तोपखाने की सुरक्षा, दुर्गों की घेराबंदी, और युद्ध के दौरान बैकअप सपोर्ट देने का कार्य करती थी। शाहजहाँ और औरंगजेब के शासनकाल में भी पैदल सेना का विस्तार किया गया, लेकिन फिर भी इसे घुड़सवार सेना और तोपखाने की तुलना में कम प्रभावी माना जाता था। इसके अलावा, मराठा और राजपूत सेनाओं की तेज़ गति वाली लड़ाई की रणनीति के सामने मुग़ल पैदल सेना कई बार संघर्षरत नजर आई। इस प्रकार, पैदल सेना मुग़ल सैन्य संरचना का एक आवश्यक अंग थी, लेकिन यह पूरी तरह से घुड़सवार सेना और तोपखाने पर निर्भर थी, जिससे इसकी स्वतंत्र युद्ध क्षमता सीमित बनी रही।

विशेषताएँ:

- **ढाल, तलवार, भाला और तीर-कमान:** पैदल सैनिक पारंपरिक हथियारों का उपयोग करते थे।

- **बारूदी हथियारों का प्रयोग:** धीरे-धीरे पैदल सैनिकों को आग्नेयास्त्रों (मस्कट और बंदूकें) से लैस किया गया।

- **भारतीय भाड़े के सैनिक:** मुग़ल सेना में स्थानीय राजाओं और जागीरदारों के सैनिकों को भी शामिल किया जाता था।

- **किलेबंदी और रक्षा युद्धों में योगदान:** पैदल सेना किलों की सुरक्षा और घेराबंदी युद्धों में महत्वपूर्ण भूमिका निभाती थी।

हालांकि, मुग़ल पैदल सेना राजपूतों और मराठों की पैदल सेना की तुलना में कमजोर मानी जाती थी, क्योंकि मुग़ल युद्धों में घुड़सवार और तोपखाने को अधिक महत्व दिया जाता था।

(C) तोपखाना - मुग़ल सैन्य संगठन की सबसे बड़ी ताकत

मुग़लों ने भारत में बारूदी हथियारों और तोपों का प्रभावी उपयोग करके युद्ध की परंपरागत प्रणाली को पूरी तरह बदल दिया। बाबर ने 1526 में पानीपत की पहली लड़ाई में तुर्की तोपखाने का कुशलता से उपयोग किया, जिससे उसे इब्राहिम लोदी की विशाल सेना पर निर्णायक जीत मिली। यह पहली बार था जब भारत में मुग़लों ने तोपों और बारूद आधारित हथियारों का इतना व्यापक और संगठित इस्तेमाल किया। बाबर की सेना में तुर्की और फारसी तोपची शामिल थे, जिन्होंने उसकी सैन्य शक्ति को और अधिक घातक बना दिया।

अकबर के शासनकाल में तोपखाने का व्यापक विस्तार हुआ और इसे एक संगठित इकाई के रूप में विकसित किया गया। उसने मिर्ज़ा जयसिंह और शाहबाज़ खान जैसे अनुभवी तोपखाने विशेषज्ञों की मदद से इसे और प्रभावी बनाया। अकबर ने दुर्गों की घेराबंदी और मैदानी युद्धों में तोपखाने का कुशल उपयोग किया, जिससे उसकी जीत की संभावना बढ़ गई।

शाहजहाँ और औरंगजेब के शासनकाल में तोपखाने को और उन्नत किया गया, और बड़े आकार की भारी तोपों के अलावा हल्की और मोबाइल तोपों का भी इस्तेमाल किया गया, जिन्हें ऊंटों और हाथियों पर माउंट किया जाता था। इससे युद्ध के दौरान सेना की गतिशीलता और मारक क्षमता बढ़ गई। मुग़ल तोपखाना न केवल युद्धों में विजय प्राप्त करने के लिए आवश्यक था, बल्कि यह मुग़ल किलों और शहरों की सुरक्षा के लिए भी महत्वपूर्ण भूमिका निभाता था। हालांकि, 18वीं शताब्दी में मुग़ल साम्राज्य की कमजोरी के साथ-साथ उनके तोपखाने की प्रभावशीलता भी धीरे-धीरे घटने लगी, जिससे मराठा और अंग्रेजों जैसी नई शक्तियों को उभरने का अवसर मिला। इसके बावजूद, मुग़ल तोपखाने ने भारतीय युद्ध प्रणाली को हमेशा के लिए बदल दिया और इसे अधिक संगठित एवं आधुनिक बनाया।

तोपखाने की विशेषताएँ:

- **बाबर द्वारा तोपों का व्यापक उपयोग:** बाबर ने भारत में पहली बार "तोपखाने का संगठित उपयोग" किया, जिससे पानीपत (1526) और खानवा (1527) की लड़ाइयों में उसे जीत मिली।

- **हल्की और भारी तोपें:** मुग़लों ने युद्ध में बड़ी-बड़ी स्थिर तोपों के साथ-साथ हल्की, चलायमान तोपों (Mobile Artillery) का भी इस्तेमाल किया।

- **यूरोपीय और तुर्की विशेषज्ञता:** मुग़ल शासकों ने तुर्की और यूरोपीय तोपखाने विशेषज्ञों (गन्समिथ्स) को नियुक्त किया, जिससे उनकी तोपें अधिक शक्तिशाली बनीं।

- **जंजीरबंद तोपें:** बाबर ने "जंजीरबंद तोपों" का उपयोग किया, जो घोड़ों से खींची जाती थीं और दुश्मन की सेना को तहस-नहस करने में सहायक होती थीं।

- **आग्नेयास्त्रों का समावेश:** बंदूकों, हाथी पर लगी तोपों और बमों का उपयोग युद्धों में किया जाने लगा।

तोपखाने की ताकत ने मुग़लों को **राजपूतों, अफ़ग़ानों और मराठों के पारंपरिक युद्ध कौशल पर भारी बढ़त** दिलाई।

1.4.2 सैन्य संरचना और प्रशासन

मुग़ल सेना केवल एक युद्धक शक्ति नहीं थी, बल्कि यह एक सुव्यवस्थित प्रशासनिक व्यवस्था के तहत संचालित होती थी। सेना को एक प्रभावी सैन्य प्रशासन द्वारा नियंत्रित किया जाता था, जिसमें मनसबदारी प्रणाली, वेतन प्रणाली, घुड़सवार एवं पैदल सैनिकों की नियमित निरीक्षण प्रणाली, और शस्त्रागार प्रबंधन शामिल थे।

अकबर ने मनसबदारी प्रणाली लागू की, जिसके तहत प्रत्येक सेनापति और अधिकारी को उसकी योग्यता और सेवा के आधार पर एक मनसब (पद) दिया जाता था। मनसबदारों को एक निश्चित संख्या में घुड़सवार सैनिकों को बनाए रखने का आदेश दिया जाता था, जिसे नियमित रूप से जाँचने के लिए दाग़ (घोड़ों की पहचान) और चेहरानवीसी (सैनिकों की उपस्थिति) जैसी व्यवस्थाएँ लागू की गईं। मुग़ल सैन्य प्रशासन में वेतन प्रणाली भी अत्यधिक संगठित थी। सैनिकों और अधिकारियों को नकद वेतन दिया जाता था, जबकि कुछ उच्च पदस्थ मनसबदारों को जागीरें दी जाती थीं, जहाँ से वे अपने सैनिकों का खर्च निकाल सकते थे। तोपखाने, हथियारों की आपूर्ति,

रसद और घुड़सवारी के लिए भी अलग-अलग विभाग बनाए गए थे, जिन्हें कुशल अधिकारी संभालते थे।

इसके अतिरिक्त, मुग़लों ने अपनी सेना को संगठित रखने के लिए युद्ध अभियानों के दौरान रसद और परिवहन प्रबंधन पर विशेष ध्यान दिया। सैन्य अभियानों के लिए भोजन, हथियार, गोला-बारूद और अन्य आवश्यक वस्तुओं की आपूर्ति सुनिश्चित करने के लिए विस्तृत योजनाएँ बनाई जाती थीं। युद्ध के दौरान बख्तरबंद हाथियों, ऊँटों और घोड़ों का व्यापक उपयोग किया जाता था, जिससे उनकी सेना को एक सुदृढ़ युद्ध शक्ति मिली। हालांकि, औरंगजेब के बाद कमजोर सैन्य प्रशासन, लगातार युद्धों और आर्थिक दबावों के कारण मुग़ल सेना की शक्ति धीरे-धीरे क्षीण होने लगी। फिर भी, उनकी सुव्यवस्थित सैन्य संरचना और प्रशासनिक नीतियों ने भारतीय उपमहाद्वीप में उनकी दीर्घकालिक सत्ता को बनाए रखने में महत्वपूर्ण भूमिका निभाई।

(A) मनसबदारी प्रणाली - मुग़ल सैन्य प्रशासन की रीढ़

अकबर ने अपने सैन्य संगठन को व्यवस्थित और प्रभावी बनाने के लिए मनसबदारी प्रणाली लागू की, जो बाद में मुग़ल सैन्य प्रशासन का आधार बनी। इस प्रणाली के तहत प्रत्येक अधिकारी को एक "मनसब" (पद/रैंक) प्रदान किया जाता था, जो उसकी प्रशासनिक शक्ति और सैनिकों की संख्या को दर्शाता था। मनसबदारों को "जात" (कुल रैंक) और "सवार" (घुड़सवार सैनिकों की संख्या) के अनुसार वर्गीकृत किया जाता था, जिससे सेना में अनुशासन बना रहता था। मनसबदारों को उनकी रैंक के अनुसार वेतन और ज़िम्मेदारियाँ दी जाती थीं। उच्च पदों पर आसीन मनसबदारों को बड़ी जागीरें दी जाती थीं, जिससे वे सैनिकों का वेतन और अन्य खर्च पूरे कर सकते थे। यह प्रणाली अकबर के बाद के शासकों द्वारा भी अपनाई गई, लेकिन समय के साथ इसमें भ्रष्टाचार और कुप्रबंधन बढ़ गया, जिससे मुग़ल प्रशासन कमजोर होने लगा।

(B) जागीरदारी प्रणाली और सैनिकों का वेतन

मुग़ल सैन्य प्रशासन में जागीरदारी प्रणाली का महत्वपूर्ण स्थान था, जो मनसबदारी व्यवस्था से जुड़ी हुई थी। अधिकांश सैनिकों और अधिकारियों को नकद वेतन देने के बजाय जागीरें दी जाती थीं। जागीरदार अपने क्षेत्र से राजस्व वसूलने का अधिकार रखते थे, जिससे वे अपने सैनिकों और घुड़सवारों का वेतन देते थे। इससे सेना का खर्च सीधे राज्य के खजाने से नहीं निकलता था, बल्कि जागीरदार अपनी जागीर से ही इसे वहन करते थे। हालांकि, यह प्रणाली शुरू में प्रभावी थी, लेकिन समय के साथ भ्रष्टाचार, जागीरदारों की स्वायत्तता और सैनिकों की निष्ठाहीनता जैसी समस्याएँ बढ़ने लगीं।

कई जागीरदार करों की वसूली में मनमानी करने लगे और सैनिकों को उचित वेतन नहीं देते थे, जिससे मुग़ल सेना की ताकत कमजोर पड़ने लगी। औरंगजेब के शासनकाल में लगातार युद्धों और जागीरों के असमान वितरण ने इस व्यवस्था को पूरी तरह जर्जर कर दिया, जिससे साम्राज्य की स्थिरता प्रभावित हुई।

(C) नौसेना की उपेक्षा - मुग़ल साम्राज्य की कमजोरी

मुग़लों ने अपनी थल सेना और तोपखाने पर विशेष ध्यान दिया, लेकिन नौसेना को उतनी प्राथमिकता नहीं दी, जिससे यह उनकी प्रमुख कमजोरी बन गई। जबकि यूरोपीय शक्तियाँ जैसे पुर्तगाली, डच, फ्रांसीसी और अंग्रेज अपनी मजबूत नौसेना के बल पर भारत के तटीय क्षेत्रों में अपनी पकड़ बना रहे थे, मुग़ल इस दिशा में पिछड़ गए। इस कमजोरी के कारण मुग़लों को समुद्री युद्धों में कठिनाइयाँ झेलनी पड़ीं। पुर्तगालियों ने गोवा और दीव पर कब्ज़ा कर लिया, जबकि अंग्रेजों और डचों ने बंगाल और गुजरात के तटों पर अपनी उपस्थिति मजबूत कर ली।

जहाँगीर और औरंगजेब ने नौसेना को सुधारने की कुछ कोशिशें कीं, लेकिन ये प्रयास संगठित रणनीति और तकनीकी उन्नति के अभाव में असफल रहे। औरंगजेब ने मराठों की समुद्री शक्ति को नियंत्रित करने के लिए नौसेना को मजबूत करने का प्रयास किया, लेकिन शिवाजी की गुरिल्ला नौसैनिक रणनीतियाँ और पुर्तगालियों एवं अंग्रेजों की उन्नत नौसेना तकनीक के आगे मुग़ल जहाज टिक नहीं सके। अंततः, समुद्री शक्ति की कमी ने मुग़लों की सीमाओं को विदेशी ताकतों के लिए असुरक्षित बना दिया और औपनिवेशिक शक्तियों के भारत में विस्तार का मार्ग प्रशस्त किया।

निष्कर्ष

मुग़ल साम्राज्य की स्थापना और उसकी सैन्य परंपराओं का यह अध्याय बाबर के संघर्षों, विजय अभियानों, और मध्य एशियाई सैन्य परंपराओं के प्रभाव पर प्रकाश डालता है। बाबर ने तैमूरी और मंगोल युद्ध रणनीतियों को अपनाकर और भारतीय परिस्थितियों के अनुरूप ढालकर अपने सैन्य अभियानों को सफल बनाया। 1526 में पानीपत की पहली लड़ाई में इब्राहिम लोदी को पराजित करने के बाद, बाबर ने खानवा (1527), चंदेरी (1528), और घाघरा (1529) के युद्धों में भी विजय प्राप्त की, जिससे मुग़ल साम्राज्य की नींव और अधिक मजबूत हो गई।

हालांकि बाबर का शासनकाल केवल चार वर्षों तक चला, लेकिन उसकी युद्ध नीतियों और सैन्य तकनीकों ने आने वाले मुग़ल शासकों के लिए मार्ग प्रशस्त किया। बारूद और

तोपखाने का प्रभावी उपयोग, तुलगुमा और आराबा जैसी युद्ध रणनीतियाँ, और घुड़सवार सेना की कुशलता ने मुग़ल सेना को भारतीय उपमहाद्वीप में अजेय बना दिया। बाबर के बाद हुमायूं को कई कठिनाइयों का सामना करना पड़ा, विशेष रूप से शेरशाह सूरी के साथ संघर्ष में, जिसने कुछ समय के लिए मुग़ल सत्ता को हिला दिया। लेकिन इन सभी घटनाओं ने आगे चलकर मुग़लों के शासन को अधिक व्यवस्थित और मजबूत करने में योगदान दिया।

प्रश्न:

* मुग़ल साम्राज्य की स्थापना में बाबर की कौन-सी सैन्य रणनीतियाँ निर्णायक साबित हुईं? विश्लेषण करें।

* पानीपत की पहली लड़ाई (1526) के कारणों और प्रभावों पर विस्तृत टिप्पणी करें।

* बाबर की सैन्य शक्ति और रणनीतियों पर तैमूर और चंगेज़ खान की परंपराओं का क्या प्रभाव पड़ा? उदाहरण सहित स्पष्ट करें।

* खानवा के युद्ध (1527) की पृष्ठभूमि, रणनीति, और परिणामों की चर्चा करें। यह युद्ध मुग़ल सत्ता के लिए क्यों महत्वपूर्ण था?

* बाबर के भारत पर आक्रमण के प्रमुख कारणों का विश्लेषण करें। किन राजनीतिक परिस्थितियों ने इस आक्रमण को प्रोत्साहित किया?

* हुमायूं की पराजय के क्या कारण थे, और शेरशाह सूरी के खिलाफ उसके असफल शासन को किन मुख्य कारकों ने प्रभावित किया?

* "बाबर भारतीय उपमहाद्वीप में बारूद और तोपखाने का प्रभावी उपयोग करने वाला पहला शासक था।" इस कथन का ऐतिहासिक परिप्रेक्ष्य में मूल्यांकन करें।

* मुग़ल प्रशासन और सैन्य संगठन की प्रमुख विशेषताओं को स्पष्ट करें। किस प्रकार मुग़ल सैन्य प्रणाली ने भारत में उनकी सत्ता को स्थिरता प्रदान की?

अध्याय 2

अकबर की युद्ध नीति और साम्राज्य विस्तार

अकबर (शासनकाल: 1556-1605) मुग़ल साम्राज्य का सबसे प्रभावशाली शासक था, जिसने अपनी कुशल युद्ध नीति और प्रशासनिक क्षमताओं के बल पर पूरे भारतीय उपमहाद्वीप में मुग़ल सत्ता को मजबूत किया। बाबर और हुमायूं की सैन्य नीतियों को आगे बढ़ाते हुए, अकबर ने न केवल अपने पूर्वजों द्वारा स्थापित साम्राज्य को पुनर्स्थापित किया, बल्कि उसे एक अभूतपूर्व ऊँचाई तक पहुँचाया। वह केवल एक विजेता ही नहीं, बल्कि एक दूरदर्शी शासक भी था, जिसने अपने शासन को स्थायित्व प्रदान करने के लिए अनेक सुधार किए। अकबर का सैन्य दृष्टिकोण केवल आक्रामकता तक सीमित नहीं था; उसने कूटनीति और गठबंधनों का भी कुशलता से उपयोग किया। उसकी नीति सुलह-ए-कुल (सार्वभौमिक सहिष्णुता) पर आधारित थी, जिससे उसने विभिन्न धार्मिक और जातीय समुदायों को अपने प्रशासन में सम्मिलित किया। राजपूत नरेशों के साथ वैवाहिक संबंध स्थापित कर उन्होंने हिंदू-मुस्लिम एकता को बल दिया और अपने राज्य की जड़ों को और भी गहरा किया।

युद्ध के मैदान में उसकी रणनीतियाँ अत्यंत प्रभावी थीं, और उसने भारत की विविध सांस्कृतिक और राजनीतिक वास्तविकताओं को समझकर अपनी प्रशासनिक नीतियों को ढाला। पानीपत की दूसरी लड़ाई (1556) में हेमू पर विजय के बाद, उसने बंगाल, गुजरात, काबुल, कश्मीर, सिंध, और दक्षिण भारत के कुछ हिस्सों तक अपना शासन स्थापित किया। मालवा और राजस्थान में उसकी विजय, विशेष रूप से चित्तौड़ और रणथंभौर की लड़ाइयाँ, उसके सैन्य कौशल को दर्शाती हैं। सैन्य अभियानों के साथ-साथ अकबर ने प्रशासनिक सुधारों पर भी ध्यान दिया। उसने मानसबदारी प्रणाली लागू की, जिससे सेना और प्रशासनिक ढांचे को व्यवस्थित किया गया। राजस्व सुधारों के अंतर्गत टोडरमल द्वारा विकसित दहसाला प्रणाली ने कृषि व्यवस्था को स्थायित्व प्रदान किया। धार्मिक सहिष्णुता की नीति के तहत जज़िया कर हटाया गया, जिससे हिंदू प्रजा में विश्वास उत्पन्न हुआ।

अकबर की न्यायिक और प्रशासनिक नीतियों ने मुग़ल सत्ता को स्थायित्व दिया और साम्राज्य के विस्तार में महत्त्वपूर्ण भूमिका निभाई। उसके दरबार में विद्वानों, कलाकारों और दार्शनिकों को संरक्षण प्राप्त था, जिससे अकबर के शासनकाल को भारतीय इतिहास का स्वर्ण युग माना जाता है। इस अध्याय में, हम अकबर के सत्ता संघर्ष, साम्राज्य विस्तार, प्रमुख युद्धों और उत्तर भारत में मुग़ल शासन के सुदृढ़ीकरण की विस्तार से चर्चा करेंगे, साथ ही उसकी नीतियों और दूरदर्शिता का विश्लेषण करेंगे, जिसने मुग़ल साम्राज्य को दीर्घकालिक स्थिरता प्रदान की।

2.1 अकबर का सत्ता संघर्ष और साम्राज्य

5 नवंबर 1556 को पानीपत के मैदान में अकबर की सेना और हेमू की सेना के बीच भयंकर युद्ध हुआ। हेमू, जो पहले शेरशाह सूरी के उत्तराधिकारियों के अधीन एक कुशल सेनापति था, इस युद्ध में स्वयं अपनी विशाल सेना का नेतृत्व कर रहा था। उसकी सेना में भारी तोपखाना और प्रशिक्षित सैनिक थे, जिन्होंने प्रारंभ में मुग़ल सेना पर दबाव बना दिया। युद्ध के शुरुआती दौर में हेमू की सेना हावी रही और मुग़ल सैनिक पीछे हटने लगे। हालांकि, युद्ध के निर्णायक क्षण में हेमू की एक बड़ी कमजोरी सामने आई–वह स्वयं युद्ध में सबसे आगे था, और एक तीर उसके नेत्र में लग गया। इस चोट के कारण वह अचेत होकर अपने हाथियों से नीचे गिर पड़ा। जैसे ही हेमू घायल होकर नीचे गिरा, उसकी सेना का मनोबल टूट गया और वे भागने लगे। इस स्थिति का लाभ उठाते हुए बैरम खान के नेतृत्व में मुग़ल सेना ने आक्रमण तेज कर दिया और विजय प्राप्त की।

इस युद्ध की जीत ने अकबर के लिए दिल्ली और आगरा के द्वार खोल दिए। युद्ध के बाद बैरम खान ने अकबर को सुझाव दिया कि हेमू को जीवित रहने नहीं दिया जाना चाहिए। अकबर ने युद्ध बंदी बने हेमू का वध करने का निर्णय लिया, जिससे यह सुनिश्चित हुआ कि दिल्ली पर मुग़लों का अधिकार स्थायी रूप से स्थापित हो जाए।

पानीपत के द्वितीय युद्ध की जीत के साथ, अकबर ने न केवल अपने सबसे बड़े प्रतिद्वंद्वी को हरा दिया बल्कि मुग़ल साम्राज्य को भी पुनर्जीवित किया। यह जीत केवल सैन्य विजय नहीं थी, बल्कि यह मुग़ल शासन की स्थिरता और विस्तार की दिशा में पहला महत्वपूर्ण कदम थी। इसके बाद, अकबर ने अपने राज्य के विस्तार और प्रशासनिक सुधारों पर ध्यान केंद्रित किया, जिससे मुग़ल साम्राज्य आने वाले दशकों में एक सशक्त शक्ति के रूप में उभर सका।

2.1.1 पानीपत का द्वितीय युद्ध (1556) - हेमू से संघर्ष

27 जनवरी 1556 को मुग़ल सम्राट हुमायूं की अचानक मृत्यु हो गई, जिससे मुग़ल साम्राज्य अस्थिर स्थिति में आ गया। इस समय हुमायूं का पुत्र अकबर मात्र 13 वर्ष का था और उसे तत्काल सम्राट घोषित कर दिया गया, लेकिन शासन की वास्तविक जिम्मेदारी उसके संरक्षक और सैन्य सलाहकार बैरम खान के हाथों में थी। हुमायूं की मृत्यु के बाद विभिन्न विरोधी शक्तियों ने इस अवसर का लाभ उठाने का प्रयास किया, जिनमें सबसे प्रमुख अफगान शासक आदिल शाह सूरी का प्रधानमंत्री हेमचंद्र विक्रमादित्य (हेमू) था।

हेमू ने अपनी सैन्य क्षमता के बल पर तेजी से शक्ति अर्जित की और मुग़लों को पराजित करते हुए दिल्ली और आगरा पर कब्ज़ा कर लिया। उसने स्वयं को "राजा विक्रमादित्य" की उपाधि धारण की और स्वतंत्र रूप से शासन करने लगा। भारतीय इतिहास में वह उन दुर्लभ हिंदू शासकों में से एक था, जिन्होंने दिल्ली पर शासन किया। इस परिस्थिति में, मुग़ल साम्राज्य के अस्तित्व को बचाने के लिए बैरम खान और अकबर ने हेमू से निर्णायक युद्ध लड़ने का निश्चय किया।

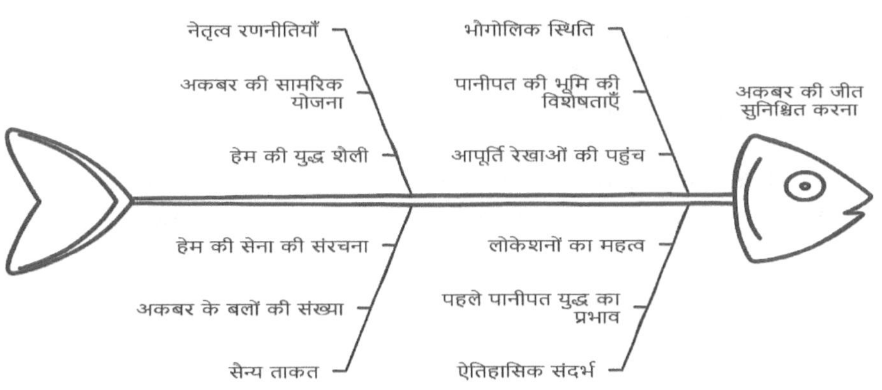

पानीपत के द्वितीय युद्ध (1556) की रणभूमि का नक्शा

युद्ध का विवरण

यह ऐतिहासिक युद्ध 5 नवंबर 1556 को पानीपत के मैदान में लड़ा गया, जिसे इतिहास में "पानीपत का द्वितीय युद्ध" कहा जाता है। हेमू की सेना अत्यंत शक्तिशाली थी और उसमें विशाल संख्या में प्रशिक्षित अफगान सैनिक एवं युद्ध के लिए विशेष रूप से प्रशिक्षित हाथियों की टुकड़ी शामिल थी। दूसरी ओर, अकबर की सेना तुलनात्मक रूप से छोटी थी, लेकिन उसमें बैरम खान जैसे अनुभवी सेनानायकों का मार्गदर्शन था।

युद्ध के प्रारंभिक चरण में हेमू की सेना ने अपनी रणनीतिक बढ़त बनाए रखी और मुग़ल सेना को पीछे धकेलने लगी। युद्ध में हेमू स्वयं आगे था और उसके हाथी बल ने मुग़ल सेना को गहरे संकट में डाल दिया। लेकिन तभी युद्ध के निर्णायक क्षण में अचानक एक तीर हेमू की आँख में जाकर लग गया, जिससे वह गंभीर रूप से घायल हो गया और चेतना खो बैठा। उसके अचेत होते ही उसकी सेना का मनोबल टूट गया, जिससे मुग़ल सेना को पलटवार करने का अवसर मिला। बैरम खान की कुशल सैन्य रणनीति और मुग़ल सेना के साहसिक प्रयासों से अंततः मुग़लों ने यह युद्ध जीत लिया।

परिणाम और महत्व

पानीपत का द्वितीय युद्ध न केवल अकबर के शासन की दिशा तय करने वाला युद्ध था, बल्कि यह मुग़ल साम्राज्य के पुनरुद्धार की भी आधारशिला बना। इस युद्ध में जीत के बाद अकबर ने दिल्ली और आगरा पर फिर से अधिकार कर लिया, जिससे मुग़ल सत्ता की पुनर्स्थापना हुई। हेमू को बंदी बना लिया गया और बैरम खान के आदेश पर उसका सिर कलम कर दिया गया।

इस युद्ध के बाद अकबर ने उत्तरी भारत में अपने साम्राज्य के विस्तार की नींव रखी और एक सशक्त प्रशासनिक तंत्र स्थापित किया। यह युद्ध अकबर के लिए केवल एक विजय नहीं थी, बल्कि यह उसके भविष्य के सफल शासन और मुग़ल साम्राज्य की स्थिरता की दिशा में पहला महत्वपूर्ण कदम था। आने वाले वर्षों में अकबर ने न केवल अपने शासन का विस्तार किया, बल्कि धार्मिक सहिष्णुता और प्रशासनिक सुधारों के माध्यम से एक संगठित और शक्तिशाली साम्राज्य की स्थापना की।

2.1.2 बैरम खान की भूमिका

अकबर की आरंभिक सफलताओं का श्रेय उसके संरक्षक और सैन्य सलाहकार बैरम खान को जाता है। जब 1556 में हुमायूं की मृत्यु हुई, तब अकबर मात्र 13 वर्ष का था और शासन की वास्तविक जिम्मेदारी बैरम खान के हाथों में थी। बैरम खान न केवल

एक कुशल सेनापति था, बल्कि एक योग्य प्रशासक भी था, जिसने अकबर के शासन की नींव को सुदृढ़ किया।

बैरम खान का प्रभाव

बैरम खान एक अनुभवी तुर्की सेनापति था, जो हुमायूं का विश्वसनीय सहयोगी रहा था। उसने हुमायूं के साथ कठिन परिस्थितियों में संघर्ष किया और मुग़ल साम्राज्य को पुनः स्थापित करने में सहायता की। हुमायूं की मृत्यु के बाद, बैरम खान ने अकबर के राज्याभिषेक को सुरक्षित किया और मुग़ल सत्ता की रक्षा के लिए प्रभावी सैन्य रणनीतियाँ अपनाईं।

सबसे महत्वपूर्ण योगदान बैरम खान ने 1556 में हुए पानीपत के द्वितीय युद्ध में दिया। इस युद्ध में उसकी कुशल रणनीति के कारण ही अकबर की सेना ने हेमू को पराजित किया और मुग़ल साम्राज्य पुनः स्थापित हुआ। इसके अलावा, उसने मुग़ल प्रशासन को संगठित किया और विभिन्न विरोधी ताकतों को दबाने में अहम भूमिका निभाई। अकबर के प्रारंभिक वर्षों में शासन की पूरी बागडोर बैरम खान के हाथों में थी, जिसने अपने अनुभव और सूझबूझ से साम्राज्य को स्थिर बनाए रखा।

बैरम खान का पतन

जैसे-जैसे अकबर बड़ा हुआ, उसने स्वयं सत्ता संभालने की इच्छा व्यक्त की। अकबर का स्वभाव उदार और सहिष्णु था, जबकि बैरम खान की नीतियाँ कठोर और शासकीय शक्ति केंद्रित थीं। उसकी कठोरता के कारण दरबार में कई विरोधी उत्पन्न हो गए, जो बैरम खान के प्रभाव को कम करना चाहते थे।

1560 में, अकबर ने बैरम खान को पदच्युत कर दिया और उसे हज पर जाने का आदेश दिया। हालांकि, रास्ते में गुजरात के पाटन क्षेत्र में बैरम खान की हत्या कर दी गई। उसकी मृत्यु के बावजूद, अकबर ने उसकी पत्नी और पुत्र अब्दुर्रहीम खान-ए-खाना को शाही संरक्षण दिया। अब्दुर्रहीम आगे चलकर अकबर के दरबार में एक महत्वपूर्ण सेनापति और विद्वान बने।

2.1.3 अकबर का स्वतंत्र शासन और साम्राज्य विस्तार

1560 में बैरम खान के पतन के बाद, अकबर ने स्वतंत्र रूप से शासन करना शुरू किया। अब वह केवल नाममात्र का शासक नहीं था, बल्कि अपनी प्रशासनिक और

सैन्य क्षमताओं को दर्शाने के लिए पूरी तरह स्वतंत्र था। उसने अपने शासनकाल में कई महत्वपूर्ण युद्ध लड़े और मुग़ल साम्राज्य का अभूतपूर्व विस्तार किया।

बैरम खान के प्रभाव से मुक्त होने के बाद, अकबर ने प्रशासन में सुधार किए और अपनी नीतियों को और अधिक व्यावहारिक बनाया। उसने दरबारी गुटबाजी को समाप्त करने का प्रयास किया और शासन में अपनी सीधी भागीदारी सुनिश्चित की। साथ ही, उसने धार्मिक सहिष्णुता, सामरिक गठबंधन और कुशल प्रशासनिक प्रणाली पर विशेष ध्यान दिया, जिससे उसका शासन अधिक स्थिर और प्रभावी बना।

प्रमुख सैन्य अभियान

अकबर का शासनकाल सैन्य अभियानों और साम्राज्य विस्तार के लिए प्रसिद्ध था। उसने भारत के विभिन्न हिस्सों में युद्ध लड़े और अपने अधीनस्थ क्षेत्रों को बढ़ाया।

1. **मालवा पर आक्रमण (1561):** मालवा के शासक बाज बहादुर को हराकर अकबर ने इस क्षेत्र पर कब्जा कर लिया। बाज बहादुर अपने संगीत प्रेम और विलासिता के लिए प्रसिद्ध था, लेकिन वह अकबर की शक्तिशाली सेना का सामना नहीं कर सका। इस विजय के बाद मालवा पूरी तरह से मुग़ल साम्राज्य का हिस्सा बन गया।

2. **गोंडवाना पर विजय (1564):** गोंडवाना की वीर रानी दुर्गावती ने अकबर की सेना के खिलाफ बहादुरी से लड़ाई लड़ी, लेकिन अंततः युद्ध में पराजित होकर वीरगति को प्राप्त हुई। इस युद्ध के बाद गोंडवाना भी मुग़ल साम्राज्य के अधीन आ गया।

3. **राजपूत नीति:** अकबर ने राजपूतों के साथ संघर्ष के बजाय मित्रता की नीति अपनाई। उसने राजपूत राजाओं से संधियाँ कीं और वैवाहिक संबंध स्थापित किए। उदाहरण के लिए, आमेर के राजा भारमल की पुत्री जोधा बाई से विवाह कर उसने राजपूतों के साथ मजबूत गठबंधन बनाया। इससे न केवल उसके राज्य की सीमाएँ सुरक्षित हुईं, बल्कि मुग़ल प्रशासन में भी राजपूतों की महत्वपूर्ण भूमिका सुनिश्चित हुई।

2.1.4 उत्तरी भारत में मुग़ल शासन का विस्तार

अकबर ने उत्तरी भारत में मुग़ल सत्ता को सुदृढ़ करने के लिए कई प्रभावशाली नीतियाँ अपनाईं। उसने केवल सैन्य विजय पर निर्भर न रहते हुए, कूटनीति, प्रशासनिक सुधार और धार्मिक सहिष्णुता की नीतियाँ भी अपनाईं, जिससे उसका शासन व्यापक और स्थायी बना।

मनसबदारी प्रणाली के तत्व और संबंध

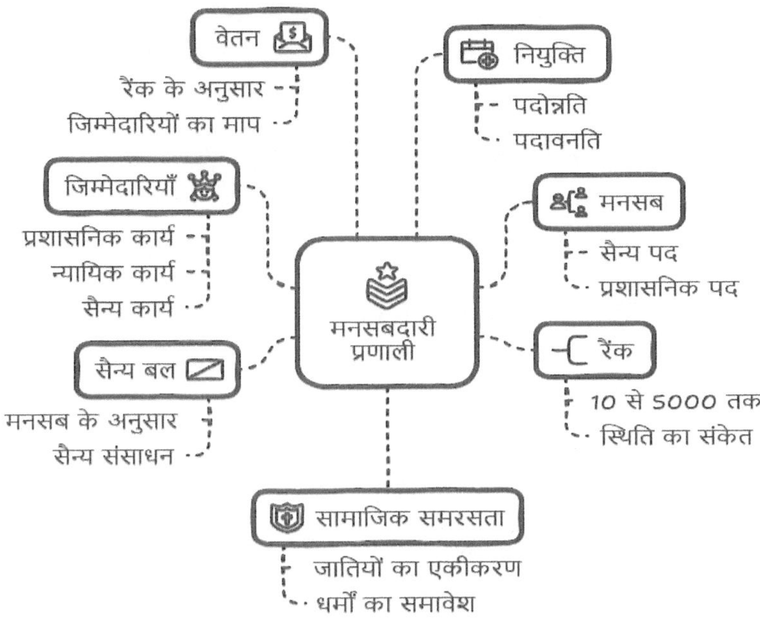

अकबर की प्रशासनिक प्रणाली (मनसबदारी प्रणाली)

(A) राजपूतों से संधि और गठबंधन

अकबर की सबसे महत्वपूर्ण रणनीति राजपूतों के साथ संधि और गठबंधन करना था। इसके तहत उसने युद्ध की बजाय मित्रता की नीति अपनाई, जिससे उसके शासन को स्थिरता मिली।

- **सैन्य और विवाह संबंधी गठबंधन:** अकबर ने राजपूत शासकों को अपनी शक्ति में शामिल करने के लिए उनके साथ वैवाहिक संबंध स्थापित किए।

- **आमेर के राजा भारमल से संबंध:** आमेर (जयपुर) के राजा भारमल ने अपनी पुत्री हरकाबाई (जोधाबाई) का विवाह अकबर से कराया, जिससे मुग़ल-राजपूत संबंधों में घनिष्ठता आई।

- **राजपूतों को उच्च पद:** अकबर ने कई राजपूत सरदारों को मुग़ल प्रशासन में उच्च पदों पर नियुक्त किया, जैसे कि राजा मानसिंह और टोडरमल। इससे राजपूत मुग़ल शासन के विश्वसनीय सहयोगी बन गए।

(B) अफगान शासकों का पराजय

अकबर के शासन के प्रारंभिक वर्षों में अफगान शासक और पठान सरदार मुग़ल सत्ता के लिए एक बड़ा खतरा थे। अकबर ने इन्हें कुचलकर अपने शासन को और अधिक सुदृढ़ किया।

- **बंगाल और बिहार के विद्रोही अफगानों को पराजित किया:** बंगाल और बिहार में अफगान विद्रोही शासक मुग़ल सत्ता के विरोध में थे। अकबर ने 1574 में बंगाल पर आक्रमण किया और वहाँ की सत्ता को अपने नियंत्रण में ले लिया।

- **पठानों और अफगानों को शासन में शामिल किया:** युद्ध के बाद, अकबर ने इन क्षेत्रों के प्रभावशाली अफगान नेताओं को अपने शासन में शामिल कर लिया, जिससे विद्रोह की संभावना कम हो गई।

(C) प्रशासनिक सुधार और धार्मिक सहिष्णुता

अकबर ने अपने शासन को स्थिर बनाने के लिए कई महत्वपूर्ण प्रशासनिक और धार्मिक सुधार किए।

- **सुलह-ए-कुल नीति:** अकबर ने सुलह-ए-कुल (सार्वभौमिक सहिष्णुता) की नीति अपनाई, जिसके तहत सभी धर्मों के लोगों को समान अधिकार मिले।

- **जज़िया कर समाप्त किया:** 1564 में, अकबर ने हिंदुओं पर लगाए गए जज़िया कर को समाप्त कर दिया, जिससे उसकी लोकप्रियता बढ़ी।

- **धार्मिक स्वतंत्रता:** उसने अपने दरबार में विभिन्न धर्मों के विद्वानों को आमंत्रित किया और धार्मिक सहिष्णुता को बढ़ावा दिया।

2.2 राजपूत नीति और संघर्ष

अकबर की सबसे महत्वपूर्ण सैन्य और कूटनीतिक उपलब्धियों में से एक थी उसकी राजपूत नीति। उसने राजपूतों को मित्र बनाकर अपने साम्राज्य का विस्तार किया और एक स्थायी शासन की नींव रखी। अकबर ने यह समझ लिया था कि भारत पर लंबे समय तक शासन करने के लिए केवल बल प्रयोग पर्याप्त नहीं है, बल्कि स्थानीय शासकों को साथ लेकर चलना आवश्यक होगा। इसी कारण उसने राजपूत शासकों से न केवल संधियाँ कीं, बल्कि उनके साथ वैवाहिक संबंध भी स्थापित किए। हालाँकि, कुछ राजपूत शासकों ने मुग़ल सत्ता के विरुद्ध संघर्ष करना जारी रखा, जिनमें महाराणा प्रताप का नाम सबसे प्रमुख है।

अकबर ने जहाँ एक ओर आमेर, बीकानेर और जोधपुर जैसे राजपूत राज्यों से संधियाँ कर उन्हें अपनी सेना और प्रशासन में महत्वपूर्ण स्थान दिया, वहीं दूसरी ओर मेवाड़ जैसे स्वाभिमानी राज्य ने उसकी अधीनता स्वीकार करने से इनकार कर दिया। महाराणा प्रताप ने स्वतंत्रता को प्राथमिकता दी और मुग़लों के विरुद्ध संघर्ष जारी रखा। इसी कारण 18 जून 1576 को हल्दीघाटी का प्रसिद्ध युद्ध हुआ। इस युद्ध में अकबर की सेना का नेतृत्व राजा मानसिंह और आसफ खान कर रहे थे, जबकि महाराणा प्रताप ने अपनी छोटी लेकिन पराक्रमी सेना के साथ वीरतापूर्ण प्रतिरोध किया। युद्ध में महाराणा प्रताप ने अपनी रणनीतिक कुशलता दिखाई, लेकिन अंततः मुग़ल सेना की विशालता के आगे राजपूतों को पीछे हटना पड़ा।

हल्दीघाटी का युद्ध भले ही सामरिक दृष्टि से अकबर की जीत मानी जाती है, लेकिन यह महाराणा प्रताप के अदम्य साहस और स्वतंत्रता के प्रति उनके अडिग संकल्प का प्रतीक बन गया। युद्ध के बाद भी महाराणा प्रताप ने मुग़लों के खिलाफ गुरिल्ला युद्ध जारी रखा और कई बार मुग़ल प्रशासन को चुनौती दी। अकबर ने मेवाड़ पर पूर्ण नियंत्रण स्थापित करने की कई कोशिशें कीं, लेकिन महाराणा प्रताप कभी पूरी तरह पराजित नहीं हुए। यह संघर्ष राजपूत स्वाभिमान और स्वतंत्रता के प्रति उनकी निष्ठा का ऐतिहासिक उदाहरण बना। अकबर की राजपूत नीति ने जहाँ कई राजपूत राज्यों को मुग़ल साम्राज्य का अभिन्न अंग बना दिया, वहीं मेवाड़ का संघर्ष यह दर्शाता है कि कुछ शासकों के लिए स्वतंत्रता सत्ता से अधिक मूल्यवान थी।

2.2.1 हल्दीघाटी का युद्ध (1576) - महाराणा प्रताप बनाम अकबर

युद्ध की पृष्ठभूमि

अकबर ने 1567 में चित्तौड़गढ़ पर आक्रमण किया और वहाँ के शासक राणा उदय सिंह को पराजित कर दिया। इसके बाद उदय सिंह ने मेवाड़ छोड़ दिया और अरावली की पहाड़ियों में शरण ली। उनकी मृत्यु के बाद उनके पुत्र महाराणा प्रताप ने मेवाड़ की सत्ता संभाली। महाराणा प्रताप स्वतंत्रता के कट्टर समर्थक थे और उन्होंने मुग़ल अधीनता स्वीकार करने से स्पष्ट इनकार कर दिया। अकबर ने उन्हें कई बार संधि प्रस्ताव भेजे, यहाँ तक कि उनके दरबारियों और राजपूत सरदारों के माध्यम से भी बातचीत की कोशिश की, लेकिन महाराणा प्रताप अपने सिद्धांतों पर अडिग रहे।

जब संधि के सभी प्रयास असफल हो गए, तो अकबर ने महाराणा प्रताप को हराने के लिए अपने सबसे कुशल सेनापति राजा मान सिंह (आमेर के राजा) और आसफ खान को विशाल मुग़ल सेना के साथ भेजा। यह स्पष्ट था कि हल्दीघाटी में होने वाला

युद्ध केवल दो राजाओं के बीच का टकराव नहीं था, बल्कि यह भारतीय स्वतंत्रता और स्वाभिमान की रक्षा के लिए महाराणा प्रताप की अंतिम परीक्षा थी।

युद्ध का विवरण

हल्दीघाटी का युद्ध 18 जून 1576 को राजस्थान के अरावली पर्वत श्रृंखला में लड़ा गया। यह युद्ध एक संकरी घाटी में हुआ, जहाँ राजपूतों को भौगोलिक लाभ था, लेकिन सैनिकों की संख्या में भारी असमानता थी। महाराणा प्रताप की सेना में लगभग 20,000 सैनिक थे, जिनमें भील, ग्वालियर के योद्धा और अन्य स्थानीय लड़ाके शामिल थे। दूसरी ओर, मुग़ल सेना लगभग 80,000 सैनिकों के विशाल बल के साथ आई थी, जिसमें तुर्क, अफगान, राजपूत और घुड़सवार बल शामिल थे।

युद्ध के दौरान महाराणा प्रताप ने अपनी वीरता और रणकौशल का परिचय दिया। उनके प्रिय घोड़े चेतक ने भी इस युद्ध में अपनी अद्वितीय भूमिका निभाई। चेतक न केवल महाराणा प्रताप को कठिन परिस्थितियों से बाहर निकालने में मदद करता रहा, बल्कि युद्ध के अंत में उनकी रक्षा के लिए अपना बलिदान भी दे दिया।

युद्ध की रणनीतियाँ

1. राजपूतों की गुरिल्ला युद्ध प्रणाली

* महाराणा प्रताप ने खुले युद्ध के बजाय गुरिल्ला रणनीति अपनाई, जिसमें उन्होंने पहाड़ियों का लाभ उठाकर अचानक हमले किए और फिर पहाड़ियों में लौट गए।

* उनका उद्देश्य दुश्मन की सेना को थका देना और धीरे-धीरे उसकी शक्ति को कम करना था।

2. मुग़ल सेना की रणनीति

* मुग़ल सेना ने खुले मैदान में युद्ध किया और अपने भारी तोपखाने तथा संगठित घुड़सवार सेना का उपयोग किया।

* राजा मान सिंह ने युद्ध को तेजी से समाप्त करने के लिए मुग़ल सेना को आक्रामक रूप से तैनात किया।

युद्ध का परिणाम

हल्दीघाटी का युद्ध भले ही सैन्य दृष्टि से अकबर के पक्ष में रहा हो, लेकिन इसे पूर्ण विजय नहीं कहा जा सकता। युद्ध के दौरान महाराणा प्रताप ने मुग़लों को भारी नुकसान पहुँचाया, लेकिन उनकी सेना संख्या में बहुत कम थी। अंततः उन्हें पीछे हटना पड़ा, लेकिन वे युद्धभूमि से सुरक्षित निकलने में सफल रहे। हालाँकि, उनका प्रिय घोड़ा चेतक गंभीर रूप से घायल हो गया और वीरगति को प्राप्त हुआ।

इस युद्ध के बाद, मेवाड़ का अधिकांश भाग मुग़ल अधीन हो गया, लेकिन महाराणा प्रताप ने हार नहीं मानी। उन्होंने अपने शेष जीवन में गुरिल्ला युद्ध जारी रखा और मुग़ल सत्ता को कई वर्षों तक खुली चुनौती देते रहे। अकबर कई प्रयासों के बावजूद महाराणा प्रताप को पूर्ण रूप से पराजित नहीं कर सका। यह युद्ध भारतीय इतिहास में स्वतंत्रता, वीरता और राष्ट्रभक्ति का एक अमर प्रतीक बन गया।

2.2.2 मुग़ल तोपखाना और राजपूत घुड़सवार सेना

(A) मुग़ल तोपखाना - अकबर की सबसे बड़ी शक्ति

अकबर की सेना की सबसे बड़ी ताकत उसका शक्तिशाली तोपखाना था, जो यूरोपीय और तुर्की तोपों से लैस था। यह आधुनिक हथियार उस समय की पारंपरिक सेनाओं की तुलना में कहीं अधिक प्रभावी थे। युद्ध के दौरान मुग़लों ने विशाल तोपों, बंदूकों और अन्य आग्नेयास्त्रों का उपयोग किया, जिससे राजपूतों को भारी नुकसान हुआ।

मुग़ल सेना में तोपखाने विशेषज्ञ (गन्समिथ) नियुक्त किए गए थे, जो युद्ध के दौरान तोपों की सटीक तैनाती और संचालन में निपुण थे। विशेष रूप से, जंजीरबंद तोपों (चेन से जुड़ी तोपों) का उपयोग किया गया था, जिससे दुश्मन की घुड़सवार सेना पर हमला करने और उन्हें नियंत्रित करने में मदद मिली। युद्ध के दौरान बारूदी धमाकों और धुएँ ने राजपूतों के घोड़ों और सैनिकों के मनोबल पर गहरा प्रभाव डाला।

(B) राजपूत घुड़सवार सेना - महाराणा प्रताप की ताकत

महाराणा प्रताप की सबसे बड़ी ताकत उनकी घुड़सवार सेना थी, जो अपनी उत्कृष्ट युद्धकला और तेजी से हमले करने की रणनीति के लिए प्रसिद्ध थी। राजपूत योद्धा घुड़सवारी, तलवारबाजी और भाला युद्ध में माहिर थे। उनकी सेना ने तेज़ गति से आक्रमण करने और पीछे हटने की नीति अपनाई, जिससे वे बड़ी सेना से भी प्रभावी रूप से लड़ सकते थे।

राजपूत घुड़सवारों को छोटे समूहों में लड़ने और दुश्मन को अचानक घेरकर हमला करने की विशेष रणनीति में निपुणता प्राप्त थी। महाराणा प्रताप का प्रिय घोड़ा चेतक भी अपनी अद्वितीय गति और शक्ति के लिए प्रसिद्ध था, जिसने युद्ध के दौरान उनके जीवन की रक्षा की थी। चेतक की फुर्ती और साहस ने कई बार महाराणा प्रताप को मुग़ल सेना के घातक हमलों से बचाया।

तोपखाने और घुड़सवार सेना के बीच संघर्ष

मुग़ल तोपखाने और राजपूत घुड़सवार सेना के बीच संघर्ष ऐतिहासिक रूप से महत्वपूर्ण था। जहाँ एक ओर तोपखाने से होने वाले भीषण धमाके और बारूदी धुएँ के कारण घोड़ों में भय फैल जाता था, वहीं दूसरी ओर राजपूतों की तीव्र गति और युद्ध कौशल ने मुग़ल सेना को चुनौती दी।

हल्दीघाटी के युद्ध में भी यही देखने को मिला—जब मुग़लों ने तोपों से हमला किया, तो राजपूत सेना अस्थायी रूप से बिखर गई। हालाँकि, महाराणा प्रताप और उनके योद्धाओं ने मुग़लों के विरुद्ध कड़ा प्रतिरोध किया और अंत तक संघर्ष जारी रखा। इस युद्ध में जहाँ मुग़लों की तकनीकी शक्ति प्रभावी रही, वहीं राजपूतों की वीरता और युद्धकला भी इतिहास में अमर हो गई।

2.2.3 युद्ध के बाद मेवाड़ की रणनीति

हल्दीघाटी के युद्ध के बाद, भले ही महाराणा प्रताप को सीधी सैन्य विजय न मिली हो, लेकिन उन्होंने अपने संकल्प और युद्धनीति से मुग़लों के लिए मेवाड़ पर पूर्ण नियंत्रण स्थापित करना कठिन बना दिया। उन्होंने गुरिल्ला युद्ध रणनीति अपनाई और लगातार संघर्ष जारी रखा, जिससे मुग़ल सेना को भारी परेशानियों का सामना करना पड़ा।

गुरिल्ला युद्ध और अरावली की शरण

हल्दीघाटी में पराजय के बाद भी महाराणा प्रताप ने हार नहीं मानी। उन्होंने अरावली की पहाड़ियों को अपना केंद्र बनाया और वहाँ से मुग़लों के विरुद्ध छोटे-छोटे हमले करना शुरू कर दिया। घने जंगलों, दुर्गम पहाड़ियों और संकरी घाटियों का लाभ उठाते हुए, उन्होंने मुग़ल सैन्य ठिकानों और आपूर्ति मार्गों पर छापामार हमले किए। उनकी यह युद्ध नीति इतनी प्रभावी थी कि अकबर स्वयं भी मेवाड़ को पूरी तरह अपने नियंत्रण में नहीं ला सका।

सेना का पुनर्गठन और जनता का समर्थन

महाराणा प्रताप ने जंगलों में रहकर अपनी सेना को पुनर्गठित किया और अपने विश्वस्त सहयोगियों को संगठित किया। उनकी इस दृढ़ इच्छाशक्ति के कारण स्थानीय राजपूत सरदारों और आम जनता का समर्थन उन्हें मिलता रहा। प्रताप ने आर्थिक कठिनाइयों के बावजूद अपनी सेना को संगठित रखा और धीरे-धीरे अपनी शक्ति बढ़ाई।

दीवेर का युद्ध (1582) - मेवाड़ की वापसी

महाराणा प्रताप के संघर्ष का सबसे बड़ा उदाहरण 1582 में लड़ा गया दीवेर का युद्ध था। इस युद्ध में उन्होंने मुग़ल सेना पर जोरदार आक्रमण किया और मेवाड़ के कई क्षेत्रों को पुनः जीत लिया। कहा जाता है कि इस युद्ध में प्रताप के वीर सैनिकों ने मुग़ल ठिकानों पर हमला कर बड़ी संख्या में मुग़लों को पराजित किया और कई किलोनों पर पुनः कब्जा कर लिया।

चित्तौड़ के बिना भी स्वतंत्र शासन

यद्यपि महाराणा प्रताप चित्तौड़ को पुनः हासिल नहीं कर सके, लेकिन उन्होंने मेवाड़ के अन्य क्षेत्रों से अपना स्वतंत्र शासन जारी रखा। उन्होंने मेवाड़ के दुर्गम इलाकों से प्रशासन चलाया और अपने राज्य की सुरक्षा सुनिश्चित करने के लिए रणनीतिक निर्णय लिए। उनकी इस नीति के कारण मेवाड़ में मुग़ल शासन पूरी तरह स्थापित नहीं हो सका और प्रताप का स्वतंत्रता संग्राम जारी रहा।

महाराणा प्रताप के साहस, रणनीति और अदम्य इच्छाशक्ति के कारण वह भारतीय इतिहास के सबसे सम्मानित योद्धाओं में से एक बने। उनका संघर्ष न केवल युद्ध कौशल का उदाहरण था, बल्कि मातृभूमि के लिए आत्मनिर्भरता और स्वतंत्रता की भावना का प्रतीक भी था।

2.2.4 अकबर की संधियाँ और विवाह नीति

अकबर ने केवल युद्ध और सैन्य विजय के माध्यम से अपने साम्राज्य का विस्तार नहीं किया, बल्कि राजपूतों के साथ संधियों और विवाह संबंधों की एक अनूठी नीति अपनाई। इस नीति का मुख्य उद्देश्य मुग़ल सत्ता को स्थायी बनाना और हिंदुस्तान में अपनी पकड़ मजबूत करना था। अकबर समझ चुका था कि राजपूतों के सहयोग के बिना उत्तर भारत में एक सुदृढ़ साम्राज्य की स्थापना संभव नहीं थी। इसलिए, उसने

सैन्य टकराव से अधिक कूटनीति पर ध्यान दिया और राजपूतों को अपने प्रशासन और सेना में महत्वपूर्ण स्थान दिया।

(A) राजपूतों से संधियाँ

अकबर ने राजपूतों के साथ संधियाँ कर उन्हें अपने पक्ष में किया, जिससे न केवल संघर्ष कम हुआ, बल्कि मुग़ल साम्राज्य की नींव भी मजबूत हुई। सबसे पहले, आमेर के राजा भारमल ने अकबर की अधीनता स्वीकार की और अपनी बेटी हरकाबाई (जोधाबाई/ मरियम-उज़-ज़मानी) का विवाह अकबर से करा दिया। इसके बाद बीकानेर और जोधपुर के राजाओं ने भी संधियाँ कर लीं और मुग़ल सत्ता को स्वीकार कर लिया। जिन राजपूत शासकों ने अकबर से संधि की, उन्हें मुग़ल दरबार में उच्च पद और मनसबदारी प्रदान की गई। इससे वे न केवल अपने क्षेत्रों में शक्तिशाली बने रहे, बल्कि मुग़ल साम्राज्य की सुरक्षा में भी महत्वपूर्ण भूमिका निभाने लगे। इसके अलावा, अकबर ने राजपूत सैनिकों को मुग़ल सेना में महत्वपूर्ण स्थान दिया, जिससे सेना की ताकत बढ़ी और अकबर को योग्य एवं वफादार योद्धा मिले।

हालाँकि, सभी राजपूत शासकों ने इस नीति को स्वीकार नहीं किया। मेवाड़ के महाराणा प्रताप जैसे स्वाभिमानी राजाओं ने मुग़ल अधीनता स्वीकार करने से इनकार कर दिया और संघर्ष जारी रखा। हल्दीघाटी का युद्ध (1576) इसी संघर्ष का परिणाम था, जिसमें महाराणा प्रताप ने अपनी मातृभूमि की रक्षा के लिए मुग़लों के विरुद्ध वीरतापूर्ण युद्ध लड़ा।

(B) विवाह नीति

अकबर ने हिंदू-मुस्लिम एकता को बढ़ावा देने और राजपूतों का समर्थन प्राप्त करने के लिए राजनीतिक विवाहों की नीति अपनाई। उसने कई राजपूत राजकुमारियों से विवाह किया, लेकिन उन्हें जबरन इस्लाम अपनाने के लिए बाध्य नहीं किया। इसके बजाय, उसने उनकी धार्मिक स्वतंत्रता को सुरक्षित रखा और उनके रीति-रिवाजों का सम्मान किया।

इन विवाहों से अकबर को दो बड़े लाभ मिले—पहला, इससे हिंदू और मुस्लिम समाज के बीच मेल-जोल बढ़ा, और दूसरा, राजपूत राज्यों के साथ उसके संबंध मजबूत हुए, जिससे भविष्य के विद्रोहों की संभावना कम हो गई। विवाह संबंधों के कारण राजपूत मुग़ल सत्ता के प्रति अधिक वफादार हो गए और उन्होंने साम्राज्य के प्रशासन में सक्रिय भूमिका निभाई।

(C) धार्मिक सहिष्णुता

अकबर ने अपनी संधि और विवाह नीति के साथ-साथ धार्मिक सहिष्णुता को भी बढ़ावा दिया। उसने "सुलह-ए-कुल" (सार्वभौमिक मेल-जोल) की नीति अपनाई, जिसके तहत सभी धर्मों के लोगों को समान अधिकार और सम्मान दिया गया। 1579 में, उसने जज़िया कर समाप्त कर दिया, जो गैर-मुस्लिमों से लिया जाता था। इससे हिंदू जनता में अकबर के प्रति सकारात्मक दृष्टिकोण विकसित हुआ और वे उसके शासन का अधिक समर्थन करने लगे।

इसके अलावा, अकबर ने विभिन्न धर्मों के विद्वानों को अपने दरबार में आमंत्रित किया और धार्मिक विषयों पर खुली चर्चाएँ करवाईं। उसने "दीन-ए-इलाही" नामक एक नया धर्म चलाने की भी कोशिश की, जिसमें विभिन्न धर्मों के अच्छे विचारों को सम्मिलित किया गया। हालाँकि, यह व्यापक स्तर पर स्वीकार नहीं किया गया और अकबर की मृत्यु के बाद यह समाप्त हो गया।

अकबर की नीति का प्रभाव

अकबर की संधि और विवाह नीति के कारण मुग़ल साम्राज्य में स्थिरता आई। इससे राजपूतों और मुग़लों के बीच संबंध मजबूत हुए, जिससे बार-बार होने वाले युद्धों में कमी आई। इसके अलावा, प्रशासन में हिंदू-मुस्लिम एकता बढ़ी और साम्राज्य में धार्मिक सहिष्णुता का वातावरण बना।

राजपूतों की शक्ति और प्रतिष्ठा बनी रही, जिससे उन्होंने मुग़ल शासन का सहयोग किया और साम्राज्य को और अधिक शक्तिशाली बनाया। इस नीति ने न केवल अकबर के शासन को सफल बनाया, बल्कि भारतीय इतिहास में भी एक महत्वपूर्ण स्थान प्राप्त किया, क्योंकि इससे भारत की बहुसांस्कृतिक प्रकृति को सुदृढ़ करने में सहायता मिली।

2.3 दक्षिण भारत में मुग़ल अभियान

अकबर का साम्राज्य विस्तार केवल उत्तर भारत तक सीमित नहीं रहा, बल्कि उसने दक्षिण भारत की ओर भी अपनी सैन्य और कूटनीतिक नीतियों का विस्तार किया। दक्षिण भारत की राजनीति उत्तर भारत से भिन्न थी, क्योंकि यहाँ कई मजबूत और स्वतंत्र मुस्लिम सल्तनतें (अहमदनगर, बीजापुर, गोलकुंडा) तथा हिंदू साम्राज्य (विजयनगर के अवशेष और मराठा सरदार) मौजूद थे। उत्तर भारत में राजपूतों के साथ गठबंधन और युद्ध के माध्यम से स्थिरता स्थापित करने के बाद, अकबर की नजर

दक्षिण भारत के राजनीतिक समीकरणों पर पड़ी। वह इन राज्यों को या तो कूटनीति के माध्यम से मित्र बनाना चाहता था या फिर सैन्य बल से मुग़ल साम्राज्य का हिस्सा बनाना चाहता था।

अकबर ने दक्षिण भारत में अपने नियंत्रण को स्थापित करने के लिए कूटनीति और सैन्य शक्ति दोनों का उपयोग किया। 1591 में, उसने अपने सेनापति अब्दुर रहीम खान-ए-खाना को अहमदनगर, बीजापुर और गोलकुंडा के दरबार में राजदूत के रूप में भेजा। अकबर ने इन राज्यों को मुग़ल अधीनता स्वीकार करने का प्रस्ताव दिया, लेकिन अहमदनगर की शासिका चाँद बीबी ने इसे अस्वीकार कर दिया। इससे मुग़ल-अहमदनगर संघर्ष शुरू हुआ।

1595 में, मुग़ल सेना ने अहमदनगर पर आक्रमण किया, लेकिन चाँद बीबी के नेतृत्व में मराठा और दक्खनी सैनिकों ने कड़ा प्रतिरोध किया। हालाँकि, 1600 में अकबर ने स्वयं दक्षिण की ओर कूच किया और अहमदनगर को जीतने में सफल रहा। इसके बावजूद, बीजापुर और गोलकुंडा ने अकबर के शासन को स्वीकार नहीं किया और स्वतंत्र रूप से शासन करते रहे।

अकबर के जीवनकाल में संपूर्ण दक्षिण पर मुग़लों का पूर्ण नियंत्रण नहीं हो सका, लेकिन उसकी नीतियों ने आगे चलकर जहाँगीर और औरंगज़ेब के अभियानों की नींव रखी। जहाँगीर के शासनकाल में मुग़ल सेना ने दक्षिण भारत में प्रभाव बढ़ाने की कोशिश की, लेकिन यह औरंगज़ेब था जिसने 1686-1687 में बीजापुर और गोलकुंडा पर पूरी तरह कब्ज़ा कर लिया। अकबर द्वारा शुरू की गई नीतियाँ आगे चलकर मुग़ल साम्राज्य के विस्तार में सहायक सिद्ध हुईं और भारत के राजनीतिक परिदृश्य को हमेशा के लिए बदल दिया।

2.3.1 अहमदनगर, बीजापुर और गोलकुंडा पर आक्रमण

अकबर के दक्षिण भारतीय अभियान का मुख्य उद्देश्य दक्खन की मुस्लिम सल्तनतों (अहमदनगर, बीजापुर और गोलकुंडा) को मुग़ल सत्ता के अधीन लाना था। ये सल्तनतें अपने सैन्य कौशल और कूटनीति के लिए प्रसिद्ध थीं, और वे उत्तर भारत के मुग़ल साम्राज्य के विस्तार के लिए एक बड़ी चुनौती पेश कर रही थीं। अकबर ने उत्तर भारत में अपनी स्थिति को सुदृढ़ करने के बाद दक्षिण भारत की ओर अपना ध्यान केंद्रित किया और इन राज्यों को कूटनीति या सैन्य बल से अपने अधीन लाने का प्रयास किया।

(A) अहमदनगर पर आक्रमण (1595-1596)

अहमदनगर सल्तनत उस समय चाँद बीबी के नेतृत्व में थी, जो एक बहादुर और रणनीतिक महिला शासक थीं। जब अकबर ने 1595 में अहमदनगर पर हमला किया, तो चाँद बीबी ने कड़ी प्रतिरोध किया और अपनी सेना को संगठित कर मुग़लों को पीछे हटने के लिए मजबूर कर दिया। हालाँकि, लगातार मुग़ल हमलों के कारण अहमदनगर कमजोर होने लगा और 1596 में एक संधि के तहत अहमदनगर ने मुग़लों को बेरार प्रांत सौंप दिया।

(B) बीजापुर और गोलकुंडा पर आक्रमण

अकबर ने बीजापुर और गोलकुंडा को सीधे निशाना नहीं बनाया, बल्कि अहमदनगर को कमजोर करके इन राज्यों पर प्रभाव बढ़ाने की रणनीति अपनाई। उसने बीजापुर और गोलकुंडा के शासकों को मुग़ल सत्ता स्वीकार करने का प्रस्ताव भेजा, लेकिन उन्होंने इसे अस्वीकार कर दिया। 1600 में, अकबर ने पुनः अहमदनगर पर आक्रमण किया और इस बार इसे पूर्ण रूप से जीत लिया। हालाँकि, मालिक अंबर जैसे मराठा सेनानायकों ने मुग़लों का विरोध जारी रखा और दक्खन में उनका प्रभाव बनाए रखा।

बीजापुर और गोलकुंडा को पूरी तरह जीतने का कार्य अकबर के उत्तराधिकारी औरंगज़ेब के शासनकाल में पूरा हुआ। औरंगज़ेब ने 1686-1687 में इन राज्यों को अपने अधीन कर लिया, लेकिन स्थानीय मराठा प्रतिरोध जारी रहा। अकबर द्वारा शुरू किया गया दक्षिण भारत का यह सैन्य अभियान मुग़ल साम्राज्य के विस्तार की एक महत्वपूर्ण रणनीति साबित हुआ और इसके प्रभाव आगे चलकर मुग़ल प्रशासन और मराठा संघर्ष में दिखाई दिए।

2.3.2 खानदेश विजय और मालवा की घेराबंदी

अकबर ने दक्षिण भारत में अपने साम्राज्य विस्तार की योजना के तहत सबसे पहले खानदेश और मालवा को निशाना बनाया। ये क्षेत्र सामरिक दृष्टि से अत्यंत महत्वपूर्ण थे, क्योंकि वे दक्षिण भारत की ओर जाने का प्रवेश द्वार माने जाते थे। खानदेश और मालवा को जीतकर अकबर ने न केवल दक्खन की ओर अपने सैन्य अभियानों का मार्ग प्रशस्त किया, बल्कि अपने साम्राज्य की सीमाओं को भी और अधिक सुरक्षित बनाया।

(A) खानदेश पर विजय (1599-1601)

खानदेश एक स्वतंत्र राज्य था और यह दक्खन की अन्य मुस्लिम सल्तनतों से जुड़ा हुआ था। खानदेश के शासकों ने प्रारंभ में अकबर की सत्ता को स्वीकार नहीं किया और

वे लगातार मुग़लों का विरोध कर रहे थे। 1599 में, अकबर ने खानदेश पर आक्रमण किया और एक कठिन सैन्य संघर्ष के बाद इसे अपने अधीन कर लिया। इस विजय के बाद खानदेश पूरी तरह मुग़ल साम्राज्य का हिस्सा बन गया, जिससे दक्षिण भारत में उनकी स्थिति और मजबूत हुई।

खानदेश की विजय के साथ ही अकबर ने 1601 में असीरगढ़ किले पर अधिकार कर लिया, जो इस क्षेत्र का सबसे मजबूत और रणनीतिक रूप से महत्वपूर्ण किला था। असीरगढ़ की जीत के बाद मुग़ल सेना का दबदबा दक्षिण में और अधिक बढ़ गया और यह मुग़लों के लिए दक्खन की ओर आगे बढ़ने का मार्ग प्रशस्त करने वाला एक निर्णायक कदम साबित हुआ।

(B) मालवा की घेराबंदी

मालवा एक अत्यंत महत्वपूर्ण क्षेत्र था, क्योंकि यह उत्तर भारत और दक्षिण भारत के बीच स्थित था और व्यापार तथा सैन्य अभियानों के लिए एक प्रमुख मार्ग के रूप में कार्य करता था। 1562 में, अकबर ने मालवा पर हमला किया और वहाँ के शासक बाज बहादुर को पराजित कर दिया। बाज बहादुर एक कुशल योद्धा और संगीत प्रेमी शासक था, लेकिन वह मुग़ल सेना के सामने टिक नहीं सका। युद्ध के बाद, उसने भागने का प्रयास किया, लेकिन अंततः अकबर की सेना ने उसे पकड़ लिया।

मालवा पर अधिकार के बाद अकबर ने इसे अपने साम्राज्य का एक महत्वपूर्ण प्रशासनिक केंद्र बना दिया। यहाँ पर एक सशक्त प्रशासनिक व्यवस्था लागू की गई, जिससे इस क्षेत्र में स्थिरता आई और यह मुग़ल सत्ता के लिए आर्थिक और सैन्य दृष्टि से लाभदायक सिद्ध हुआ। मालवा की विजय ने यह सुनिश्चित किया कि मुग़ल सेनाएँ उत्तर भारत से दक्षिण की ओर बिना किसी बाधा के आगे बढ़ सकें और दक्खन के अन्य राज्यों पर दबाव बना सकें।

इन अभियानों के माध्यम से अकबर ने अपनी दक्षिण नीति को सफलतापूर्वक लागू किया और अपने उत्तराधिकारियों के लिए दक्खन पर विजय प्राप्त करने का मार्ग प्रशस्त किया। खानदेश और मालवा की विजय के साथ ही मुग़ल साम्राज्य की सीमाएँ और सुदृढ़ हो गईं तथा अकबर का प्रभाव पूरे भारतीय उपमहाद्वीप में और अधिक बढ़ गया।

2.3.3 दक्षिण भारत में मुग़ल कूटनीति

अकबर ने दक्षिण भारत में अपनी सत्ता को मजबूत करने के लिए केवल सैन्य अभियानों पर निर्भर नहीं किया, बल्कि उसने कूटनीति का भी सहारा लिया। चूंकि

दक्खन की राजनीतिक स्थिति उत्तर भारत से भिन्न थी और यहाँ कई शक्तिशाली मुस्लिम सल्तनतें और मराठा सरदार सक्रिय थे, इसलिए अकबर को एक संतुलित रणनीति अपनानी पड़ी। उसने स्थानीय शासकों से संधियाँ करके, कुछ को जागीरें देकर और कुछ को अपने प्रशासन में शामिल करके दक्षिण भारत में अपने प्रभाव का विस्तार किया।

(A) मराठों से संधि और संपर्क: मराठा शक्ति उस समय उभर रही थी और उनके कई सरदार स्वतंत्र रूप से शासन कर रहे थे। अकबर ने मराठों को अपने पक्ष में करने की कोशिश की, लेकिन वे अपनी स्वतंत्रता को बनाए रखना चाहते थे। हालाँकि, कुछ मराठा सरदारों ने अकबर की मनसबदारी प्रणाली को स्वीकार किया और मुग़ल सेना में शामिल हो गए। इन मराठा सरदारों को जागीरें दी गईं और उन्हें मुग़ल प्रशासन में महत्वपूर्ण पद भी दिए गए। यह कूटनीतिक प्रयास अकबर की दूरदर्शिता को दर्शाता है, क्योंकि मराठों को सीधे टकराव में हराना आसान नहीं था, इसलिए उसने उन्हें अपने शासन में शामिल करने की रणनीति अपनाई।

(B) दक्षिण की मुस्लिम सल्तनतों से संधियाँ: अकबर ने बीजापुर और गोलकुंडा जैसी शक्तिशाली मुस्लिम सल्तनतों के साथ सीधे युद्ध करने के बजाय कूटनीतिक संबंध स्थापित करने का प्रयास किया। उसने इन राज्यों पर धीरे-धीरे दबाव बनाया और उन्हें अपने प्रभाव क्षेत्र में लाने की नीति अपनाई। उसने दक्षिण के इन शासकों से व्यापारिक और राजनीतिक संबंध बनाए, जिससे मुग़ल सत्ता को बिना युद्ध के भी दक्षिण भारत में विस्तार करने का अवसर मिला।

(C) स्थानीय शासकों को जागीरें देना: अकबर ने अपनी प्रशासनिक नीतियों के तहत दक्षिण भारत के कई छोटे शासकों को मनसबदारी प्रदान की और उन्हें जागीरें दीं। इससे न केवल स्थानीय सत्ता संतुलन बना रहा, बल्कि दक्षिण भारत में विद्रोह भी कम हुए। इस नीति के कारण कई छोटे राजा और सरदार स्वेच्छा से मुग़ल प्रशासन में शामिल हो गए और अकबर की शक्ति को स्वीकार किया। इससे मुग़ल साम्राज्य की प्रशासनिक व्यवस्था को दक्षिण भारत में भी मजबूती मिली।

अकबर की यह कूटनीतिक नीति उसके उत्तराधिकारियों के लिए अत्यंत उपयोगी सिद्ध हुई, क्योंकि उसने बिना बड़े संघर्ष के दक्षिण भारत में मुग़ल प्रभाव बढ़ाने की नींव रखी। यह नीति आगे चलकर जहाँगीर और औरंगज़ेब के अभियानों के लिए सहायक बनी और दक्षिण भारत में मुग़ल साम्राज्य को विस्तार देने में महत्वपूर्ण भूमिका निभाई।

2.3.4 सैन्य अभियानों के आर्थिक प्रभाव

अकबर के दक्षिण भारतीय अभियानों का मुग़ल साम्राज्य की अर्थव्यवस्था पर गहरा प्रभाव पड़ा। इन अभियानों ने जहाँ एक ओर साम्राज्य के लिए नए राजस्व स्रोत प्रदान किए, वहीं दूसरी ओर निरंतर युद्धों के कारण भारी सैन्य खर्च भी बढ़ गया। दक्षिण भारत की विजय से मुग़लों को न केवल नए व्यापारिक अवसर प्राप्त हुए, बल्कि उन्हें अपनी प्रशासनिक व्यवस्था को और अधिक विस्तारित करने का भी अवसर मिला।

(A) राजस्व में वृद्धि: दक्षिण भारत के समृद्ध राज्यों को जीतने से मुग़लों को नए कर स्रोत प्राप्त हुए। अहमदनगर, खानदेश और मालवा जैसे उपजाऊ और व्यापारिक रूप से समृद्ध क्षेत्रों के अधिग्रहण से राजस्व संग्रह में वृद्धि हुई। इन इलाकों में कृषि उत्पादन अच्छा था और यहाँ के व्यापारी समुदाय से कर वसूलकर मुग़ल अर्थव्यवस्था को मजबूती दी गई। नए क्षेत्रों से प्राप्त राजस्व का उपयोग मुग़ल सेना के विस्तार और प्रशासनिक ढाँचे को मजबूत करने में किया गया।

(B) सैन्य खर्च में वृद्धि: लगातार युद्धों के कारण मुग़ल सेना और प्रशासन पर भारी खर्च हुआ। दक्षिण भारत के दुर्गम पहाड़ी क्षेत्रों में युद्ध करना कठिन था, जिससे लॉजिस्टिक्स और आपूर्ति पर अतिरिक्त व्यय हुआ। सैनिकों के वेतन, हथियारों की आपूर्ति और घोड़ों की देखभाल के लिए अधिक संसाधनों की आवश्यकता थी। इसके अलावा, दक्खन के कई शासकों ने गुरिल्ला युद्ध अपनाया, जिससे मुग़ल सेना को लंबे समय तक अभियान चलाने पड़े और युद्ध का खर्च और अधिक बढ़ गया।

(C) व्यापार और आर्थिक गतिविधियाँ: दक्षिण भारत में मुग़ल सत्ता स्थापित होने के बाद व्यापारिक गतिविधियाँ बढ़ीं। इस क्षेत्र में हीरे, मसाले और वस्त्रों का व्यापार पहले से ही प्रसिद्ध था, और अब मुग़ल शासन के अंतर्गत यह व्यापार और अधिक संगठित हो गया। मालवा और खानदेश की विजय से मुग़लों को दक्षिण भारत के प्रमुख बंदरगाहों तक पहुँच मिली, जिससे विदेशी व्यापार में भी वृद्धि हुई। अरब, फारस और यूरोपीय व्यापारियों के साथ व्यापारिक संबंध मजबूत हुए, जिससे साम्राज्य को आर्थिक लाभ हुआ।

(D) नई प्रशासनिक संरचना: दक्षिण भारत में विजय प्राप्त करने के बाद अकबर ने वहाँ नए सूबेदार और मनसबदार नियुक्त किए, जिससे मुग़ल प्रशासन को संगठित किया जा सके। दक्खन के नए क्षेत्रों में मुग़ल शासन को प्रभावी बनाने के लिए कर प्रणाली को लागू किया गया और स्थानीय शासकों को मनसबदारी प्रणाली में शामिल किया गया। इस नए प्रशासनिक ढाँचे ने न केवल स्थानीय व्यवस्था को स्थिर किया, बल्कि मुग़ल सत्ता को दक्षिण में लंबे समय तक बनाए रखने में मदद की।

अकबर के दक्षिण भारतीय अभियानों का प्रभाव केवल सामरिक विजय तक सीमित नहीं था, बल्कि इसने मुग़ल साम्राज्य की आर्थिक और प्रशासनिक स्थिति को भी नया रूप दिया। हालाँकि, इन अभियानों से प्राप्त राजस्व ने मुग़ल खजाने को समृद्ध किया, लेकिन निरंतर युद्धों के कारण होने वाला व्यय भी एक बड़ी चुनौती बना रहा। इन अभियानों की नींव पर ही आगे चलकर जहाँगीर और औरंगज़ेब ने दक्षिण में अपने सैन्य अभियानों को आगे बढ़ाया।

2.4 अकबर की सैन्य प्रशासनिक नीति

अकबर ने न केवल अपने युद्धों और विजय अभियानों के माध्यम से मुग़ल साम्राज्य का विस्तार किया, बल्कि उसने प्रशासनिक और सैन्य सुधारों के माध्यम से साम्राज्य की स्थिरता को भी सुनिश्चित किया। उसकी शासन नीति कुशल प्रबंधन, न्यायप्रियता और सहिष्णुता पर आधारित थी। अकबर की सैन्य प्रशासनिक नीति ने मुग़लों को एक संगठित और शक्तिशाली साम्राज्य बनाने में मदद की, जो आने वाले समय में भी प्रभावी बना रहा। उसके प्रशासनिक सुधारों की वजह से मुग़ल शासन केवल सैन्य शक्ति के बल पर नहीं, बल्कि सुचारु प्रशासन और नीतिगत कुशलता के कारण भी स्थिर रह सका।

अकबर ने मनसबदारी प्रणाली, प्रभावी न्याय व्यवस्था, धार्मिक सहिष्णुता, और सैन्य गठबंधन जैसी नीतियाँ अपनाईं, जिनका प्रभाव सैन्य शक्ति के साथ-साथ सामाजिक और सांस्कृतिक स्तर पर भी पड़ा। उसने साम्राज्य के विभिन्न हिस्सों में समान प्रशासनिक व्यवस्था लागू की, जिससे सत्ता का केंद्रीकरण हुआ और प्रांतों में स्थायित्व आया। अकबर ने सेना को पेशेवर और संगठित बनाने के लिए सैनिकों की भर्ती, वेतन व्यवस्था और घुड़सवार सैनिकों की गुणवत्ता पर विशेष ध्यान दिया। उसके सुधारों के कारण मुग़ल साम्राज्य की सेना न केवल संख्यात्मक रूप से बल्कि रणनीतिक रूप से भी सुदृढ़ हुई। अकबर की नीति केवल सैन्य शक्ति तक सीमित नहीं थी, बल्कि उसने एक प्रभावी कर-प्रणाली, भूमि सुधार और व्यापारिक प्रोत्साहन की भी व्यवस्था की। उसने सूबों में योग्य अधिकारियों की नियुक्ति की और स्थानीय शासकों को भी प्रशासन में भागीदार बनाया। इन नीतियों ने मुग़ल प्रशासन को अधिक कार्यक्षम और लचीला बनाया। इसके अलावा, अकबर की धार्मिक सहिष्णुता नीति के कारण विभिन्न समुदायों में आपसी समन्वय और विश्वास बढ़ा, जिससे समाज में स्थिरता आई। अकबर की सैन्य और प्रशासनिक नीति इतनी प्रभावी थी कि आने वाले मुग़ल शासकों ने भी इन्हीं नीतियों को अपनाया और उनमें सुधार किया। उसकी प्रशासनिक व्यवस्था ने मुग़ल साम्राज्य को दीर्घकालिक स्थायित्व प्रदान किया और भारतीय उपमहाद्वीप में एक संगठित और सुदृढ़ शासन प्रणाली की नींव रखी।

2.4.1 मनसबदारी प्रणाली - सैन्य और प्रशासनिक संरचना

अकबर ने अपने शासन को अधिक संगठित और प्रभावी बनाने के लिए मनसबदारी प्रणाली की शुरुआत की। यह प्रणाली सैनिकों की भर्ती, प्रशासनिक अधिकारियों के वेतन और उनके कार्यों के निर्धारण पर आधारित थी। मनसबदारी प्रणाली को फारसी और तुर्की प्रशासनिक परंपराओं से प्रेरणा मिली थी, लेकिन अकबर ने इसे भारतीय परिस्थितियों के अनुरूप ढालकर अधिक प्रभावी बना दिया। इस प्रणाली ने मुग़ल सेना को पेशेवर और संगठित रूप दिया तथा प्रशासनिक पदों को एक स्पष्ट संरचना प्रदान की। मनसबदारों की नियुक्ति और उनके अधिकारों को नियंत्रित करके अकबर ने यह सुनिश्चित किया कि साम्राज्य में सत्ता का केंद्रीकरण बना रहे और योग्य अधिकारियों को उचित अवसर मिले। इस नीति ने न केवल मुग़ल प्रशासन को स्थिरता दी, बल्कि सैनिकों की गुणवत्ता में भी सुधार किया।

(A) मनसबदारी प्रणाली की विशेषताएँ

मनसबदारी प्रणाली की सबसे महत्वपूर्ण विशेषता यह थी कि प्रत्येक अधिकारी को एक **मनसब** (पद) दिया जाता था, जो उसकी प्रतिष्ठा, अधिकार और जिम्मेदारियों को दर्शाता था। इस प्रणाली के अंतर्गत प्रत्येक मनसबदार को दो रैंक दी जाती थीं–

1. **जात**: यह पद की वरिष्ठता और सामाजिक प्रतिष्ठा को दर्शाता था। किसी मनसबदार का जात स्तर जितना ऊँचा होता, उसकी सत्ता और प्रशासनिक अधिकार उतने ही अधिक होते।

2. **सवार**: यह सैनिकों की संख्या को दर्शाता था, जिनका नेतृत्व मनसबदार को करना होता था। इसके आधार पर मनसबदारों को वेतन और जागीरें दी जाती थीं।

मनसबदारों की नियुक्ति स्वयं बादशाह द्वारा की जाती थी और वे पूरी तरह मुग़ल सत्ता के प्रति जवाबदेह होते थे। मनसबदारों को सीधे वेतन के बजाय **जागीरें** दी जाती थीं, जिनसे वे कर वसूल कर अपनी सेना का खर्च उठाते थे। इससे प्रशासन में वित्तीय स्थिरता बनी रहती थी और मुग़ल सेना को एक मजबूत आर्थिक आधार प्राप्त होता था।

(B) मनसबदारी प्रणाली के लाभ

मनसबदारी प्रणाली के कारण मुग़ल शासन को कई महत्वपूर्ण लाभ मिले।

*   इस प्रणाली से प्रशासनिक और सैन्य व्यवस्था को व्यवस्थित किया जा सका, जिससे साम्राज्य अधिक संगठित और प्रभावी बना।

- मनसबदारों की नियुक्ति योग्यता और प्रदर्शन के आधार पर होती थी, जिससे योग्य और सक्षम अधिकारियों को शासन में स्थान मिला।

- सैनिकों की नियमित भर्ती और वेतन प्रणाली लागू हुई, जिससे सेना का विस्तार और सुदृढ़ीकरण हुआ।

- मनसबदारी प्रणाली के माध्यम से मुग़ल सेना की संख्या और गुणवत्ता दोनों में सुधार हुआ, जिससे युद्धों में उनकी सफलता सुनिश्चित हुई।

हालाँकि, समय के साथ इस प्रणाली में कई **कमी** भी उभरकर सामने आईं। मनसबदारों ने अपनी जागीरों से अधिक कर वसूलना शुरू कर दिया, जिससे किसान और आम जनता पर अतिरिक्त आर्थिक बोझ पड़ा। इसके अलावा, कुछ मनसबदारों ने अपनी सैनिकों की संख्या को बढ़ा-चढ़ाकर दिखाया, जिससे सैन्य क्षमता पर नकारात्मक प्रभाव पड़ा। आगे चलकर औरंगज़ेब के शासनकाल में इस प्रणाली में भ्रष्टाचार और अक्षमता बढ़ गई, जिससे मुग़ल प्रशासन पर संकट उत्पन्न हो गया।

2.4.2 अकबर का न्यायिक और प्रशासनिक सुधार

अकबर ने अपने न्यायिक और प्रशासनिक सुधारों के माध्यम से एक संगठित, निष्पक्ष और प्रभावी शासन प्रणाली की नींव रखी। उसने न्याय व्यवस्था को धर्म और जाति से ऊपर रखते हुए, निष्पक्ष निर्णयों को प्राथमिकता दी और न्यायिक अधिकारियों की नियुक्ति की। स्थानीय स्तर पर न्याय सुनिश्चित करने के लिए काज़ी (मुस्लिम न्यायाधीश) और कोतवाल (नगर प्रशासन प्रमुख) की नियुक्ति की गई, जो अपराधों को नियंत्रित करने और विवादों को हल करने का कार्य करते थे। भूमि और कर-संबंधी मामलों के लिए विशेष न्यायालय स्थापित किए गए, ताकि किसानों और व्यापारियों को न्याय मिल सके। अकबर ने शरीयत (इस्लामी कानून) पर पूर्ण रूप से निर्भर रहने के बजाय, न्यायिक विवेक और व्यवहारिकता को महत्व दिया, जिससे सभी समुदायों को समान अधिकार प्राप्त हुए। प्रशासनिक सुधारों के तहत, साम्राज्य को सूबों (प्रांतों) में विभाजित किया गया और प्रत्येक सूबे में सूबेदार (गवर्नर), दीवान (राजस्व अधिकारी) और कोतवाल (नगर प्रशासन प्रमुख) नियुक्त किए गए, जिससे शासन व्यवस्था अधिक संगठित हुई। कर व्यवस्था में सुधार के लिए अकबर ने टोडरमल द्वारा विकसित ज़ब्ती प्रणाली लागू की, जिसके तहत कृषि उत्पादन के आधार पर कर निर्धारित किया गया, जिससे किसानों पर कर का अतिरिक्त बोझ न पड़े। इसके अलावा, स्थानीय अधिकारियों और ज़मींदारों को प्रशासन में शामिल किया गया, जिससे शासन को स्थायित्व मिला और लोगों में सरकार के प्रति विश्वास बढ़ा। इन सुधारों के कारण न

केवल प्रशासन अधिक कुशल हुआ, बल्कि आम जनता को भी न्याय और सुशासन का अनुभव हुआ, जिससे मुग़ल साम्राज्य की नींव और अधिक मजबूत हुई।

2.4.3 धार्मिक सहिष्णुता और सैन्य गठबंधन

अकबर ने अपने शासन में धार्मिक सहिष्णुता और कूटनीतिक नीतियों को प्रमुख स्थान दिया, जिससे मुग़ल साम्राज्य को स्थायित्व और व्यापक जनसमर्थन प्राप्त हुआ। उसने "सुलह-ए-कुल" (सार्वभौमिक मेल-जोल) की नीति अपनाते हुए सभी धर्मों को समान दृष्टि से देखने का प्रयास किया। 1564 में जज़िया कर (गैर-मुस्लिमों पर लगाया जाने वाला कर) समाप्त कर दिया, जिससे हिंदू प्रजा में संतोष और मुग़ल शासन के प्रति विश्वास बढ़ा। इसके अलावा, हिंदू त्योहारों पर लगाए गए अतिरिक्त कर भी हटा दिए गए, जिससे विभिन्न धार्मिक समुदायों के बीच सौहार्द का वातावरण बना। अकबर ने विभिन्न धर्मों के विचारों को समझने और धार्मिक समन्वय स्थापित करने के लिए "इबादतखाना" की स्थापना की, जहाँ विभिन्न धर्मों के विद्वानों को आमंत्रित कर विचार-विमर्श किया जाता था। इसी क्रम में, उसने "दीन-ए-इलाही" नामक एक नया धर्म चलाने का प्रयास किया, जो विभिन्न धर्मों के विचारों का मिश्रण था, लेकिन यह व्यापक स्तर पर स्वीकार नहीं किया गया और अल्पसंख्यक अनुयायियों तक ही सीमित रह गया।

सैन्य और कूटनीतिक दृष्टि से भी अकबर की नीतियाँ प्रभावशाली रहीं। उसने राजपूतों को मुग़ल सेना में शामिल कर अपनी सैन्य शक्ति को सुदृढ़ किया। कई राजपूत शासकों से उसने न केवल संधियाँ कीं, बल्कि उनसे विवाह संबंध स्थापित कर राजनीतिक गठबंधन को भी मजबूत किया। आमेर, बीकानेर और जोधपुर के राजाओं को मुग़ल दरबार में उच्च पद प्रदान किए गए, जिससे वे मुग़ल प्रशासन में शामिल होकर साम्राज्य की स्थिरता में योगदान देने लगे। अकबर ने युद्ध की बजाय कूटनीति का सहारा लिया, विशेष रूप से दक्षिण भारत के शासकों से संधियाँ कर, जिससे टकराव को कम कर व्यापारिक और राजनीतिक संबंधों को बढ़ावा दिया जा सके। इन नीतियों के कारण अकबर का साम्राज्य न केवल सैन्य रूप से शक्तिशाली बना, बल्कि सामाजिक और धार्मिक सहिष्णुता के आधार पर अधिक स्थायी और संगठित भी हुआ।

2.4.4 अकबर के युद्धों का सांस्कृतिक और सामाजिक प्रभाव

अकबर के सैन्य अभियानों ने न केवल मुग़ल साम्राज्य के विस्तार में महत्वपूर्ण भूमिका निभाई, बल्कि भारत की सांस्कृतिक और सामाजिक संरचना पर भी गहरा प्रभाव डाला। उसके अभियानों के कारण मुग़ल कला, स्थापत्य और संस्कृति का प्रसार हुआ, जिससे

भारत में एक समृद्ध सांस्कृतिक विरासत विकसित हुई। हिंदू और मुस्लिम कलाओं का अद्भुत संगम हुआ, जिसने मुग़ल-राजपूत स्थापत्य शैली को जन्म दिया। इस शैली के उदाहरण फतेहपुर सीकरी, आगरा का किला और अकबर का मकबरा हैं, जो स्थापत्य कला में इस समन्वय को दर्शाते हैं। अकबर के दरबार में अमीर खुसरो, अबुल फ़ज़ल और टोडरमल जैसे विद्वानों का प्रभाव बढ़ा, जिन्होंने इतिहास, साहित्य और प्रशासनिक सुधारों में महत्वपूर्ण योगदान दिया। इसके अतिरिक्त, अकबर की धार्मिक सहिष्णुता ने भी सांस्कृतिक आदान-प्रदान को प्रोत्साहित किया, जिससे हिंदू-मुस्लिम परंपराओं का मेल बढ़ा।

सामाजिक दृष्टि से, अकबर के युद्धों ने विभिन्न समुदायों के बीच संपर्क को बढ़ावा दिया। युद्धों और अभियानों के कारण जनसंख्या का स्थानांतरण हुआ, जिससे विभिन्न संस्कृतियों का आपसी समन्वय हुआ। उसने प्रशासन में एक समावेशी नीति अपनाई, जिसमें हिंदू, मुस्लिम और अन्य समुदायों को शासन का हिस्सा बनाया गया, जिससे सामाजिक असमानता में कमी आई। अकबर की युद्ध और प्रशासनिक नीतियों के कारण व्यापार और कृषि में सुधार हुआ, जिससे आर्थिक समृद्धि बढ़ी। उसने स्थानीय व्यापार मार्गों को सुरक्षित किया और राजस्व प्रणाली में सुधार लाकर किसानों को राहत प्रदान की। इन प्रभावों के कारण अकबर का शासन भारतीय इतिहास में एक सामाजिक और सांस्कृतिक पुनर्जागरण का युग माना जाता है, जिसने आने वाले समय में मुग़ल शासन को अधिक स्थायित्व और स्वीकार्यता प्रदान की।

निष्कर्ष

अकबर की युद्ध नीति और साम्राज्य विस्तार की रणनीति ने मुग़ल शासन को एक नई ऊँचाई पर पहुँचाया। पानीपत के द्वितीय युद्ध में हेमू पर विजय प्राप्त कर अकबर ने दिल्ली और आगरा पर अपना नियंत्रण पुनः स्थापित किया, जिससे मुग़ल साम्राज्य की पुनर्स्थापना हुई। बैरम खान की कुशल सैन्य रणनीति और प्रशासनिक मार्गदर्शन ने अकबर को शुरुआती सफलताएँ दिलाईं, लेकिन सत्ता की बागडोर पूर्ण रूप से अपने हाथ में लेने के बाद अकबर ने स्वतंत्र रूप से साम्राज्य विस्तार किया। उसने केवल सैन्य शक्ति पर निर्भर न रहते हुए कूटनीतिक गठबंधनों, विवाह संबंधों और धार्मिक सहिष्णुता की नीति अपनाई, जिससे मुग़ल शासन को दीर्घकालिक स्थायित्व मिला।

राजपूतों के साथ संधियों ने उसकी सत्ता को और मजबूत किया, लेकिन महाराणा प्रताप जैसे योद्धाओं ने मुग़लों के आधिपत्य को स्वीकार नहीं किया, जिससे हल्दीघाटी जैसे संघर्ष हुए। हालाँकि, अकबर की समावेशी नीतियों ने उसे एक चतुर प्रशासक के रूप में स्थापित किया। दक्षिण भारत में उसका अभियान उत्तर भारत की तुलना में कम

सफल रहा, लेकिन उसने वहाँ की राजनीति में हस्तक्षेप कर भविष्य के मुग़ल शासकों के लिए मार्ग प्रशस्त किया। संक्षेप में, अकबर की युद्ध नीति केवल विजय प्राप्त करने तक सीमित नहीं थी; बल्कि उसने प्रशासनिक दक्षता, धार्मिक सहिष्णुता और दीर्घकालिक स्थिरता पर भी ध्यान दिया, जिससे मुग़ल साम्राज्य का स्वर्ण युग प्रारंभ हुआ।

प्रश्न

- पानीपत के द्वितीय युद्ध (1556) की पृष्ठभूमि, घटनाएँ, और परिणामों का विश्लेषण करें। इस युद्ध के अकबर के भविष्य पर क्या प्रभाव पड़े?

- बैरम खान की भूमिका को स्पष्ट करते हुए, अकबर के शासन में उनके योगदान और पतन के कारणों पर विस्तृत चर्चा करें।

- हल्दीघाटी के युद्ध (1576) की रणनीतियों और इसके प्रभावों का आलोचनात्मक मूल्यांकन करें। महाराणा प्रताप की युद्ध नीति और अकबर की सैन्य रणनीति की तुलना करें।

- अकबर की राजपूत नीति की विशेषताओं पर प्रकाश डालते हुए स्पष्ट करें कि कैसे इस नीति ने मुग़ल शासन को सुदृढ़ किया। क्या यह नीति पूर्णतः सफल रही? समालोचनात्मक विवेचन करें।

- अकबर के दक्षिण भारतीय अभियानों की प्रमुख घटनाओं का वर्णन करें। अहमदनगर, बीजापुर, और गोलकुंडा के विरुद्ध उसकी नीति कितनी प्रभावी रही?

- अकबर की सैन्य प्रशासनिक नीतियों पर चर्चा करें। किस प्रकार उसकी रणनीतियाँ केवल युद्ध तक सीमित न होकर एक स्थायी साम्राज्य की नींव रखने में सहायक बनीं?

- अकबर की "सुलह-ए-कुल" नीति और धार्मिक सहिष्णुता की अवधारणा पर प्रकाश डालें। क्या यह नीति उसकी युद्ध नीति और साम्राज्य विस्तार की रणनीति से जुड़ी हुई थी?

- अकबर की कूटनीतिक और सैन्य नीतियों में तालमेल की व्याख्या करें। किस प्रकार उसने शक्ति के साथ-साथ बुद्धिमत्ता का प्रयोग कर अपने साम्राज्य को मजबूत किया?

अध्याय 3

मुग़ल सेना और युद्ध तकनीक

मुग़ल साम्राज्य की शक्ति का मूल आधार उनकी संगठित और अत्यधिक अनुशासित सेना थी, जिसने उन्हें भारतीय उपमहाद्वीप में दीर्घकालिक सत्ता स्थापित करने में सहायता प्रदान की। उनकी सेना न केवल विशाल थी, बल्कि सैन्य प्रशासन की उत्कृष्ट व्यवस्था, नवीनतम हथियारों के प्रयोग, रणनीतिक किलेबंदी और कुशल रसद प्रबंधन के कारण भी अन्य समकालीन भारतीय शासकों से अलग मानी जाती थी। युद्ध में तुर्की, फारसी और मंगोल युद्ध तकनीकों को अपनाकर मुग़लों ने अपनी सैन्य ताकत को और प्रभावशाली बनाया। इसके अतिरिक्त, उनके पास प्रशिक्षित घुड़सवार सेना, शक्तिशाली तोपखाना, दक्ष पैदल सैनिक, और सीमित लेकिन प्रभावी नौसेना थी, जो उन्हें अन्य शक्तियों के मुकाबले बढ़त दिलाती थी।

मुग़ल सेना के संचालन में सैन्य प्रशासन की महत्वपूर्ण भूमिका थी, जिसमें मनसबदारी प्रथा ने एक केंद्रीय स्थान ग्रहण किया। यह प्रणाली सेनानायकों और सैनिकों को उनके पद एवं योगदान के अनुसार श्रेणियों में विभाजित करती थी, जिससे सेना के भीतर अनुशासन और संगठन बना रहता था। तोपखाने का अत्यधिक उपयोग मुग़ल युद्ध नीति की विशेषता थी, जिसने विशेष रूप से पानीपत, खानवा और तालीकोटा जैसे युद्धों में निर्णायक भूमिका निभाई। इसके अलावा, किलों की उन्नत सुरक्षा व्यवस्था और युद्ध सामग्री की नियमित आपूर्ति ने मुग़ल सेना को दीर्घकालिक अभियानों में भी मजबूती प्रदान की। इस अध्याय में हम मुग़ल सेना के संगठन, सैन्य तकनीकों और युद्ध प्रणाली का विस्तार से अध्ययन करेंगे, जिससे यह समझने में सहायता मिलेगी कि कैसे इस साम्राज्य ने भारतीय उपमहाद्वीप पर लंबे समय तक अपना प्रभुत्व बनाए रखा।

3.1 मुग़ल सेना का संगठन

मुग़ल सेना का संगठन अत्यंत सुव्यवस्थित और रणनीतिक रूप से विकसित था, जिसमें घुड़सवार सेना, पैदल सैनिक, तोपखाना और नौसेना की महत्वपूर्ण भूमिकाएँ थीं। सेना के कुशल संचालन के लिए मुग़लों ने मनसबदारी प्रणाली को अपनाया, जिसके

तहत सैनिकों और अधिकारियों को उनके रैंक एवं जिम्मेदारियों के आधार पर श्रेणियों में विभाजित किया जाता था। घुड़सवार सेना मुग़ल सैन्य शक्ति की रीढ़ थी, जिसे तेज़ गति से आक्रमण करने और युद्ध के दौरान रणनीतिक मोर्चों पर तैनात किया जाता था। पैदल सैनिकों की भूमिका किलेबंदी और दुर्गों की रक्षा में महत्वपूर्ण थी, जबकि तोपखाने ने युद्ध में मुग़लों को बढ़त दिलाई, विशेष रूप से भारी तोपों और बंदूकों के कुशल उपयोग से। इसके अलावा, नौसेना अपेक्षाकृत कम विकसित थी, लेकिन नदियों और तटीय क्षेत्रों की सुरक्षा में सहायक थी। रसद और सैन्य प्रशासन की सुदृढ़ व्यवस्था के कारण मुग़ल सेना दीर्घकालिक अभियानों में भी सक्षम रही, जिससे साम्राज्य को मजबूती और स्थिरता प्राप्त हुई।

3.1.1 मुग़ल सेना की संरचना

मुग़ल सेना को एक संगठित और सुव्यवस्थित सैन्य प्रणाली के रूप में विकसित किया गया था, जिसमें विभिन्न प्रकार की सेनाएँ शामिल थीं। इस संरचना ने मुग़लों को भारतीय उपमहाद्वीप में एक शक्तिशाली साम्राज्य स्थापित करने और उसे लंबे समय तक बनाए रखने में सहायता की। सेना को मुख्य रूप से पाँच प्रमुख भागों में विभाजित किया गया था–घुड़सवार सेना, पैदल सेना, तोपखाना, हाथी सेना और नौसेना। प्रत्येक सैन्य शाखा की अपनी विशिष्ट भूमिका थी, जिससे युद्धों में मुग़लों को रणनीतिक बढ़त मिली।

1. **घुड़सवार सेना (कैवेलरी):** घुड़सवार सेना मुग़ल सेना का सबसे शक्तिशाली और प्रभावी भाग था, जिसका उपयोग युद्ध में तेजी से आक्रमण करने, शत्रु की सेना को भंग करने और महत्वपूर्ण सामरिक अभियानों को अंजाम देने के लिए किया जाता था। यह सेना विभिन्न युद्धक तकनीकों में निपुण थी और मुख्य रूप से तुर्की, मंगोल, राजपूत तथा पठान सैनिकों से बनी होती थी। अकबर के शासनकाल में **मनसबदारी प्रणाली** के तहत घुड़सवार सैनिकों की भर्ती की जाती थी, जिसमें प्रत्येक मनसबदार को निश्चित संख्या में घुड़सवार सैनिकों को बनाए रखने का आदेश दिया जाता था। ये सैनिक उच्च गुणवत्ता वाले घोड़ों पर सवार होते थ और उनके पास उत्कृष्ट हथियार तथा कवच होते थ, जिससे युद्ध में उनकी भूमिका निर्णायक बनती थी।

2. **पैदल सेना (इन्फेंट्री):** यद्यपि मुग़ल सेना में घुड़सवारों को प्राथमिकता दी जाती थी, फिर भी पैदल सेना भी युद्धों में महत्वपूर्ण भूमिका निभाती थी। इस सेना में तलवारबाज, भालेधारी, धनुर्धर और बंदूकधारी सैनिक शामिल होते थ। पैदल सेना को किलों की सुरक्षा और युद्ध के दौरान मोर्चे पर रक्षा की जिम्मेदारी सौंपी जाती

थी। बाबर के समय से ही पैदल सेना में बारूदी हथियारों का उपयोग शुरू हो गया था, जिससे इसकी मारक क्षमता बढ़ गई थी। हालांकि, अन्य समकालीन भारतीय राजवंशों की तुलना में मुग़ल पैदल सेना अपेक्षाकृत कम प्रभावी थी, क्योंकि युद्ध की रणनीति में घुड़सवारों और तोपखाने को अधिक प्राथमिकता दी जाती थी।

3. **तोपखाना (आर्टिलरी):** मुग़ल सेना की एक सबसे बड़ी ताकत इसका शक्तिशाली तोपखाना था, जो युद्ध में एक निर्णायक भूमिका निभाता था। भारत में बारूद और तोपों का प्रभावी उपयोग पहली बार बाबर ने किया, जिससे उसे पानीपत और खानवा की लड़ाइयों में महत्वपूर्ण जीत हासिल हुई। अकबर ने तोपखाने को और अधिक उन्नत किया और उसमें कुशल तुर्क और फारसी विशेषज्ञों को नियुक्त किया। मुग़ल तोपखाने में भारी तोपों, हल्की बंदूकों और बारूद से चलने वाले अन्य हथियारों का समावेश था, जिससे वे किलों को ध्वस्त करने और खुले मैदान में दुश्मन को हराने में सक्षम थे। इसके अलावा, युद्ध में रॉकेट और बमों का भी प्रयोग किया जाता था, जो मुग़ल सैन्य तकनीक को और अधिक घातक बनाता था।

4. **हाथी सेना:** भारत में युद्ध के दौरान हाथियों का प्रयोग एक पारंपरिक रणनीति थी, जिसे मुग़लों ने भी अपनाया। हाथी भारी कवच पहने होते थे और वे युद्ध में सैनिकों, तोपखाने और रसद को ले जाने के लिए उपयोग किए जाते थे। इसके अलावा, हाथियों का उपयोग शत्रु सेना में भय उत्पन्न करने के लिए भी किया जाता था। हालांकि, बाबर ने पानीपत की लड़ाई में भारतीय सेनाओं की हाथी-आधारित रणनीति को तोपखाने और बारूदी हथियारों के उपयोग से विफल कर दिया था, लेकिन बाद के मुग़ल सम्राटों ने हाथी सेना को अपनी सैन्य रणनीति में शामिल रखा। विशेष रूप से शाहजहाँ और औरंगज़ेब के काल में हाथियों का उपयोग अधिक व्यापक रूप से किया गया।

5. **नौसेना (नेवी):** मुग़ल साम्राज्य मुख्य रूप से एक स्थलीय (भूमि-आधारित) शक्ति थी, इसलिए उनकी नौसेना अपेक्षाकृत कमजोर थी। हालाँकि, समुद्री मार्गों की सुरक्षा और व्यापारिक जहाजों की रक्षा के लिए नौसेना का विकास आवश्यक था। जहाँगीर और औरंगज़ेब के शासनकाल में नौसेना को विस्तार देने के प्रयास किए गए, लेकिन यह यूरोपीय शक्तियों की नौसेनाओं के मुकाबले कमजोर रही। मुग़ल नौसेना का प्रमुख उपयोग बंगाल, गुजरात और डक्कन के तटीय इलाकों में जलमार्गों की रक्षा के लिए किया जाता था। मराठों, पुर्तगालियों और अंग्रेजों की समुद्री शक्ति के सामने मुग़ल नौसेना प्रभावी रूप से टिक नहीं पाई, जिससे समुद्री मार्गों पर उनका नियंत्रण सीमित रहा।

3.1.2 तोपखाने और आधुनिक शस्त्रों का प्रयोग

मुग़ल साम्राज्य की सैन्य शक्ति का सबसे महत्वपूर्ण तत्व उनका संगठित और शक्तिशाली तोपखाना था, जो भारतीय युद्ध प्रणाली में एक क्रांतिकारी परिवर्तन लेकर आया। मुग़लों ने तोपखाने और बारूदी हथियारों का व्यापक रूप से उपयोग किया, जिससे वे अपने समकालीन भारतीय शासकों की पारंपरिक युद्ध रणनीतियों पर भारी पड़े। युद्ध में आग्नेयास्त्रों और बड़ी तोपों के प्रभावी उपयोग ने न केवल उनके विजय अभियानों को सशक्त किया, बल्कि किलाबंदी तोड़ने और दुश्मन की सेना को मनोवैज्ञानिक रूप से कमजोर करने में भी महत्वपूर्ण भूमिका निभाई।

(A) बारूद और आग्नेयास्त्रों का उपयोग: भारत में बारूद और तोपखाने के प्रभावी उपयोग की शुरुआत बाबर ने की थी। **पानीपत के प्रथम युद्ध (1526)** में, बाबर ने तुर्की और फारसी युद्ध तकनीकों का अनुसरण करते हुए तोपों का इस्तेमाल किया, जिससे उसने इब्राहिम लोदी की विशाल हाथी सेना को पराजित किया। इस युद्ध में तोपों की गूंज और धुआँ देखकर हाथी बेकाबू हो गए और लोदी की सेना में अफरा-तफरी मच गई, जिससे मुग़लों को निर्णायक जीत मिली। बाबर के बाद हुमायूँ ने भी तोपखाने का उपयोग किया, लेकिन वह इसे प्रभावी रूप से संगठित नहीं कर सका।

अकबर ने अपने शासनकाल में तोपखाने को अत्यधिक उन्नत और संगठित किया। उसने **"मीर-ए-अतिश"** (तोपखाने का सर्वोच्च अधिकारी) का पद स्थापित किया, जिससे तोपखाने का नियंत्रण और प्रबंधन अधिक प्रभावी हो गया। अकबर और उसके उत्तराधिकारियों ने यूरोपीय व्यापारियों से उन्नत तोपें और बंदूकें प्राप्त कर अपनी सेना को और सशक्त बनाया।

(B) प्रमुख शस्त्र और तोपें: मुग़ल सेना ने विभिन्न प्रकार के आधुनिक शस्त्रों और तोपों का प्रयोग किया, जिससे उनकी सैन्य शक्ति काफी प्रभावी हो गई। कुछ प्रमुख हथियार और तोपें निम्नलिखित थीं:

* **गन पाउडर आर्टिलरी:** बड़ी और छोटी तोपों का उपयोग युद्ध में किलों की दीवारें तोड़ने और शत्रु सेना को भयभीत करने के लिए किया जाता था। ये तोपें युद्ध के मैदान में दूर से हमला करने में सक्षम थीं।

* **ज़मबूरक (ऊँट पर रखी जाने वाली तोपें):** यह हल्की और मोबाइल तोपखाने का हिस्सा थी, जिसे ऊँटों पर रखा जाता था और तेज़ी से युद्ध के मैदान में तैनात किया जा सकता था। यह विशेष रूप से मरुस्थलीय और दुर्गम क्षेत्रों में उपयोगी साबित हुई।

- **माचलॉक्स बंदूकें**: प्रारंभिक मुग़ल युद्धों में इनका उपयोग किया गया। हालांकि, बाद में अधिक उन्नत फ्यूज और फ्लिंटलॉक बंदूकों ने इन्हें प्रतिस्थापित कर दिया।

- **तलवार और भाले**: पारंपरिक भारतीय हथियार, जिनका उपयोग मुख्य रूप से युद्ध के अंतिम चरणों में आमने-सामने की लड़ाइयों में किया जाता था। मुग़ल राजपूत और अफगान योद्धा विशेष रूप से तलवारबाजी में माहिर थे।

(C) तोपखाने की रणनीति: मुग़लों ने तोपखाने की तैनाती और उपयोग के लिए विशेष रणनीतियाँ विकसित कीं, जिससे उनके युद्ध कौशल में सुधार हुआ।

- **मोबाइल तोपखाना**: मुग़लों की तोपों को घोड़ों, बैलों और हाथियों द्वारा खींचा जाता था, जिससे उन्हें युद्ध के मैदान में तेजी से तैनात किया जा सकता था। यह रणनीति विशेष रूप से मैदानों और खुले क्षेत्रों में युद्ध के लिए कारगर थी।

- **किलों पर आक्रमण**: बड़ी तोपों का प्रयोग दुश्मन के किलों की दीवारों को तोड़ने और उन्हें युद्ध में कमजोर करने के लिए किया जाता था। अकबर ने चित्तौड़, रणथंभौर और कलिंजर के किलों पर विजय पाने में तोपखाने का कुशल उपयोग किया।

- **ध्वनि और भय का उपयोग**: मुग़ल तोपखाने से निकलने वाली तेज़ आवाजें और धुएँ के गुबार युद्ध में दुश्मन सेना के मनोबल को तोड़ने के लिए प्रभावी थे। पानीपत, खानवा और हल्दीघाटी की लड़ाइयों में इसका व्यापक प्रभाव देखा गया।

- **विशेष तोपखाने की इकाइयाँ**: अकबर के शासनकाल में तोपखाने के संचालन के लिए विशेषज्ञों की टीमें बनाई गईं, जिनमें यूरोपीय और तुर्की के कुशल तोपची भी शामिल थे।

3.1.3 किलों की संरचना और सुरक्षा व्यवस्था

मुग़ल साम्राज्य की स्थायित्व और शक्ति को बनाए रखने में किलों की महत्वपूर्ण भूमिका थी। मुग़लों ने अपने शासन को सुरक्षित करने के लिए कई महत्वपूर्ण किलों का निर्माण किया और मौजूदा किलों को सुदृढ़ किया। इन किलों का निर्माण न केवल सुरक्षा बल्कि प्रशासनिक और सैन्य उद्देश्यों को ध्यान में रखकर किया गया था। किलों को ऊँचे स्थानों पर बनाया जाता था ताकि दुश्मनों पर नजर रखी जा सके और किसी भी आक्रमण से पहले उसका प्रभावी जवाब दिया जा सके।

(A) प्रमुख मुग़ल किले और उनकी विशेषताएँ

मुग़ल साम्राज्य के कई किले अपनी स्थापत्य कला, सुरक्षा प्रणाली और प्रशासनिक महत्व के कारण प्रसिद्ध थे। इन किलों को सामरिक दृष्टि से महत्वपूर्ण स्थानों पर बनाया गया था, जिससे वे दुश्मनों के आक्रमण से सुरक्षित रह सकें और राजकीय गतिविधियों को नियंत्रित किया जा सके।

1. आगरा किला:

- o यह किला मुग़ल साम्राज्य के सबसे महत्वपूर्ण किलों में से एक था और अकबर ने इसे 1565 ई. में बनवाया था।

- o लाल बलुआ पत्थर से निर्मित यह किला रणनीतिक और प्रशासनिक दृष्टि से अत्यंत महत्वपूर्ण था।

- o जहाँगीर, शाहजहाँ और औरंगज़ेब के शासनकाल में यह शाही निवास के रूप में भी उपयोग किया गया।

- o इस किले में जहाँगीरी महल, दीवान-ए-आम, दीवान-ए-खास और शीश महल जैसे भव्य भवन स्थित हैं।

2. दिल्ली का लाल किला:

- o शाहजहाँ द्वारा 1638 ई. में बनवाया गया यह किला मुग़ल स्थापत्य कला का उत्कृष्ट उदाहरण है।

- o यह किला यमुना नदी के किनारे स्थित है और इसमें मोती मस्जिद, रंग महल, दीवान-ए-खास और दीवान-ए-आम जैसे महत्वपूर्ण भवन शामिल हैं।

- o लाल बलुआ पत्थर से बना यह किला उच्च सुरक्षा व्यवस्था के साथ बनाया गया था और इसे दुश्मनों से सुरक्षित रखने के लिए चारों ओर ऊँची दीवारों से घेरा गया था।

3. ग्वालियर किला:

- o ग्वालियर का किला सामरिक दृष्टि से महत्वपूर्ण था, जिसे मुग़लों ने अपने शासन में शामिल किया।

- o यह किला एक ऊँची पहाड़ी पर स्थित था, जिससे इसका बचाव करना आसान था।

o अकबर के शासनकाल में यह एक महत्वपूर्ण सैन्य केंद्र बन गया।

4. रायसेन किला:

o मध्य भारत में स्थित यह किला एक मजबूत दुर्ग था, जिसे अकबर ने अपने नियंत्रण में लिया।

o यह किला ऊँचाई पर स्थित था और इसमें गुप्त सुरंगें और जल स्रोत मौजूद थे, जो इसे आत्मनिर्भर बनाते थे।

o यह किला बुंदेला और मुग़लों के बीच हुए कई युद्धों का साक्षी रहा।

(B) किलों की सुरक्षा व्यवस्था

मुग़लों ने अपने किलों की सुरक्षा सुनिश्चित करने के लिए अत्यधिक संगठित और प्रभावशाली सुरक्षा प्रणाली विकसित की थी। उनके किले विभिन्न प्रकार की सुरक्षा सुविधाओं से लैस होते थे, जिससे वे बाहरी आक्रमणों से सुरक्षित रह सकें।

1. मजबूत पत्थरों से निर्मित मोटी दीवारें:

o किलों की दीवारें अत्यंत मोटी और मजबूत पत्थरों से बनाई जाती थीं, ताकि वे तोपों और अन्य हथियारों के हमलों को सहन कर सकें।

o लाल बलुआ पत्थर और संगमरमर जैसी टिकाऊ सामग्रियों का उपयोग किया जाता था।

o कुछ किलों में दीवारें इतनी चौड़ी होती थीं कि उन पर हाथी तक चल सकते थे।

2. खाई (Moat) प्रणाली:

o किले के चारों ओर गहरी खाइयाँ बनाई जाती थीं, जो इसे और अधिक सुरक्षित बनाती थीं।

o इन खाइयों में पानी भरा जाता था ताकि शत्रु आसानी से किले तक न पहुँच सके।

o कई बार इन खाइयों में मगरमच्छ छोड़े जाते थे, जिससे दुश्मन की घुसपैठ को रोका जा सके।

3. **गुप्त सुरंगें और जल आपूर्ति प्रणाली:**

o किलों में गुप्त सुरंगें बनाई जाती थीं, जो किसी भी आपात स्थिति में शासक और सेना के सुरक्षित निकास के लिए उपयोग की जाती थीं।

o किलों में जलाशय और कुएँ बनाए जाते थे, जिससे लंबे समय तक युद्ध या घेराबंदी की स्थिति में जल आपूर्ति बनी रहे।

o कई किलों में भूमिगत जल आपूर्ति तंत्र होता था, जो दुश्मनों द्वारा जल स्रोतों को दूषित करने या बंद करने से सुरक्षा प्रदान करता था।

4. **बुर्ज और तोपखाने की तैनाती:**

o किलों की दीवारों पर बुर्ज बनाए जाते थे, जहाँ से सैनिक दूर तक दुश्मनों पर नजर रख सकते थे और उन पर हमला कर सकते थे।

o तोपखाने की तैनाती रणनीतिक रूप से की जाती थी ताकि किले के प्रवेश मार्गों और कमजोर हिस्सों की सुरक्षा सुनिश्चित की जा सके।

o आगरा, दिल्ली और दौलताबाद जैसे कई किलों में भारी तोपें लगाई गई थीं, जो किसी भी हमले के खिलाफ महत्वपूर्ण रक्षा प्रदान करती थीं।

3.1.4 सैन्य वेतन और रसद आपूर्ति

मुग़ल सेना की प्रभावशीलता को बनाए रखने के लिए एक संगठित वेतन प्रणाली और मजबूत रसद आपूर्ति व्यवस्था आवश्यक थी। सेना के संचालन में वित्तीय और रसद प्रबंधन की महत्वपूर्ण भूमिका थी, जिससे सैनिकों को समय पर वेतन और आवश्यक सामग्री उपलब्ध कराई जा सके। अकबर के शासनकाल में लागू की गई मनसबदारी प्रणाली ने इस व्यवस्था को अत्यधिक प्रभावी बनाया, जिससे सैन्य अधिकारियों और सैनिकों को उनकी योग्यता और पद के अनुसार वेतन और रसद प्रदान किए जाते थे।

(A) सैन्य वेतन प्रणाली

मुग़ल सेना में सैनिकों और अधिकारियों को नियमित वेतन दिया जाता था, जिससे उनकी निष्ठा बनी रहती थी और सेना में अनुशासन कायम रहता था। यह वेतन मुख्य रूप से दो तरीकों से दिया जाता था–नकद वेतन और जागीरों के माध्यम से।

1. **मनसबदारी प्रणाली:** अकबर ने सेना के वेतन और संगठन को व्यवस्थित करने के लिए मनसबदारी प्रणाली लागू की। इसमें सैन्य अधिकारियों (मनसबदारों) को "ज़ात" और "सवार" श्रेणियों में विभाजित किया गया।

- **"ज़ात"** सैनिक की व्यक्तिगत रैंक और वेतन निर्धारित करता था।

- **"सवार"** उस अधिकारी के अधीन घुड़सवार सैनिकों की संख्या को दर्शाता था।

मनसबदारों को उनकी श्रेणी के अनुसार जागीरें दी जाती थीं, जिनसे वे अपने सैनिकों का वेतन चुकाते थे। इस प्रणाली से सेना को वित्तीय स्थिरता मिली और सैनिकों का मनोबल बढ़ा।

2. नकद वेतन और जागीरें

- कुछ उच्च पदस्थ अधिकारियों को नकद वेतन शाही खजाने से दिया जाता था।

- अधिकतर मनसबदारों को जागीरें दी जाती थीं, जिनसे वे राजस्व संग्रह कर अपने सैनिकों को वेतन प्रदान करते थे।

- सैनिकों और घुड़सवारों को उनके कार्य और पद के अनुसार नियमित रूप से वेतन मिलता था, जिससे वे अपने हथियारों और घोड़ों का रखरखाव कर सकते थे।

3. वेतन वितरण की नियमितता

- मुग़ल शासन में वेतन वितरण की नियमितता बनाए रखने के लिए एक संगठित राजकोषीय प्रणाली विकसित की गई थी।

- सैनिकों को केवल नकद वेतन ही नहीं, बल्कि आवश्यक वस्त्र, राशन और अन्य आवश्यक सामग्री भी दी जाती थी।

- युद्ध के दौरान यदि किसी सैनिक की मृत्यु हो जाती थी, तो उसके परिवार को आर्थिक सहायता भी प्रदान की जाती थी।

(B) रसद आपूर्ति प्रणाली

मुग़ल सेना की युद्ध क्षमता बनाए रखने के लिए रसद आपूर्ति प्रणाली का मजबूत होना आवश्यक था। सेना को भोजन, हथियार, गोला-बारूद और अन्य आवश्यक वस्तुओं की निरंतर आपूर्ति सुनिश्चित करने के लिए एक सुव्यवस्थित प्रणाली विकसित की गई थी।

1. युद्ध अभियानों के लिए रसद दल

- युद्ध अभियानों के दौरान रसद आपूर्ति सुनिश्चित करने के लिए विशेष घुड़सवार रसद दल नियुक्त किए जाते थे।

- ये दल अग्रिम मोर्चे पर तैनात सैनिकों तक भोजन, हथियार और अन्य आवश्यक वस्तुएँ पहुँचाने का कार्य करते थे।

- युद्ध क्षेत्र में सैनिकों को भोजन और आवश्यक सामग्री की कमी न हो, इसके लिए रसद आपूर्ति की गहन योजना बनाई जाती थी।

2. अनाज, हथियार और गोला-बारूद का भंडारण

- युद्ध अभियानों से पहले अनाज, हथियार और गोला-बारूद का पर्याप्त भंडारण किया जाता था, ताकि सैनिकों को आवश्यक संसाधनों की कमी का सामना न करना पड़े।

- किलों में विशाल गोदाम बनाए जाते थे, जहाँ युद्ध के समय के लिए आवश्यक खाद्य सामग्री और अन्य रसद संग्रहित की जाती थी।

- युद्ध के दौरान चलते-फिरते भोजनालय (मोबाइल किचन) भी सेना के साथ चलते थे, जो सैनिकों को ताजा भोजन उपलब्ध कराते थे।

3. किलों में विशेष गोदाम और जल आपूर्ति

- मुग़ल किलों में विशेष गोदाम और भंडारगृह बनाए जाते थे, जहाँ लंबे समय तक रसद और हथियारों को संग्रहीत किया जा सकता था।

- कई किलों में गुप्त जलाशय, कुएँ और बावड़ियाँ बनाई गई थीं, जिससे जल आपूर्ति सुनिश्चित हो सके।

- आपातकालीन परिस्थितियों में रसद आपूर्ति में व्यवधान न आए, इसके लिए हर किले में पर्याप्त भंडारण किया जाता था।

4. रसद गाड़ियों का काफिला

- मुग़ल सेना के साथ रसद गाड़ियों (Supply Trains) का बड़ा काफिला चलता था, जिसमें भोजन, कपड़े, औषधियाँ और अन्य आवश्यक वस्तुएँ लदी होती थीं।

- रसद काफिलों की सुरक्षा के लिए विशेष सैनिक टुकड़ियाँ नियुक्त की जाती थीं, ताकि दुश्मनों द्वारा रसद लूटने की संभावना को कम किया जा सके।

- युद्ध क्षेत्र में स्थानीय व्यापारियों और किसानों से भी रसद की आपूर्ति सुनिश्चित की जाती थी।

3.2 प्रमुख सैन्य नवाचार

मुग़लों ने भारतीय उपमहाद्वीप में अपनी शक्ति बनाए रखने और युद्धों में विजय प्राप्त करने के लिए कई सैन्य नवाचारों को अपनाया, जिससे उनकी सेना अन्य समकालीन शासकों की तुलना में अधिक संगठित और प्रभावशाली बनी। उन्होंने तुर्क, फारसी, मंगोल और भारतीय युद्ध तकनीकों का कुशल समावेश किया, जिससे उनकी युद्ध रणनीति बहुआयामी और अत्याधुनिक हो गई। घुड़सवार सेना उनकी सैन्य शक्ति की रीढ़ थी, जिसमें दक्ष घुड़सवारों और धनुर्धरों को विशेष रूप से प्रशिक्षित किया जाता था। युद्ध में हाथियों का प्रयोग न केवल एक परंपरागत हथियार के रूप में किया जाता था, बल्कि भारी कवच और तोपों से सुसज्जित हाथियों का उपयोग शत्रु सेना को भयभीत करने और सैनिकों के परिवहन के लिए भी किया जाता था। बारूद और आग्नेयास्त्रों के प्रयोग में मुग़लों ने क्रांतिकारी परिवर्तन किए, विशेष रूप से तोपखाने की रणनीति में, जिससे उन्होंने किलों की घेराबंदी और खुले मैदानों में युद्ध के दौरान बढ़त हासिल की। रॉकेट तकनीक और उन्नत घेराबंदी प्रणाली ने उनकी सैन्य ताकत को और अधिक प्रभावी बनाया, जिससे वे दुश्मन की रक्षा प्रणाली को भेदने में सफल रहे। युद्ध में रसद आपूर्ति और सैन्य प्रशासन को भी विशेष महत्व दिया गया, जिससे लंबे अभियानों के दौरान उनकी सेना संगठित और सशक्त बनी रही। इन नवाचारों और रणनीतियों के कारण मुग़ल सेना न केवल अपने समय की सबसे शक्तिशाली सैन्य इकाई बनी, बल्कि उन्होंने भारतीय उपमहाद्वीप में अपने शासन को दीर्घकालिक रूप से स्थापित करने में भी सफलता प्राप्त की।

3.2.1 घुड़सवारी और धनुर्विद्या

मुग़ल सेना की युद्ध शक्ति का एक महत्वपूर्ण स्तंभ घुड़सवारी और धनुर्विद्या थी। घुड़सवार सेना को युद्ध के दौरान तेज़ गति से आगे बढ़ने, शत्रु पर हमला करने और रणनीतिक रूप से पीछे हटने की विशेष कला में प्रशिक्षित किया जाता था। मुग़लों की सैन्य रणनीति का केंद्र घुड़सवार सेना और धनुर्धारी सैनिक थे, जिनकी कुशलता ने उन्हें भारतीय उपमहाद्वीप में कई महत्वपूर्ण युद्ध जीतने में सहायता की।

(A) घुड़सवारी का महत्व

घुड़सवारी मुग़ल सेना की मुख्य युद्ध नीति का अभिन्न अंग थी। उनकी विजयश्री का आधार कुशल कैवेलरी (Cavalry) थी, जिसे अत्यधिक प्रशिक्षित किया जाता था। मुग़ल घुड़सवारों ने मंगोल युद्ध तकनीकों को अपनाया, जिससे वे युद्ध के मैदान में अधिक प्रभावी सिद्ध हुए।

- मुग़ल घुड़सवार सेना को अत्यधिक संगठित रूप में प्रशिक्षित किया जाता था, जहाँ सैनिकों को विशेष प्रकार के घोड़ों पर लड़ाई के लिए तैयार किया जाता था।

- मुग़ल सैनिक मंगोल युद्ध तकनीकों का अनुसरण करते थे, जिनमें घोड़े की पीठ से धनुष चलाने और तेज़ गति से दिशा बदलने की विशेष रणनीति शामिल थी।

- युद्ध के दौरान घुड़सवार सैनिकों को तीव्र गति से आगे बढ़ने, शत्रु पर हमला करने और अचानक पीछे हटने जैसी रणनीतियों का प्रशिक्षण दिया जाता था।

- घोड़ों के चयन पर विशेष ध्यान दिया जाता था। अरबी, तुरानी और भारतीय नस्लों के घोड़ों को प्रशिक्षित किया जाता था ताकि वे युद्ध के दौरान थकान रहित रह सकें।

    घुड़सवारी की इस श्रेष्ठता के कारण मुग़ल सेना ने विभिन्न भारतीय शासकों, विशेष रूप से राजपूतों, अफगानों और मराठों के खिलाफ महत्वपूर्ण बढ़त हासिल की।

(B) धनुर्विद्या की तकनीक

धनुर्विद्या मुग़ल घुड़सवार सेना की सबसे प्रभावशाली सैन्य तकनीकों में से एक थी। मुग़ल धनुर्धारियों को घोड़ों पर सवार रहते हुए तेज़ गति से तीर चलाने का विशेष प्रशिक्षण दिया जाता था, जिससे वे युद्ध में अधिक प्रभावी बनते थे।

- मुग़ल धनुर्धारियों ने "कॉम्पोजिट बो (Composite Bow)" का उपयोग किया, जो हल्का और अत्यधिक शक्तिशाली था। यह धनुष पारंपरिक लकड़ी के धनुष से अधिक दूरी तक तीर मारने में सक्षम था।

- इस धनुष को विशेष रूप से मध्य एशिया की घुमंतू जनजातियों से सीखा गया था, जिन्होंने इस तकनीक को युद्ध में बेहद प्रभावी बनाया।

- मुग़ल धनुर्धारियों को युद्ध में तेज़ गति से घोड़ा दौड़ाते हुए तीर चलाने का विशेष प्रशिक्षण दिया जाता था, जिससे वे अपने दुश्मनों को अचंभित कर सकते थे।

- बाबर की सेना ने धनुर्विद्या की इसी तकनीक का उपयोग करके 1526 के पानीपत के प्रथम युद्ध में इब्राहिम लोदी की हाथी सेना को पराजित किया था।

मुग़ल धनुर्धारियों की कुशलता ने भारतीय युद्ध प्रणाली में एक नया आयाम जोड़ा और उनके विरोधी युद्ध के इस नए रूप के लिए पूरी तरह से तैयार नहीं थे।

(C) युद्ध में घुड़सवार धनुर्धारियों की भूमिका

मुग़ल घुड़सवार धनुर्धारियों को युद्ध के मैदान में तीन प्रमुख श्रेणियों में विभाजित किया गया था। प्रत्येक श्रेणी की एक विशिष्ट भूमिका थी, जिससे मुग़ल सेना अधिक व्यवस्थित और प्रभावी बनती थी।

1. तेज़ हमला करने वाले (Shock Cavalry)

- यह घुड़सवार सेना का सबसे आक्रामक भाग था।

- इन सैनिकों को शत्रु की पंक्तियों को तोड़ने और उसमें तेज़ गति से प्रवेश कर हमला करने के लिए प्रशिक्षित किया जाता था।

- उनकी मुख्य भूमिका थी शत्रु सेना को विभाजित करना और उन्हें असंगठित करना ताकि अन्य मुग़ल टुकड़ियाँ युद्ध में निर्णायक बढ़त बना सकें।

2. दूर से निशाना साधने वाले (Missile Cavalry)

- इस श्रेणी में शामिल घुड़सवार सैनिक युद्ध के दौरान तीरों और बंदूकों का प्रयोग करते थे।

- ये सैनिक शत्रु सेना को दूर से ही बिखेरने और कमजोर करने के लिए प्रशिक्षित होते थे।

- ये सैनिक लगातार गति में रहते थे, जिससे दुश्मनों को उन पर हमला करने का अवसर नहीं मिलता था।

3. रिज़र्व घुड़सवार (Reserve Cavalry)

- रिज़र्व घुड़सवारों की टुकड़ी को युद्ध के निर्णायक चरण में तैनात किया जाता था।

- जब युद्ध में शत्रु कमजोर पड़ने लगता था, तब ये सैनिक अंतिम आक्रमण कर युद्ध को जीत में बदलने का कार्य करते थे।

- ये विशेष रूप से प्रशिक्षित घुड़सवार सेना थी, जिन्हें शत्रु सेना की अंतिम पंक्तियों को नष्ट करने का आदेश दिया जाता था।

3.2.2 हाथियों का उपयोग और घेराबंदी रणनीति

मुग़ल युद्ध नीति में हाथियों और घेराबंदी तकनीकों का विशेष महत्व था। हाथियों का उपयोग मुख्य रूप से युद्ध के दौरान भय उत्पन्न करने, दुश्मन की सेना को तितर-बितर करने और मजबूत किलों की दीवारों को ध्वस्त करने के लिए किया जाता था। दूसरी ओर, मुग़लों की घेराबंदी रणनीति (Siege Warfare) ने उन्हें भारत के कई शक्तिशाली किलों पर विजय प्राप्त करने में मदद की। यह रणनीति रसद आपूर्ति को बाधित करने, तोपों से किले की दीवारों को तोड़ने और जासूसी के माध्यम से अंदरूनी विद्रोह कराने पर केंद्रित थी।

(A) युद्ध में हाथियों का प्रयोग

भारत में युद्ध के दौरान हाथियों का उपयोग प्राचीन काल से होता आ रहा था, जिसे मुग़लों ने भी अपनी सेना में शामिल किया। हाथियों की विशालता और शक्ति का उपयोग दुश्मन को आतंकित करने के लिए किया जाता था। मुग़ल हाथी सेना को विशेष रूप से प्रशिक्षित किया जाता था ताकि वे युद्ध के दौरान प्रभावी भूमिका निभा सकें। हाथियों पर भारी कवच चढ़ाया जाता था, जिससे वे दुश्मन की तलवारों और तीरों के हमलों से सुरक्षित रह सकें। उनके ऊपर एक विशेष मचान (हौदा) रखा जाता था, जिसमें तलवारबाज, तीरंदाज और भालेधारी सैनिक सवार रहते थे। युद्ध में हाथियों को दुश्मन की रक्षात्मक दीवारों को तोड़ने, उनकी सेना में भ्रम और भय उत्पन्न करने और विरोधियों को कुचलने के लिए उपयोग किया जाता था।

कई बार, मुग़ल सेना युद्ध में हाथियों को आक्रामक हमलों के लिए अग्रिम पंक्ति में तैनात करती थी। घुड़सवार सेना और पैदल सेना के मुकाबले हाथियों को नियंत्रित करना कठिन था, लेकिन एक बार वे दुश्मन की पंक्तियों में घुस जाते थे, तो भारी विनाश कर सकते थे। युद्ध के दौरान कुछ हाथियों के पैरों में तेज नुकीले हथियार बाँध दिए जाते थे, जिससे वे दुश्मनों को कुचल सकते थे।

(B) हाथियों का रणनीतिक उपयोग

हाथियों का उपयोग केवल युद्ध में ही नहीं, बल्कि सैन्य अभियानों और मनोवैज्ञानिक दबाव बनाने के लिए भी किया जाता था। अकबर और उसके उत्तराधिकारियों ने हाथियों का उपयोग राजकीय शक्ति के प्रदर्शन और दुश्मनों को डराने के लिए भी किया। मुग़लों के शासनकाल में हाथियों को शाही दरबार और सैन्य परेड में प्रमुखता से शामिल किया जाता था। सजी-धजी हाथी परेड निकाली जाती थी, जिससे साम्राज्य की शक्ति का

प्रदर्शन होता था। हाथियों का उपयोग दुश्मनों को मनोवैज्ञानिक रूप से कमजोर करने और युद्ध के पहले ही उन्हें आत्मसमर्पण के लिए विवश करने में किया जाता था।

बाबर, जो एक कुशल सेनानी था, ने भारत में हाथियों के युद्ध कौशल को देखा और महसूस किया कि ये उपयोगी हैं, लेकिन उसने अपनी सैन्य रणनीति में तोपखाने और घुड़सवार सेना को अधिक महत्व दिया। अकबर और जहाँगीर के काल में हाथियों का उपयोग अधिक संगठित हुआ और इन्हें युद्ध के निर्णायक क्षणों में प्रयोग किया जाने लगा।

(C) घेराबंदी रणनीति (Siege Warfare)

मुग़ल साम्राज्य के विस्तार में घेराबंदी युद्ध (Siege Warfare) की रणनीति महत्वपूर्ण थी। भारत में कई शक्तिशाली किले थे, जिन पर अधिकार किए बिना संपूर्ण क्षेत्र पर शासन करना कठिन था। इसलिए, मुग़लों ने किलों की घेराबंदी कर उन्हें जीतने की तकनीक विकसित की।

मुग़लों की घेराबंदी रणनीति में सबसे पहले किले की रसद आपूर्ति को रोकना शामिल था। वे दुश्मन को अंदर से कमजोर करने के लिए उसकी खाद्य और जल आपूर्ति को बाधित कर देते थे, जिससे वहाँ मौजूद सैनिक थक जाते और आत्मसमर्पण करने को मजबूर हो जाते।

घेराबंदी के दौरान तोपखाने का व्यापक उपयोग किया जाता था। मुग़ल सेना ने किलों की दीवारों को तोड़ने के लिए भारी तोपों और बारूद का प्रयोग किया। अकबर और औरंगज़ेब के शासनकाल में कई किलों को भारी तोपों से निशाना बनाकर गिरा दिया गया था। मुग़ल सेना किले के अंदर के हालात का पता लगाने के लिए गुप्तचरों और जासूसों का उपयोग भी करती थी। कई बार वे किले में अंदरूनी विद्रोह भड़काने के लिए गुप्त रूप से सैनिकों को भेजते थे, जिससे अंदर मौजूद सेना कमजोर हो जाती थी।

कुछ मामलों में, मुग़ल सेना भ्रम की रणनीति अपनाती थी। वे किले के चारों ओर एक विशाल सेना तैनात कर देते थे और दुश्मन को यह विश्वास दिलाते थे कि उनकी पूरी सेना आक्रमण के लिए तैयार है। इससे कई बार बिना युद्ध लड़े ही किलेदार आत्मसमर्पण कर देते थे।

3.2.3 रॉकेट और बारूद का प्रयोग

मुग़ल सेना में रॉकेट और बारूद आधारित हथियारों का प्रयोग उनकी युद्ध रणनीति का एक महत्वपूर्ण हिस्सा था, जिसने उन्हें अपने विरोधियों पर बढ़त दिलाई। बाबर ने

भारत में पहली बार 1526 के पानीपत के युद्ध में तोपों और बारूद का प्रभावी उपयोग किया, जिससे उसकी सेना को इब्राहिम लोदी की विशाल हाथी सेना पर निर्णायक विजय मिली। अकबर और उसके उत्तराधिकारियों ने तोपखाने को और अधिक संगठित और उन्नत बनाया, जिसमें हल्की और भारी तोपों का समावेश था। इसके अलावा, मुग़लों ने माचलॉक्स और फ्लिंटलॉक बंदूकों का उपयोग कर अपनी पैदल सेना को अधिक प्रभावी बनाया। इसके साथ ही, मुग़ल सेना ने प्रारंभिक लौह रॉकेटों (Iron Rockets) का भी इस्तेमाल किया, जिन्हें बारूद से भरकर दुश्मन की सेना पर दागा जाता था। ये रॉकेट मुख्य रूप से घेराबंदी युद्धों और बड़े सैन्य अभियानों में दुश्मन की सेना में भय और भ्रम फैलाने के लिए प्रयोग किए जाते थे। हालाँकि, मुग़लों की रॉकेट तकनीक प्रारंभिक अवस्था में थी, लेकिन आगे चलकर टीपू सुल्तान ने इस तकनीक को उन्नत किया और धातु से बने अधिक प्रभावी रॉकेटों का निर्माण किया, जो लंबी दूरी तक मार कर सकते थे। इस प्रकार, मुग़लों द्वारा अपनाई गई बारूद और रॉकेट तकनीक ने भारतीय उपमहाद्वीप में सैन्य युद्धनीति को एक नया रूप दिया और बाद में अन्य शासकों ने भी इसे विकसित किया।

3.2.4 घेराबंदी और आक्रमण की रणनीतियाँ

मुग़ल सेना की घेराबंदी और आक्रमण की रणनीतियाँ उनकी सैन्य शक्ति का एक महत्वपूर्ण हिस्सा थीं, जो उन्हें भारतीय उपमहाद्वीप में सफल विजय दिलाने में सहायक बनीं। जब मुग़ल सेना किसी किले को जीतना चाहती थी, तो सबसे पहले वे रसद और जल स्रोतों को काटने की रणनीति अपनाते थे, जिससे किले के अंदर मौजूद सैनिक और नागरिक भूख और प्यास से कमजोर हो जाते थे। इसके साथ ही, किले की दीवारों को कमजोर करने के लिए तोपों और बारूद का व्यापक प्रयोग किया जाता था, जिससे किले की रक्षा प्रणाली धीरे-धीरे ढहने लगती थी। मुग़लों की एक और कुशल रणनीति यह थी कि वे किले के भीतर गुप्त संदेश भेजकर सैनिकों और नागरिकों को विद्रोह के लिए उकसाते थे, जिससे अंदरूनी अस्थिरता बढ़ती और किले पर अधिकार प्राप्त करना आसान हो जाता। जब आक्रमण का समय आता, तो सबसे पहले मुग़ल घुड़सवार सेना को अग्रिम पंक्ति में भेजा जाता था, जो तेज़ गति से हमला कर दुश्मन की प्रारंभिक रक्षा को तोड़ने का प्रयास करती थी। इसके बाद तोपखाने और पैदल सेना का उपयोग किया जाता था, जो किले के मुख्य द्वार और महत्वपूर्ण संरचनाओं को निशाना बनाकर हमले को अधिक प्रभावी बनाते थे। युद्ध के अंतिम चरण में भारी हथियारों से लैस सैनिकों और युद्ध हाथियों को तैनात किया जाता था, जो किले की बची-खुची रक्षा प्रणाली को पूरी तरह ध्वस्त कर देते थे। यदि किसी कारणवश दुश्मन की सेना मजबूत प्रतिरोध करती, तो मुग़ल सेना अपनी रणनीति बदलकर धीरे-धीरे

पीछे हटती, सैनिकों को पुनः संगठित कर आक्रमण करने की नीति अपनाती थी, जिससे दुश्मन को थका कर अंततः विजय प्राप्त की जाती थी। इस प्रकार, मुग़लों की संगठित और योजनाबद्ध घेराबंदी और आक्रमण रणनीतियाँ उन्हें अपने समय की सबसे शक्तिशाली सेनाओं में से एक बनाती थीं।

3.3 नौसैनिक शक्ति और व्यापारिक कूटनीति

मुग़ल साम्राज्य अपनी सशक्त थल सेना और उन्नत युद्ध तकनीकों के लिए प्रसिद्ध था, लेकिन उनकी नौसैनिक शक्ति तुलनात्मक रूप से कमजोर रही, जिससे समुद्री व्यापार और सामरिक नियंत्रण में उन्हें कठिनाइयों का सामना करना पड़ा। हालाँकि भारतीय उपमहाद्वीप में समुद्री मार्गों का व्यापार और सुरक्षा की दृष्टि से अत्यधिक महत्व था, फिर भी मुग़ल शासकों ने अपनी सैन्य नीतियों में नौसेना को प्राथमिकता नहीं दी, जिसका परिणाम यह हुआ कि तटीय क्षेत्रों पर विदेशी शक्तियों का प्रभाव बढ़ता गया। मुग़लकालीन भारत के समुद्री तटों पर अरब, पुर्तगाली, डच और अंग्रेजी शक्तियाँ सक्रिय थीं, जो न केवल व्यापारिक उद्देश्यों से बल्कि अपने सामरिक हितों की पूर्ति के लिए भी इन क्षेत्रों में अपना प्रभुत्व स्थापित करने का प्रयास कर रही थीं। अकबर और जहाँगीर ने नौसैनिक विकास पर कुछ हद तक ध्यान दिया, लेकिन संपूर्ण साम्राज्य में कोई संगठित और शक्तिशाली नौसेना विकसित नहीं हो पाई। औरंगज़ेब के शासनकाल में मराठों की बढ़ती नौसैनिक शक्ति और यूरोपीय व्यापारिक कंपनियों की विस्तारवादी नीतियों ने मुग़लों के समुद्री प्रभुत्व को और अधिक कमजोर कर दिया। अंग्रेजों और डचों ने भारतीय तटों पर अपने व्यापारिक ठिकाने स्थापित कर लिए, जिससे मुग़ल साम्राज्य का समुद्री व्यापार पर नियंत्रण धीरे-धीरे समाप्त हो गया। इस अध्याय में, हम मुग़लों की नौसैनिक शक्ति, उनकी व्यापारिक कूटनीति, यूरोपीय शक्तियों के साथ उनके संबंधों और उनकी नौसैनिक कमजोरी के प्रभावों का विश्लेषण करेंगे।

3.3.1 अरब सागर में नौसैनिक प्रभुत्व

(A) मुग़लों की सीमित समुद्री शक्ति: मुग़ल साम्राज्य मुख्य रूप से एक स्थल आधारित साम्राज्य था, जिसकी सैन्य शक्ति थल सेना और घुड़सवार सेना पर केंद्रित थी। समुद्री शक्ति को लेकर उनकी रणनीति कमजोर रही, जिससे वे समुद्री व्यापार और रक्षा के क्षेत्र में प्रभावी रूप से प्रभुत्व स्थापित नहीं कर सके। बाबर और अकबर के शासनकाल में नौसेना के विकास की कोई ठोस नीति नहीं अपनाई गई, और इस दिशा में बहुत कम प्रयास किए गए। मुग़लों ने अपनी शक्ति का विस्तार मुख्य रूप से उत्तरी भारत और दक्कन में किया, लेकिन समुद्री सुरक्षा पर बहुत अधिक ध्यान नहीं दिया। उस

समय ज्यादातर समुद्री व्यापार और सुरक्षा की जिम्मेदारी स्थानीय शासकों, व्यापारिक समुदायों और कभी-कभी विदेशी व्यापारिक शक्तियों के हाथों में थी। अरब सागर और बंगाल की खाड़ी जैसे महत्वपूर्ण समुद्री क्षेत्रों में मुग़लों का प्रभाव सीमित था, जिसके कारण वे पुर्तगाली, डच और अंग्रेजों जैसी यूरोपीय शक्तियों की चुनौती का प्रभावी ढंग से सामना नहीं कर सके।

(B) गुजरात और बंगाल के बंदरगाहों पर नियंत्रण: हालाँकि मुग़लों की नौसैनिक शक्ति कमजोर थी, लेकिन उन्होंने कुछ प्रमुख तटीय क्षेत्रों को अपने प्रशासनिक नियंत्रण में लिया। अकबर के शासनकाल के दौरान गुजरात पर विजय प्राप्त करने के बाद सूरत, कैंबे (खंभात) और बड़ौदा जैसे महत्वपूर्ण बंदरगाहों पर मुग़लों का नियंत्रण स्थापित हुआ। इन बंदरगाहों से उन्हें व्यापारिक करों और राजस्व की प्राप्ति होने लगी, जिससे साम्राज्य की आर्थिक स्थिति को मजबूती मिली। इसी प्रकार, बंगाल में भी चटगाँव और हुगली जैसे बंदरगाह मुग़ल प्रशासन के अंतर्गत आ गए, जिससे वहाँ के व्यापार पर उनकी पकड़ बनी। हालाँकि, मुग़ल शासकों ने इन समुद्री क्षेत्रों को केवल राजस्व प्राप्ति के लिए देखा और नौसैनिक शक्ति के विकास में कोई विशेष रुचि नहीं दिखाई। यही कारण था कि बाद में पुर्तगाली, डच और अंग्रेज व्यापारिक कंपनियों ने इन बंदरगाहों पर अपनी पकड़ मजबूत कर ली और मुग़लों के लिए समुद्री व्यापार पर नियंत्रण रखना कठिन हो गया।

3.3.2 यूरोपीय शक्तियों से व्यापार और टकराव

(A) पुर्तगालियों का प्रभुत्व और संघर्ष: 16वीं शताब्दी में पुर्तगालियों ने भारतीय तटों पर अपनी उपस्थिति स्थापित कर ली और गोवा, दीव तथा दमन पर कब्ज़ा कर लिया। उन्होंने भारतीय समुद्री व्यापार पर नियंत्रण करने का प्रयास किया और मसालों, वस्त्रों, रत्नों तथा अन्य कीमती वस्तुओं के व्यापार पर एकाधिकार जमाने की नीति अपनाई। मुग़ल साम्राज्य मुख्य रूप से एक स्थलीय शक्ति थी, इसलिए उन्होंने शुरू में पुर्तगालियों के समुद्री प्रभुत्व को चुनौती नहीं दी। अकबर ने पुर्तगालियों की बढ़ती ताकत को स्वीकार किया और उनके साथ सीधे टकराव से बचने की नीति अपनाई। हालाँकि, जहाँगीर और शाहजहाँ के शासनकाल में पुर्तगाली लुटेरों द्वारा भारतीय जहाजों और तटीय इलाकों पर हमलों की घटनाएँ बढ़ने लगीं, जिससे व्यापार प्रभावित हुआ। इसके बावजूद, मुग़लों ने नौसैनिक शक्ति के विकास पर ध्यान नहीं दिया और समुद्री मार्गों पर सुरक्षा की जिम्मेदारी मुख्य रूप से स्थानीय व्यापारियों और शासकों पर छोड़ दी।

(B) डच, अंग्रेज़ और फ्रांसीसी व्यापारियों का आगमन: 17वीं शताब्दी में यूरोप की अन्य शक्तियाँ, विशेष रूप से डच, अंग्रेज़ और फ्रांसीसी व्यापारी, भारतीय तटों पर अपने व्यापारिक केंद्र स्थापित करने लगे। डच ईस्ट इंडिया कंपनी और ब्रिटिश ईस्ट इंडिया कंपनी ने मुग़ल प्रशासन से व्यापार की अनुमति प्राप्त करने के लिए संधियाँ कीं और विभिन्न मुग़ल शासकों से विशेष व्यापारिक अधिकार प्राप्त किए। अंग्रेजों ने बंगाल और गुजरात के तटीय क्षेत्रों में अपने व्यापारिक ठिकाने बनाए, जबकि डच व्यापारिक गतिविधियाँ कोरोमंडल तट और पश्चिमी तट पर केंद्रित थीं। फ्रांसीसी व्यापारियों ने भी 17वीं शताब्दी के उत्तरार्ध में पुडुचेरी और चंद्रनगर में अपने केंद्र स्थापित किए। मुग़ल नौसैनिक कमजोरी के कारण ये यूरोपीय शक्तियाँ धीरे-धीरे समुद्री व्यापार मार्गों पर हावी होने लगीं और भारतीय व्यापारियों पर अपनी शर्तें थोपने लगीं।

(C) अंग्रेज़ों और पुर्तगालियों के बीच संघर्ष: यूरोपीय शक्तियों के बढ़ते प्रभाव के कारण उनके बीच समुद्री व्यापार और बंदरगाहों पर नियंत्रण को लेकर संघर्ष तेज़ हो गया। विशेष रूप से अंग्रेज़ों और पुर्तगालियों के बीच सूरत और बॉम्बे (मुंबई) के व्यापारिक नियंत्रण को लेकर कई झड़पें हुईं। पुर्तगालियों ने बॉम्बे को अपने नौसैनिक अड्डे के रूप में विकसित किया था, लेकिन 1661 में इंग्लैंड के राजा चार्ल्स द्वितीय ने इसे पुर्तगालियों से प्राप्त कर लिया और बाद में इसे ब्रिटिश व्यापारिक गतिविधियों का प्रमुख केंद्र बना दिया। मुग़ल प्रशासन ने इन संघर्षों में प्रत्यक्ष रूप से हस्तक्षेप नहीं किया और स्थानीय व्यापारियों के माध्यम से अपने आर्थिक हितों की रक्षा करने का प्रयास किया। हालाँकि, मुग़लों की निष्क्रियता और नौसेना की अनुपस्थिति के कारण अंग्रेज़ों और अन्य यूरोपीय शक्तियों को भारतीय समुद्री व्यापार पर प्रभुत्व स्थापित करने का अवसर मिला, जिसने भविष्य में उनके राजनीतिक वर्चस्व की नींव रखी।

3.3.3 भारतीय महासागर व्यापार मार्गों पर नियंत्रण

भारतीय महासागर क्षेत्र प्राचीन काल से ही व्यापारिक गतिविधियों का एक प्रमुख केंद्र था, जहाँ अरब, फारस, अफ्रीका और दक्षिण-पूर्व एशिया के व्यापारी सक्रिय रूप से व्यापार करते थे। भारत से कपास, मसाले, वस्त्र, कीमती पत्थर, और हस्तनिर्मित वस्तुएँ निर्यात की जाती थीं, जबकि अरब और फारस से घोड़े, चाँदी, मोती, और अन्य विलासिता की वस्तुएँ आयात होती थीं। सूरत, मछलीपट्टनम, और चटगाँव जैसे प्रमुख बंदरगाह इन व्यापारिक गतिविधियों के केंद्र थे और यहाँ से देश-विदेश के व्यापारी माल की अदला-बदली करते थे। हालाँकि, मुग़लों ने समुद्री व्यापार पर प्रत्यक्ष नियंत्रण स्थापित करने के बजाय स्थानीय व्यापारियों और जहाजी बेड़ों (mercantile fleets) पर निर्भरता बनाए रखी। उन्होंने विदेशी व्यापारियों को नियंत्रित करने की कोशिश

नहीं की, बल्कि उनसे कर वसूलने और व्यापारिक अनुबंधों के माध्यम से राजस्व अर्जित करने की नीति अपनाई। मुग़ल काल के दौरान भारतीय महासागर व्यापार मार्गों पर उनका सीमित नियंत्रण था, लेकिन इसे प्रभावी रूप से संरक्षित करने के लिए कोई ठोस नौसैनिक शक्ति विकसित नहीं की गई। इसका परिणाम यह हुआ कि अरब सागर और बंगाल की खाड़ी में विदेशी शक्तियों, विशेष रूप से पुर्तगालियों और डच व्यापारियों, द्वारा भारतीय व्यापारिक जहाजों को अक्सर लूटा जाता था। पुर्तगाली व्यापारियों ने कई बार सूरत और अन्य मुग़ल बंदरगाहों से आने-जाने वाले जहाजों को निशाना बनाया, जिससे व्यापारियों को भारी नुकसान हुआ। इसके अलावा, मालद्वीप और लक्षद्वीप के समुद्री क्षेत्रों में सक्रिय समुद्री लुटेरे भी भारतीय जहाजों को लूटने लगे, लेकिन मुग़ल प्रशासन इस समस्या से निपटने में प्रभावी रणनीति नहीं बना सका। नौसैनिक सुरक्षा की कमी और समुद्री डकैती के बढ़ते खतरों के कारण भारतीय व्यापारियों को यूरोपीय शक्तियों पर अधिक निर्भर होना पड़ा, जिससे धीरे-धीरे भारत का समुद्री व्यापार उनके नियंत्रण में चला गया।

3.3.4 मुग़लों की सीमित नौसैनिक शक्ति - एक रणनीतिक भूल?

(A) नौसैनिक शक्ति की उपेक्षा: मुग़ल साम्राज्य अपनी मजबूत थल सेना और उन्नत युद्ध रणनीतियों के लिए प्रसिद्ध था, लेकिन उन्होंने नौसैनिक शक्ति को विकसित करने में अपेक्षाकृत कम रुचि दिखाई। अकबर, जहाँगीर और शाहजहाँ के शासनकाल में साम्राज्य विस्तार और थल युद्धों को प्राथमिकता दी गई, जिससे समुद्री रक्षा उपेक्षित रह गई। इन शासकों ने प्रमुख बंदरगाहों से कर वसूली और व्यापारिक गतिविधियों पर नियंत्रण तो रखा, लेकिन एक संगठित नौसेना के निर्माण पर ध्यान नहीं दिया। औरंगज़ेब ने दक्कन में मराठों के खिलाफ अभियान के दौरान कुछ नौसैनिक बेड़े तैयार किए, लेकिन वे यूरोपीय शक्तियों की उन्नत नौसेनाओं की तुलना में कमजोर साबित हुए। मुग़लों की यह नीति उनके दीर्घकालिक साम्राज्यिक हितों के लिए हानिकारक सिद्ध हुई, क्योंकि समुद्री मार्गों पर यूरोपीय प्रभाव लगातार बढ़ता गया।

(B) मराठा नौसेना की सफलता और मुग़लों की विफलता: जहाँ मुग़लों ने नौसैनिक शक्ति के विकास की उपेक्षा की, वहीं मराठा शासक छत्रपति शिवाजी ने इस क्षेत्र में उल्लेखनीय प्रगति की। शिवाजी ने एक संगठित और शक्तिशाली नौसेना तैयार की, जिसने पश्चिमी तटों पर पुर्तगालियों, अंग्रेज़ों और डच व्यापारियों को चुनौती दी। उनके नेतृत्व में मराठा नौसेना ने कोंकण और मालाबार के तटों पर प्रभावी संचालन किया और विदेशी व्यापारियों की गतिविधियों को सीमित करने में महत्वपूर्ण भूमिका निभाई। शिवाजी की यह नीति यह सिद्ध करती है कि भारतीय उपमहाद्वीप में एक सशक्त नौसेना का निर्माण संभव था, लेकिन मुग़लों ने इस क्षेत्र में पर्याप्त प्रयास नहीं किए।

यदि मुग़ल शासक भी इसी तरह की रणनीति अपनाते, तो वे विदेशी शक्तियों को समुद्री व्यापार पर एकाधिकार स्थापित करने से रोक सकते थे।

(C) मुग़लों की रणनीतिक भूल: मुग़लों की सीमित नौसैनिक शक्ति को एक गंभीर रणनीतिक भूल के रूप में देखा जा सकता है। यदि उन्होंने समुद्री शक्ति विकसित की होती, तो वे पुर्तगालियों, डच और अंग्रेज़ों की बढ़ती समुद्री शक्ति का प्रभावी रूप से सामना कर सकते थे और भारतीय व्यापारिक हितों की रक्षा कर सकते थे। समुद्री व्यापार मार्गों को नियंत्रित करने में असमर्थता के कारण यूरोपीय शक्तियों को भारत में अपनी स्थिति मजबूत करने का अवसर मिला। विशेष रूप से 18वीं शताब्दी में, जब मुग़ल साम्राज्य का पतन शुरू हुआ, तब अंग्रेज़ों और अन्य यूरोपीय शक्तियों ने अपनी नौसैनिक शक्ति के बल पर भारत में राजनीतिक और व्यापारिक प्रभाव स्थापित कर लिया। इस तरह, मुग़लों की नौसैनिक कमजोरी ने न केवल उनके व्यापारिक हितों को नुकसान पहुँचाया बल्कि उनके दीर्घकालिक राजनीतिक नियंत्रण को भी कमजोर किया, जिससे भारत में ब्रिटिश और अन्य यूरोपीय शक्तियों के वर्चस्व का मार्ग प्रशस्त हुआ।

निष्कर्ष

मुग़ल सेना की संगठित संरचना, उन्नत युद्ध तकनीकों और कुशल सैन्य प्रशासन ने उन्हें भारतीय उपमहाद्वीप में एक अपराजेय शक्ति बना दिया। उनकी सेना में घुड़सवारों, पैदल सैनिकों, तोपखाने और हाथियों का प्रभावी मिश्रण था, जिसने उन्हें अपने समकालीन शासकों से अधिक शक्तिशाली बनाया। मुग़लों ने बारूद और तोपखाने का उपयोग कर युद्ध प्रणाली में क्रांतिकारी परिवर्तन किए, जो विशेष रूप से बाबर के पानीपत के युद्ध से स्पष्ट होता है। अकबर के शासनकाल में मनसबदारी प्रणाली ने सेना के संगठन को और अधिक प्रभावी बनाया, जिससे सैनिकों की भर्ती, वेतन और रसद आपूर्ति को सुव्यवस्थित किया गया। इसके अलावा, किलों की मजबूत संरचना और घेराबंदी की रणनीति ने मुग़लों को कठिन लड़ाइयों में भी जीत दिलाई।

मुग़लों की सैन्य शक्ति का विस्तार केवल थल सेना तक सीमित नहीं था; उन्होंने कूटनीति और व्यापारिक संबंधों के माध्यम से अपनी स्थिति को मजबूत किया। हालाँकि, नौसैनिक शक्ति उनकी प्रमुख कमजोरी बनी रही, जिससे यूरोपीय शक्तियों को समुद्री मार्गों पर नियंत्रण स्थापित करने का अवसर मिला। फिर भी, उनकी सैन्य श्रेष्ठता, रणनीतिक युद्ध कौशल और प्रशासनिक दक्षता ने उन्हें भारतीय उपमहाद्वीप में लंबे समय तक शासन करने में सहायता की। आधुनिक युद्ध तकनीकों को अपनाने और स्थानीय परंपराओं के साथ समन्वय स्थापित करने के कारण, मुग़ल सेना ने अपने समय में एक शक्तिशाली और अनुशासित सैन्य बल के रूप में पहचान बनाई।

प्रश्न

- मुग़ल सेना के संगठन और संरचना का विस्तार से वर्णन करें। घुड़सवार सेना, पैदल सेना, तोपखाने, हाथी सेना और नौसेना की भूमिका पर विशेष प्रकाश डालें।

- मुग़लों की युद्ध तकनीकों और सैन्य नवाचारों का वर्णन करें। घुड़सवारी, धनुर्विद्या, तोपखाने और घेराबंदी की रणनीतियों के संदर्भ में उनका महत्व स्पष्ट करें।

- मुग़लों की तोपखाने प्रणाली और आधुनिक शस्त्रों के उपयोग का विश्लेषण करें। पानीपत के प्रथम युद्ध (1526) से लेकर औरंगज़ेब के शासन तक तोपखाने के विकास की चर्चा करें।

- मुग़ल साम्राज्य में किलों की सुरक्षा व्यवस्था का अध्ययन करें। प्रमुख मुग़ल किलों की विशेषताओं और उनकी रक्षा रणनीतियों का वर्णन करें।

- मुग़ल सेना के रसद प्रबंधन और वेतन प्रणाली का विस्तार से वर्णन करें। मनसबदारी प्रणाली की भूमिका और उसकी प्रभावशीलता का मूल्यांकन करें।

- मुग़ल सेना में बारूद और रॉकेट तकनीक का उपयोग कितना प्रभावी था? इसका वर्णन करें और इसकी तुलना अन्य समकालीन भारतीय शासकों की सैन्य शक्ति से करें।

- मुग़लों की नौसैनिक शक्ति और उनकी व्यापारिक कूटनीति का विस्तृत अध्ययन करें। मुग़लों की नौसेना की कमजोरियों और उनके प्रभावों की चर्चा करें।

- मुग़लकालीन घेराबंदी (Siege Warfare) की रणनीतियों का वर्णन करें। चित्तौड़, रणथंभौर और अहमदनगर के किलों की विजय में अपनाई गई रणनीतियों का विश्लेषण करें।

अध्याय 4

शाहजहाँ और दक्कन अभियानों की रणनीति

शाहजहाँ (1628-1658) के शासनकाल को मुग़ल साम्राज्य के स्वर्ण युग के रूप में देखा जाता है, जब कला, वास्तुकला और सैन्य शक्ति अपने चरम पर थी। उनके शासनकाल में ताजमहल, मती मस्जिद और लाल किले जैसे भव्य निर्माण कार्य हुए, जो उनकी समृद्धि और सांस्कृतिक दृष्टि को दर्शाते हैं। लेकिन उनकी सबसे बड़ी उपलब्धियों में से एक उनकी सैन्य नीतियां थीं, जिन्होंने मुग़ल साम्राज्य को और अधिक विस्तार और स्थायित्व प्रदान किया। उन्होंने दक्कन, बंगाल, कंधार और बलूचिस्तान में अपने सैन्य अभियानों का विस्तार किया और साम्राज्य की सीमाओं को मज़बूत किया। शाहजहाँ की सैन्य नीति अकबर और जहाँगीर की परंपराओं पर आधारित थी, लेकिन उन्होंने इसे और अधिक संगठित और आक्रामक बनाया। उन्होंने मनसबदारी प्रणाली में सुधार कर सैन्य प्रशासन को और सुदृढ़ किया, जिससे सेना अधिक अनुशासित और कुशल बनी।

शाहजहाँ की युद्ध नीति का मुख्य उद्देश्य साम्राज्य का विस्तार और उसकी सुरक्षा सुनिश्चित करना था। उन्होंने दक्षिण भारत में अहमदनगर, बीजापुर और गोलकुंडा के खिलाफ सफल अभियानों का नेतृत्व किया, जिससे मुग़लों का प्रभाव इस क्षेत्र में और बढ़ गया। अफगानिस्तान और कंधार पर कब्जा बनाए रखने के लिए उन्होंने कई युद्ध लड़े, लेकिन अंततः इसे फारसियों के हाथों गंवा दिया। उनकी सैन्य नीतियों के कारण राजकोष पर भारी दबाव पड़ा, जिससे आर्थिक संकट उत्पन्न हुआ, जिसका प्रभाव उनके उत्तराधिकारी औरंगज़ेब के शासनकाल में अधिक स्पष्ट रूप से दिखाई दिया। इस अध्याय में हम शाहजहाँ की सैन्य नीति, उसके आर्थिक प्रभाव, मनसबदारी प्रणाली में किए गए सुधारों और उनकी युद्ध नीति की अकबर व जहाँगीर से तुलना का विस्तृत अध्ययन करेंगे।

4.1 शाहजहाँ की सैन्य नीति

शाहजहाँ के शासनकाल को मुग़ल साम्राज्य के स्वर्ण युग के रूप में देखा जाता है, जिसमें न केवल कला और वास्तुकला का विकास हुआ, बल्कि सैन्य शक्ति का भी अभूतपूर्व विस्तार हुआ। उनकी सैन्य नीति पूर्ववर्ती शासकों की परंपराओं पर आधारित

थी, लेकिन उन्होंने कई नए सुधार भी किए, जिससे मुग़ल सेना अधिक शक्तिशाली और संगठित बनी। उन्होंने सेना के विस्तार, तोपखाने की मजबूती और प्रशासनिक सुधारों के माध्यम से अपनी सैन्य शक्ति को सुदृढ़ किया। शाहजहाँ की सैन्य नीति का मुख्य उद्देश्य साम्राज्य की सीमाओं का विस्तार और आंतरिक विद्रोहों को नियंत्रित करना था।

4.1.1 मुग़ल प्रशासन में सैन्य शक्ति का विस्तार

शाहजहाँ ने अपने शासनकाल में मुग़ल सेना को अधिक संगठित और प्रभावी बनाने के लिए कई सुधार किए। उन्होंने न केवल सेना की संख्या बढ़ाई, बल्कि उसे आधुनिक हथियारों और युद्ध तकनीकों से भी सुसज्जित किया। इस दौरान थल सेना, तोपखाने और घुड़सवार सैनिकों की संख्या में उल्लेखनीय वृद्धि हुई, जिससे मुग़ल सेना पहले की तुलना में अधिक शक्तिशाली हो गई।

1. **थल सेना का विस्तार:** शाहजहाँ ने अपनी थल सेना को अधिक व्यवस्थित और प्रभावी बनाने के लिए कई कदम उठाए।

- उन्होंने बड़ी संख्या में घुड़सवार, पैदल सैनिक और तोपखाने के विशेषज्ञों को सेना में शामिल किया।

- उन्होंने फारसी और तुर्की सैन्य विशेषज्ञों को नियुक्त किया, जिससे युद्ध तकनीकों में नवीनता आई और रणनीतिक दक्षता बढ़ी।

- उनकी सेना में अत्याधुनिक हथियारों का उपयोग किया गया, जिससे युद्धों में मुग़लों को बढ़त मिली।

2. **तोपखाने की मजबूती:** शाहजहाँ के शासनकाल में तोपखाने की संरचना को और विकसित किया गया, जिससे युद्धों में मुग़लों की शक्ति बढ़ी।

- उन्होंने बड़ी तोपों के निर्माण और उनकी तैनाती पर विशेष ध्यान दिया।

- तोपखाने में नई तकनीकों का समावेश किया गया, जिससे युद्ध में शत्रु पर निर्णायक बढ़त प्राप्त की जा सके।

- किलेबंदी के दौरान तोपों का रणनीतिक उपयोग किया गया, जिससे शत्रु पर मनोवैज्ञानिक प्रभाव भी पड़ा।

3. **राजपूत और अफगान योद्धाओं की भूमिका:** शाहजहाँ की सैन्य नीति में राजपूत और अफगान योद्धाओं की महत्वपूर्ण भूमिका थी।

- अकबर की तरह उन्होंने भी राजपूत योद्धाओं को मुग़ल सेना में उच्च पद दिए, जिससे वे मुग़ल सत्ता के प्रति वफादार बने रहे।

- राजपूत सरदारों को महत्वपूर्ण प्रशासनिक और सैन्य जिम्मेदारियां सौंपी गईं, जिससे साम्राज्य की स्थिरता बनी रही।

- अफगान योद्धाओं को भी सेना में शामिल कर उनकी युद्ध कौशल का लाभ उठाया गया, जिससे सीमावर्ती इलाकों की सुरक्षा मजबूत हुई।

शाहजहाँ की सैन्य नीति का प्रभाव न केवल साम्राज्य के विस्तार में दिखाई दिया, बल्कि इससे मुग़ल प्रशासन भी अधिक संगठित और शक्तिशाली बना। उनके शासनकाल में सैन्य शक्ति अपने चरम पर थी, जिससे मुग़ल साम्राज्य दक्षिण और पश्चिम में नए क्षेत्रों पर अधिकार करने में सफल रहा।

4.1.2 युद्ध अभियानों की वित्तीय स्थिति

मुग़ल साम्राज्य के सैन्य अभियानों के लिए विशाल धनराशि की आवश्यकता होती थी, और शाहजहाँ के शासनकाल में यह चुनौती और भी बढ़ गई। उनके शासन में दक्कन, कंधार और विद्रोहों को दबाने के लिए लगातार युद्ध अभियान चलाए गए, जिनके लिए राजस्व का बड़ा हिस्सा खर्च किया गया। शुरूआती वर्षों में मुग़ल खजाना भरपूर था, लेकिन निरंतर युद्धों और महंगे निर्माण कार्यों ने वित्तीय दबाव को बढ़ा दिया। इसके परिणामस्वरूप कर व्यवस्था को सख्त बनाया गया और व्यापार से अधिक राजस्व प्राप्त करने के प्रयास किए गए।

1. **खजाने की स्थिति:** शाहजहाँ के शासनकाल में मुग़ल साम्राज्य की अर्थव्यवस्था मजबूत थी, लेकिन निरंतर युद्धों के चलते वित्तीय दबाव बढ़ने लगा।

- साम्राज्य के विस्तार और प्रशासनिक खर्चों के कारण खजाने पर भारी बोझ पड़ा।

- दक्कन के युद्ध अभियानों, कंधार में सफ़वीदों से संघर्ष, और आंतरिक विद्रोहों को दबाने में भारी धनराशि खर्च हुई।

- इन युद्धों के कारण मुग़ल खजाना तेजी से खाली होने लगा, जिससे बाद के वर्षों में आर्थिक संकट उत्पन्न हुआ।

2. **कर प्रणाली और राजस्व नीति:** शाहजहाँ ने अपनी सैन्य आवश्यकताओं को पूरा करने के लिए कर व्यवस्था में कुछ बदलाव किए।

- उन्होंने अकबर की कर प्रणाली को जारी रखा लेकिन कर वसूली को सख्त बनाया।

- जमींदारों पर करों का बोझ बढ़ा दिया गया ताकि युद्ध अभियानों के लिए आवश्यक धनराशि जुटाई जा सके।

- बढ़ते सैन्य खर्चों को पूरा करने के लिए कृषि कर और व्यापार करों में वृद्धि की गई, जिससे किसानों और व्यापारियों पर वित्तीय दबाव बढ़ा।

3. **व्यापार और उद्योग पर प्रभाव:** शाहजहाँ के शासनकाल में व्यापार और उद्योगों का विस्तार हुआ, जिससे साम्राज्य को आर्थिक लाभ मिला।

- अंतर्राष्ट्रीय व्यापारिक संबंधों को बढ़ावा दिया गया, विशेषकर यूरोपीय व्यापारियों के साथ व्यापार को प्रोत्साहित किया गया।

- कपड़ा उद्योग, जहाज निर्माण और अन्य शिल्पों में वृद्धि हुई, जिससे सैन्य अभियानों के लिए संसाधन जुटाए जा सके।

- हालांकि, लंबे समय तक चले युद्धों और बढ़ते करों के कारण स्थानीय व्यापारिक गतिविधियों पर नकारात्मक प्रभाव पड़ा, जिससे कई क्षेत्रों में आर्थिक अस्थिरता देखी गई।

शाहजहाँ के सैन्य अभियानों की वित्तीय स्थिति शुरुआत में मजबूत थी, लेकिन युद्धों की अधिकता और खर्चों की भरमार के कारण यह धीरे-धीरे कमजोर होती चली गई। बढ़ते करों और व्यापारिक गतिविधियों पर प्रभाव के कारण मुग़ल अर्थव्यवस्था पर प्रतिकूल प्रभाव पड़ा, जिसने आने वाले समय में साम्राज्य की स्थिरता को चुनौती दी।

4.1.3 मनसबदारी प्रणाली और सैन्य सुधार

मनसबदारी प्रणाली मुग़ल शासन की सबसे प्रभावी प्रशासनिक और सैन्य व्यवस्था थी, जिसे अकबर के समय में विकसित किया गया था और शाहजहाँ ने इसमें कई महत्वपूर्ण सुधार किए। यह प्रणाली सैन्य शक्ति को मजबूत करने और प्रशासनिक कार्यों को सुचारू रूप से संचालित करने के लिए बनाई गई थी। शाहजहाँ के शासनकाल में सैन्य अभियानों की बढ़ती आवश्यकताओं और साम्राज्य के विस्तार को ध्यान में रखते हुए मनसबदारों की संख्या में वृद्धि की गई। इसके अलावा, जागीरदारी व्यवस्था को अधिक प्रभावी बनाया गया ताकि मनसबदारों और सैनिकों को समय पर वेतन मिल सके। इन सुधारों का मुख्य उद्देश्य प्रशासनिक स्थिरता बनाए रखना, सेना की क्षमता बढ़ाना और सैन्य अभियानों की सफलता सुनिश्चित करना था।

मनसबदारों की संख्या बढ़ाने के साथ ही शाहजहाँ ने उनके दायित्वों को भी पुनः परिभाषित किया। उन्हें केवल प्रशासनिक जिम्मेदारियाँ नहीं दी गईं, बल्कि उन्हें सैन्य अभियानों में भी अधिक सक्रिय भूमिका निभाने के लिए प्रेरित किया गया। नई मनसबदारियों का गठन विशेष रूप से उन सीमावर्ती इलाकों में किया गया, जहाँ विद्रोह और बाहरी आक्रमणों की संभावना अधिक थी। इसके अलावा, जागीरदारी व्यवस्था को इस तरह से संशोधित किया गया कि राजस्व का उचित वितरण हो और सेना के रखरखाव के लिए पर्याप्त धनराशि उपलब्ध रहे। हालांकि, कुछ मनसबदारों ने जागीरों से अधिक कर वसूलने की प्रवृत्ति अपनाई, जिससे किसानों पर दबाव बढ़ गया और कभी-कभी विद्रोह जैसी स्थिति उत्पन्न हो गई। सैन्य सुधारों के अंतर्गत शाहजहाँ ने सैनिकों के प्रशिक्षण और अनुशासन पर विशेष ध्यान दिया। सेना को अधिक संगठित बनाने के लिए उन्हें आधुनिक युद्धकला की तकनीकों से अवगत कराया गया। तलवारबाजी, धनुर्विद्या और तोपखाने के संचालन में सैनिकों को बेहतर प्रशिक्षण दिया गया। इसके अतिरिक्त, फारसी और तुर्की सैन्य विशेषज्ञों को मुग़ल सेना में नियुक्त किया गया ताकि वे युद्ध रणनीतियों में नवीनता ला सकें। कठोर अनुशासन लागू करने से सेना की कार्यक्षमता में वृद्धि हुई और युद्धों में उनकी सफलता सुनिश्चित हुई। इन सुधारों के चलते शाहजहाँ का सैन्य तंत्र मजबूत बना और मुग़ल साम्राज्य अपनी शक्ति के चरम पर पहुँच गया।

4.1.4 शाहजहाँ की सैन्य नीति की तुलना अकबर और जहाँगीर

शाहजहाँ की सैन्य नीति को समझने के लिए उसकी अकबर और जहाँगीर से तुलना करना आवश्यक है।

तत्व	अकबर	जहाँगीर	शाहजहाँ
सैन्य संगठन	घुड़सवार सेना और तोपखाने को संगठित किया	प्रशासनिक नियंत्रण मजबूत किया	सेना में और अधिक घुड़सवार और तोपखाना जोड़ा
मनसबदारी प्रणाली	मनसबदारी प्रणाली स्थापित की	मनसबदारों की शक्ति को संतुलित किया	अधिक मनसबदार नियुक्त किए और जागीरें बढ़ाईं
युद्ध रणनीति	सैन्य गठबंधन (राजपूत नीति) अपनाई	सैन्य नियंत्रण को अधिक प्रशासनिक बनाया	प्रत्यक्ष सैन्य अभियानों को प्राथमिकता दी
युद्ध अभियानों का प्रभाव	साम्राज्य का विस्तार किया	विद्रोहों को दबाने में ध्यान दिया	दक्कन और कंधार युद्धों पर अधिक ध्यान दिया
आर्थिक प्रभाव	साम्राज्य को समृद्ध बनाया	व्यापार को बढ़ावा दिया	युद्धों के कारण आर्थिक दबाव बढ़ा

अकबर की सैन्य नीति अधिक संतुलित थी, जिसमें संधियाँ, युद्ध, और कूटनीति का सही मिश्रण था। जहाँगीर ने प्रशासन को मजबूत किया लेकिन युद्ध अभियानों में अधिक सक्रिय नहीं रहा। शाहजहाँ ने सैन्य अभियानों पर अधिक ध्यान दिया, जिससे आर्थिक दबाव बढ़ा और प्रशासनिक अस्थिरता शुरू हुई।

4.2 दक्कन अभियान

शाहजहाँ के शासनकाल (1628-1658) में दक्कन क्षेत्र में मुग़ल साम्राज्य के प्रभाव को निर्णायक रूप से स्थापित करने के लिए कई महत्वपूर्ण सैन्य अभियान चलाए गए। अकबर और जहाँगीर के शासनकाल से ही मुग़ल सत्ता दक्कन की ओर बढ़ रही थी, लेकिन इस क्षेत्र में स्वतंत्र मुस्लिम सुल्तनतों–अहमदनगर, बीजापुर और गोलकुंडा–की उपस्थिति के कारण पूर्ण नियंत्रण संभव नहीं हो पाया था। शाहजहाँ ने अपने शासनकाल में इन शासकों को पूरी तरह अधीन करने और दक्षिण भारत में मुग़ल प्रशासन को मजबूत करने के लिए आक्रामक नीति अपनाई। दक्कन में विजय प्राप्त करने से न केवल मुग़लों की क्षेत्रीय सत्ता बढ़ती, बल्कि दक्षिण भारत के महत्वपूर्ण व्यापार मार्गों और समृद्ध संसाधनों पर भी नियंत्रण संभव हो पाता।

शाहजहाँ के दक्कन अभियानों के कई उद्देश्य थे, जिनमें अहमदनगर, बीजापुर और गोलकुंडा की स्वतंत्र सत्ता का उन्मूलन, दक्षिण भारत के व्यापार मार्गों पर प्रभुत्व स्थापित करना और मराठों तथा अन्य स्थानीय शासकों के विद्रोहों को दबाना प्रमुख थे। इन अभियानों को सफलतापूर्वक पूरा करने के लिए उन्होंने एक संगठित सैन्य रणनीति अपनाई। शाहजहाँ ने अपने कुशल सेनानायकों को दक्कन भेजा, जिन्होंने सख्त युद्ध नीति के साथ इन राज्यों पर आक्रमण किया। 1633 में अहमदनगर को मुग़ल साम्राज्य में मिला लिया गया, जबकि बीजापुर और गोलकुंडा को भी लगातार दबाव में रखा गया। शाहजहाँ की रणनीति में केवल सैन्य आक्रमण ही नहीं, बल्कि कूटनीतिक संबंधों और जागीर व्यवस्था का कुशल प्रयोग भी शामिल था, जिससे इन राज्यों पर नियंत्रण बनाए रखा जा सके।

इन अभियानों के दौरान खानजहाँ लोदी नामक एक प्रमुख मनसबदार ने विद्रोह कर दिया, जिसे कुचलने में शाहजहाँ को काफी परिश्रम करना पड़ा। खानजहाँ लोदी को पराजित करने के बाद मुग़ल सेना का आत्मविश्वास और बढ़ा तथा दक्कन में उनकी पकड़ और मजबूत हो गई। हालांकि, बीजापुर और गोलकुंडा को पूरी तरह अधीन नहीं किया जा सका, लेकिन उन पर दबाव बनाए रखने में मुग़ल सफल रहे। इन अभियानों का दूरगामी प्रभाव यह हुआ कि मुग़ल प्रशासन धीरे-धीरे दक्षिण भारत तक फैलने लगा और साम्राज्य का आर्थिक तथा सैन्य प्रभाव और अधिक विस्तृत हो गया।

4.2.1 अहमदनगर और बीजापुर पर आक्रमण

अहमदनगर पर आक्रमण (1633): शाहजहाँ के शासनकाल की शुरुआत में ही अहमदनगर मुग़लों के लिए एक बड़ी चुनौती बना हुआ था। यह क्षेत्र मुग़ल सत्ता के विस्तार के लिए आवश्यक था, क्योंकि यह दक्षिण भारत में रणनीतिक रूप से महत्वपूर्ण स्थिति में था। जहाँगीर के समय अहमदनगर पर आंशिक नियंत्रण प्राप्त कर लिया गया था, लेकिन इसे पूरी तरह से मुग़ल साम्राज्य में सम्मिलित नहीं किया जा सका था। शाहजहाँ ने इसे पूर्ण रूप से अपने अधीन करने का निश्चय किया और 1633 में एक बड़े सैन्य अभियान की शुरुआत की।

शाहजहाँ ने इस अभियान का नेतृत्व अपने प्रमुख सेनापतियों महाबत खान और आसफ खान को सौंपा। अहमदनगर पहले ही अस्थिर था, क्योंकि उसकी शासिका चाँदबीबी की हत्या हो चुकी थी और इसके बाद फारसी सरदारों ने वहाँ शासन संभाल लिया था। इस स्थिति का लाभ उठाते हुए मुग़ल सेना ने अहमदनगर को चारों ओर से घेर लिया। लंबे घेराबंदी और सुनियोजित सैन्य रणनीति के परिणामस्वरूप कुछ ही महीनों में मुग़लों ने अहमदनगर पर पूर्ण रूप से विजय प्राप्त कर ली और इसे साम्राज्य में मिला लिया। इस जीत से न केवल दक्कन में मुग़लों की स्थिति मजबूत हुई, बल्कि बीजापुर और गोलकुंडा जैसे अन्य दक्कनी राज्यों के खिलाफ भी एक मनोवैज्ञानिक बढ़त प्राप्त हुई।

बीजापुर पर आक्रमण (1637):   अहमदनगर पर नियंत्रण स्थापित करने के बाद शाहजहाँ की दृष्टि बीजापुर पर पड़ी, जो आदिलशाही वंश के अंतर्गत एक शक्तिशाली राज्य था। बीजापुर की सेना प्रशिक्षित घुड़सवारों और मजबूत तोपखाने से लैस थी, जिससे इसे सीधे पराजित करना कठिन था। 1637 में, शाहजहाँ ने बीजापुर के खिलाफ एक सुव्यवस्थित सैन्य अभियान शुरू किया। मुग़ल सेना ने बीजापुर पर लगातार आक्रमण किए, जिससे वहाँ के शासकों को भारी दबाव में आना पड़ा।

बीजापुर के शासक ने प्रतिरोध किया, लेकिन अंततः मुग़ल सेना की रणनीतिक बढ़त और सैन्य शक्ति के कारण उसे एक राजनीतिक संधि के लिए बाध्य होना पड़ा। शाहजहाँ ने यह समझ लिया था कि बीजापुर को पूरी तरह से पराजित करना एक कठिन कार्य होगा, इसलिए उन्होंने एक राजनैतिक समझौते का सहारा लिया। इस संधि के तहत, बीजापुर ने मुग़लों की अधीनता स्वीकार कर ली और मुग़ल सत्ता के प्रति अपनी वफादारी प्रदर्शित करने के लिए कर अदा करने पर सहमति व्यक्त की। इस प्रकार, बीजापुर को बिना पूर्ण सैन्य संघर्ष के ही नियंत्रण में ले लिया गया, जिससे मुग़ल साम्राज्य की स्थिति दक्षिण भारत में और अधिक मजबूत हो गई।

4.2.2 गोलकुंडा पर विजय और विद्रोह

गोलकुंडा दक्षिण भारत का एक अत्यंत महत्वपूर्ण क्षेत्र था, जहाँ कुतुबशाही वंश का शासन था। यह क्षेत्र अपनी समृद्ध हीरा खदानों, व्यापारिक संपन्नता और मजबूत किलाबंद व्यवस्था के लिए प्रसिद्ध था। दक्कन में मुग़ल प्रभाव को और सुदृढ़ करने के लिए शाहजहाँ ने 1645 में गोलकुंडा पर आक्रमण की योजना बनाई। उनका मुख्य उद्देश्य इस क्षेत्र की आर्थिक संपन्नता को अपने नियंत्रण में लेना और दक्षिण भारत के व्यापारिक मार्गों पर मुग़ल प्रभुत्व स्थापित करना था। प्रारंभ में, गोलकुंडा के शासकों ने मुग़लों से सीधा युद्ध करने के बजाय संधि करने का प्रयास किया। उन्होंने कूटनीतिक रूप से मुग़लों को कर अदा करने और अधीनता स्वीकार करने का वचन दिया, जिससे अस्थायी रूप से टकराव टल गया। लेकिन कुछ समय बाद, गोलकुंडा के शासकों ने इस संधि का उल्लंघन कर दिया और मुग़ल अधीनता मानने से इंकार कर दिया। इस विद्रोह को दबाने के लिए शाहजहाँ ने पुनः एक विशाल सैन्य अभियान चलाया। मुग़ल सेना ने सुनियोजित रणनीति के तहत गोलकुंडा पर आक्रमण किया और लंबे संघर्ष के बाद 1656 में इस पर पूर्ण नियंत्रण स्थापित कर लिया।

गोलकुंडा की विजय के साथ ही मुग़लों ने न केवल इस समृद्ध क्षेत्र को अपने अधीन कर लिया, बल्कि उन्होंने दक्षिण भारत के हीरे के व्यापार और समुद्री मार्गों पर भी प्रभुत्व स्थापित कर लिया। यह विजय न केवल आर्थिक दृष्टि से लाभप्रद थी, बल्कि इससे दक्षिण भारत में मुग़ल शासन को और अधिक स्थिरता प्राप्त हुई। गोलकुंडा के पतन के बाद, मुग़लों का प्रभाव क्षेत्र तमिलनाडु और कर्नाटक तक फैलने लगा, जिससे मुग़ल साम्राज्य की सीमाएँ और अधिक विस्तृत हो गईं।

4.2.3 खानजहाँ लोदी का विद्रोह और दमन

खानजहाँ लोदी जहाँगीर के शासनकाल में एक प्रमुख मुग़ल सेनापति था, जिसने कई अभियानों में महत्त्वपूर्ण भूमिका निभाई थी। लेकिन शाहजहाँ के शासनकाल में, वह मुग़ल सत्ता से असंतुष्ट हो गया और अपनी स्वतंत्र सत्ता स्थापित करने का प्रयास करने लगा। उसने दक्कन क्षेत्र में अपनी स्थिति मजबूत करने के लिए मराठों और अन्य स्थानीय शासकों से गठबंधन किया। यह विद्रोह मुग़लों के लिए एक बड़ी चुनौती बन गया क्योंकि खानजहाँ लोदी एक अनुभवी सेनानायक था और उसकी सैन्य रणनीतियाँ प्रभावशाली थीं।

शाहजहाँ ने इस विद्रोह को गंभीरता से लिया और इसे दबाने के लिए अपने विश्वसनीय सेनापति महाबत खान को भेजा। महाबत खान के नेतृत्व में मुग़ल सेना ने

रणनीतिक रूप से खानजहाँ लोदी की सेना को चारों ओर से घेर लिया और कई महीनों तक चले संघर्ष के बाद, 1631 में खानजहाँ लोदी की हत्या कर दी गई। उसकी मृत्यु के साथ ही विद्रोह पूरी तरह से समाप्त हो गया और दक्कन क्षेत्र में मुग़ल प्रशासन को एक महत्वपूर्ण जीत मिली। इस विद्रोह के दमन से शाहजहाँ की शक्ति और प्रभाव और भी बढ़ गया तथा मुग़ल साम्राज्य के नियंत्रण को मजबूत करने में सहायता मिली। इसके बाद, शाहजहाँ ने दक्कन क्षेत्र में प्रशासनिक नीतियों को और प्रभावी बनाया, जिससे भविष्य में इस प्रकार के विद्रोहों को रोकने की नींव रखी गई।

4.2.4 दक्षिण भारत में मुग़ल प्रशासन का विस्तार

शाहजहाँ के शासनकाल में दक्कन क्षेत्र को पूरी तरह से मुग़ल साम्राज्य में समाहित करने के लिए प्रशासनिक सुधारों को लागू किया गया। इन सुधारों का उद्देश्य न केवल सैन्य नियंत्रण बनाए रखना था, बल्कि आर्थिक और राजनीतिक स्थिरता को भी सुनिश्चित करना था। दक्कन की विजय के बाद, शाहजहाँ ने वहाँ मुग़ल प्रशासन की जड़ें मजबूत करने के लिए कई महत्त्वपूर्ण कदम उठाए।

सबसे पहले, विजय प्राप्त किए गए क्षेत्रों को मुग़ल सूबों में बदल दिया गया। अहमदनगर, बीजापुर और गोलकुंडा को अलग-अलग प्रांतों में विभाजित कर दिया गया और इन पर मुग़ल गवर्नरों (सूबेदारों) को नियुक्त किया गया। ये सूबेदार सीधे दिल्ली के सम्राट के आदेशों का पालन करते थे, जिससे केंद्रीय प्रशासन की पकड़ मजबूत बनी रही। इसके अलावा, स्थानीय जर्मींदारों और रियासतों को अधीनता स्वीकार करवाने के लिए कूटनीतिक और सैन्य दोनों प्रकार के उपाय अपनाए गए। कई छोटे जर्मींदारों और राजाओं को मुग़ल प्रशासन के प्रति वफादार बनाए रखने के लिए संधियों और उपहारों का सहारा लिया गया, जबकि विद्रोह करने वालों के खिलाफ कठोर सैन्य कार्रवाई की गई। दक्कन क्षेत्र में व्यापार और राजस्व प्रणाली को भी मुग़ल नीतियों के अनुसार ढाल दिया गया। क्षेत्र की समृद्धि को देखते हुए, हीरे, मसाले, वस्त्र और अन्य व्यापारिक वस्तुओं पर सख्त कर लगाया गया, जिससे मुग़ल खजाना अधिक समृद्ध हुआ। स्थानीय किसानों और व्यापारियों पर कर वसूली की सख्त नीति लागू की गई, जिससे साम्राज्य को आर्थिक रूप से अधिक लाभ हुआ। इन सभी नीतियों ने दक्षिण भारत में मुग़ल प्रशासन को और अधिक प्रभावी बना दिया और दक्कन क्षेत्र को लंबे समय तक मुग़ल शासन के अधीन बनाए रखने में सहायता की।

4.3 मराठों से प्रारंभिक संघर्ष

शाहजहाँ के शासनकाल में मुग़ल साम्राज्य ने दक्कन क्षेत्र में अपनी पकड़ मजबूत करने के लिए कई सैन्य अभियानों को अंजाम दिया, लेकिन इसी दौरान मराठा शक्ति भी तेजी से उभरने लगी। मराठों ने बीजापुर और गोलकुंडा जैसे शक्तिशाली राज्यों से न केवल सैन्य समर्थन प्राप्त किया, बल्कि अपनी रणनीतिक कुशलता और गुरिल्ला युद्ध तकनीकों के बल पर मुग़ल सत्ता के लिए एक नई चुनौती प्रस्तुत की। शाहजहाँ की नीतियाँ मुख्य रूप से इन राज्यों को अधीन करने और मराठों के प्रभाव को सीमित करने पर केंद्रित थीं। हालांकि, मराठों ने अपनी स्वायत्तता बनाए रखने के लिए मुग़लों के विरुद्ध विद्रोह की भावना को जीवंत रखा। इस अवधि में, शाहजहाँ की नीतियाँ मराठों को कुचलने की बजाय उन्हें नियंत्रित करने पर केंद्रित थीं, क्योंकि बीजापुर और गोलकुंडा को सीधे हराना आसान नहीं था।

मराठों के साथ प्रारंभिक संघर्ष शाहजहाँ के शासनकाल में शुरू हुआ, लेकिन इसका पूर्ण स्वरूप औरंगज़ेब के समय में सामने आया। विशेष रूप से, शिवाजी के उदय ने मुग़ल प्रशासन को दक्कन में नई चुनौतियों से जूझने पर मजबूर कर दिया। शिवाजी ने अपनी सैन्य नीति और कूटनीति के माध्यम से बीजापुर और गोलकुंडा के शासकों के साथ संबंध स्थापित किए और मुग़लों के खिलाफ अपना प्रभाव बढ़ाया। शाहजहाँ की मराठा नीति अधिकतर स्थानीय शासकों को नियंत्रित करने और विद्रोह को दबाने तक सीमित थी, लेकिन यह पूरी तरह सफल नहीं हो सकी। बीजापुर और गोलकुंडा में मराठों के बढ़ते प्रभाव के कारण मुग़लों को इस क्षेत्र में स्थायी रूप से संघर्ष करना पड़ा। यही कारण था कि शाहजहाँ के बाद औरंगज़ेब को इस समस्या से पूरी तरह निपटने के लिए अपने शासनकाल में लंबी लड़ाइयाँ लड़नी पड़ीं।

4.3.1 शाहजहाँ के शासनकाल में मराठा गतिविधियाँ

शाहजहाँ के शासनकाल में मराठों की गतिविधियाँ धीरे-धीरे तेज़ होने लगीं, हालांकि वे अभी तक एक संगठित शक्ति नहीं थे। उस समय मराठों की स्थिति अलग-अलग सरदारों के अधीन बंटी हुई थी, जिनमें कुछ मुग़लों के लिए काम कर रहे थे, जबकि कुछ बीजापुर और गोलकुंडा के अधीनस्थ थे। बीजापुर और गोलकुंडा की राजनीतिक अस्थिरता का लाभ उठाकर मराठा सरदारों ने अपनी शक्ति बढ़ाने की कोशिश की। खासकर शाहजी भोंसले, जो शिवाजी के पिता थे, ने इस अस्थिरता का उपयोग करते हुए पहले अहमदनगर के लिए सेवा की, लेकिन जब मुग़लों ने अहमदनगर पर अधिकार कर लिया, तो उन्होंने बीजापुर के अधीन रहते हुए अपनी स्थिति मजबूत कर ली। शाहजी भोंसले की कूटनीति और युद्ध रणनीतियाँ मराठा शक्ति को एक नई दिशा देने

वाली साबित हुई। मराठों ने धीरे-धीरे अपनी स्वतंत्र सत्ता स्थापित करने की कोशिश शुरू की, जिससे मुग़लों और बीजापुर के लिए नई समस्याएँ खड़ी हो गईं।

मराठों की बढ़ती शक्ति का एक प्रमुख कारण उनकी युद्ध पद्धति थी। उन्होंने मुग़लों की पारंपरिक सैन्य रणनीति का सामना करने के लिए गुरिल्ला युद्ध तकनीक अपनाई। मराठों की सेना पहाड़ी क्षेत्रों और जंगलों में घात लगाकर हमला करने में माहिर थी, जिससे मुग़ल सेना को भारी नुकसान हुआ। उनकी तेज़ गति से चलने वाली घुड़सवार सेना ने मुग़लों के भारी पैदल सैनिकों और तोपखानों को कमजोर करने का प्रयास किया। इसके अलावा, मराठों ने बीजापुर और गोलकुंडा के शासकों से गठजोड़ कर अपनी स्थिति और मजबूत कर ली। बीजापुर के सुल्तानों ने मराठों को मुग़लों के खिलाफ उपयोगी सेनानायक के रूप में देखा और उन्हें सैन्य समर्थन प्रदान किया। इस गठबंधन ने मुग़लों के लिए दक्कन क्षेत्र में शासन करना और अधिक कठिन बना दिया। इस प्रकार, शाहजहाँ के शासनकाल में मराठा गतिविधियाँ धीरे-धीरे संगठित होती गईं, जो आगे चलकर औरंगज़ेब के शासनकाल में बड़े संघर्ष का कारण बनीं।

4.3.2 शिवाजी की शक्ति का बढ़ना

शिवाजी की शक्ति का उत्थान शाहजहाँ के शासनकाल के दौरान ही प्रारंभ हो गया था, हालांकि उनका वास्तविक संघर्ष औरंगज़ेब के समय में अधिक तीव्र हुआ। शिवाजी का जन्म 1630 में शाहजी भोंसले के घर हुआ था, जो उस समय बीजापुर और मुग़लों के बीच कूटनीतिक संतुलन बनाए रखने वाले एक प्रमुख सेनानायक थे। शिवाजी ने बचपन से ही युद्धकला, किलेबंदी और गुरिल्ला युद्ध तकनीकों में विशेष प्रशिक्षण प्राप्त किया। उनकी माँ जीजाबाई ने उन्हें हिंदवी स्वराज्य (स्वतंत्र राज्य) की भावना से प्रेरित किया, जिससे उनमें एक स्वतंत्र सत्ता स्थापित करने की महत्वाकांक्षा जागी। किशोरावस्था में ही उन्होंने स्थानीय सरदारों और जर्मींदारों को संगठित करना शुरू कर दिया, जिससे उनकी शक्ति धीरे-धीरे बढ़ती गई। यह वही समय था जब उन्होंने मुग़लों और बीजापुर के कमजोर हो रहे प्रशासन का लाभ उठाकर अपने स्वतंत्र शासन की नींव रखी।

शिवाजी की बढ़ती शक्ति का प्रमुख संकेतक उनके द्वारा किलों पर नियंत्रण प्राप्त करना था। 1646-47 के दौरान, उन्होंने पुणे के आसपास के कई छोटे किलों पर कब्जा कर लिया, जो पहले बीजापुर के अधीन थे। इन पहाड़ी किलों को जीतकर उन्होंने अपनी सैन्य शक्ति को सुरक्षित और संगठित करने की योजना बनाई, जिससे मुग़लों और बीजापुर के शासकों के लिए नई चुनौती उत्पन्न हो गई। शुरुआत में बीजापुर ने शिवाजी की गतिविधियों को अनदेखा किया, लेकिन जब उन्होंने लगातार किलों पर अधिकार करना शुरू किया और अपनी स्वतंत्र सत्ता स्थापित करने की ओर बढ़े, तो बीजापुर के

सुल्तान ने उन्हें रोकने का प्रयास किया। इस उद्देश्य से, सुल्तान ने शिवाजी के पिता शाहजी भोंसले को बंदी बना लिया ताकि शिवाजी पर दबाव बनाया जा सके। हालांकि, शिवाजी ने अपने राजनीतिक और सैन्य कौशल से इस संकट का सामना किया और अपने स्वराज्य की नींव को मजबूत किया। उनकी यह रणनीति आगे चलकर मराठा साम्राज्य की स्थापना का आधार बनी।

4.3.3 शाहजहाँ की मराठा नीति

शाहजहाँ की मराठों के प्रति नीति मुख्य रूप से दोहरे दृष्टिकोण पर आधारित थी– एक ओर उन्हें बीजापुर और गोलकुंडा के खिलाफ इस्तेमाल करना और दूसरी ओर उनकी बढ़ती स्वतंत्रता को दबाने का प्रयास करना। दक्षिण भारत में मुग़ल प्रशासन को व्यवस्थित करने के लिए शाहजहाँ ने मालवा और खानदेश जैसे क्षेत्रों पर मजबूत नियंत्रण स्थापित किया, ताकि मराठों के प्रभाव को सीमित किया जा सके। उन्होंने मराठा सरदारों के खिलाफ बड़े सैन्य अभियान चलाए, लेकिन मराठों की गुरिल्ला युद्ध पद्धति और तेज़ गति से बच निकलने की क्षमता ने मुग़लों के लिए चुनौतियाँ खड़ी कर दीं। शिवाजी जैसे कुशल रणनीतिकार ने मुग़लों की भारी सेना के सामने पहाड़ी इलाकों और किलों का उपयोग करके अपनी रक्षा मजबूत कर ली, जिससे शाहजहाँ की नीतियों को अपेक्षित सफलता नहीं मिल सकी।

शाहजहाँ ने यह भी समझा कि केवल सैन्य शक्ति के बल पर मराठों को पूरी तरह से नियंत्रित करना कठिन होगा, इसलिए उन्होंने मराठा सरदारों को अपने पक्ष में लाने का प्रयास किया। उन्होंने कुछ मराठा सरदारों को मनसबदारी प्रणाली के तहत उच्च पद दिए, ताकि वे मुग़ल सत्ता के प्रति वफादार बने रहें। हालाँकि, शिवाजी जैसे स्वतंत्रता की आकांक्षा रखने वाले नेता इस नीति को स्वीकार करने के लिए तैयार नहीं थे। मराठों के बढ़ते प्रभाव और विद्रोह को रोकने के लिए शाहजहाँ ने अपने पुत्र औरंगज़ेब को दक्षिण भारत का गवर्नर नियुक्त किया। औरंगज़ेब ने कठोर नीतियाँ अपनाकर मराठों को दबाने का प्रयास किया, लेकिन उनकी नीतियाँ पूरी तरह सफल नहीं हो सकीं। यह संघर्ष शाहजहाँ के शासनकाल के अंत तक जारी रहा और औरंगज़ेब के शासनकाल में और भी व्यापक हो गया, जिससे मराठा-मुग़ल संघर्ष का एक नया अध्याय शुरू हुआ।

4.3.4 बीजापुर और गोलकुंडा में मराठा प्रभाव

बीजापुर और गोलकुंडा में मराठों का प्रभाव शाहजहाँ के शासनकाल में धीरे-धीरे बढ़ता गया। शुरुआत में बीजापुर राज्य ने मराठों को एक सहयोगी के रूप में देखा और उन्हें मुग़लों के खिलाफ इस्तेमाल किया। बीजापुर की सेना में कई मराठा सरदार महत्वपूर्ण

पदों पर थे, जिनमें शिवाजी के पिता शाहजी भोंसले भी शामिल थे। हालाँकि, जैसे-जैसे बीजापुर कमजोर होता गया, मराठों ने अपनी शक्ति को बढ़ाना शुरू कर दिया। शिवाजी ने बीजापुर की राजनीतिक अस्थिरता का लाभ उठाकर कई किलों और क्षेत्रों पर नियंत्रण स्थापित कर लिया। बीजापुर के शासक इस बढ़ती शक्ति को रोकने में असमर्थ रहे, जिससे मराठों को स्वतंत्र रूप से अपनी स्थिति मजबूत करने का अवसर मिला। अंततः, बीजापुर के शासकों के लिए मराठों को नियंत्रित करना कठिन हो गया, और वे धीरे-धीरे अपनी स्वतंत्र सत्ता स्थापित करने की दिशा में आगे बढ़े।

गोलकुंडा में भी मराठों की उपस्थिति बढ़ने लगी थी। यह क्षेत्र दक्षिण भारत तक फैला हुआ था और व्यापारिक दृष्टि से अत्यंत समृद्ध था। गोलकुंडा के शासकों ने भी मराठों को मुग़लों के खिलाफ सैन्य शक्ति के रूप में इस्तेमाल किया, जिससे मुग़लों और मराठों के बीच संघर्ष की संभावनाएँ बढ़ने लगीं। मराठा योद्धाओं ने अपनी युद्ध तकनीक और स्थानीय समर्थन के आधार पर गोलकुंडा के कुछ इलाकों में अपनी स्थिति मजबूत कर ली। शाहजहाँ के शासनकाल के अंतिम वर्षों में मुग़ल सेना ने बीजापुर और गोलकुंडा पर कई आक्रमण किए, लेकिन मराठों के प्रभाव को पूरी तरह समाप्त नहीं किया जा सका। यह संघर्ष आगे चलकर औरंगज़ेब के शासनकाल में तेज हुआ, जब उन्होंने इन क्षेत्रों को पूरी तरह मुग़ल साम्राज्य में शामिल करने का प्रयास किया।

4.4 दक्षिण भारत में मुग़लों की सीमाएँ

शाहजहाँ के शासनकाल में मुग़ल साम्राज्य ने उत्तर भारत में अपनी पकड़ मजबूत बनाए रखी, लेकिन दक्षिण भारत (दक्कन) में उनकी सत्ता सीमित रही। हालाँकि मुग़लों ने बीजापुर, गोलकुंडा और अहमदनगर जैसे राज्यों पर आक्रमण कर विस्तार करने का प्रयास किया, लेकिन वहाँ की भौगोलिक परिस्थितियाँ, स्थानीय शक्तियों की प्रतिरोध क्षमता और समुद्री मार्गों पर यूरोपीय शक्तियों का बढ़ता प्रभाव मुग़लों के लिए गंभीर चुनौती साबित हुआ।

4.4.1 मुग़ल सेना की कमजोरियाँ और स्थानीय विद्रोह

शाहजहाँ के शासनकाल में मुग़ल सेना को दक्कन में कई कठिनाइयों का सामना करना पड़ा, जिनमें उनकी युद्ध प्रणाली की कमजोरियाँ, प्रतिकूल भौगोलिक परिस्थितियाँ, और स्थानीय समर्थन की कमी प्रमुख थीं। मुग़ल सेना मुख्य रूप से भारी पैदल सेना और शक्तिशाली तोपखाने पर निर्भर थी, जो उत्तर भारत के समतल मैदानों में प्रभावी साबित होती थी, लेकिन दक्कन के पहाड़ी और घने जंगलों से भरे इलाकों में यह

रणनीति कारगर नहीं थी। इसके विपरीत, मराठों ने गुरिल्ला युद्ध की रणनीति अपनाई, जिसमें वे तेज़ गति से हमले कर तुरंत सुरक्षित स्थानों पर लौट जाते थे। इसके अलावा, उत्तर भारत से आने वाली मुग़ल सेना को दक्कन की गर्म और आर्द्र जलवायु में काफी परेशानियों का सामना करना पड़ता था, जिससे रसद आपूर्ति और हथियारों की उपलब्धता बाधित हो जाती थी। स्थानीय जनता और सरदारों का सहयोग भी मुग़लों को नहीं मिल पाया, क्योंकि वे उन्हें बाहरी शासक मानते थे, जबकि मराठों और दक्कन के अन्य शासकों ने स्थानीय जनता का समर्थन हासिल कर लिया था।

इसके अलावा, शाहजहाँ को बीजापुर, गोलकुंडा, मराठों और जनजातीय विद्रोहों से लगातार चुनौती मिली। बीजापुर और गोलकुंडा के सुल्तान कभी-कभी मुग़लों के साथ संधि कर लेते थे, लेकिन जैसे ही मुग़ल सेना पीछे हटती, वे पुनः विद्रोह कर देते थे। इसी बीच, शिवाजी के नेतृत्व में मराठों ने तेजी से अपनी शक्ति बढ़ाई और मुग़ल चौकियों और किलों पर बार-बार हमले कर उनकी पकड़ कमजोर कर दी। मराठों की यह रणनीति इतनी प्रभावी थी कि मुग़ल सेना को उनके खिलाफ कोई स्थायी सफलता नहीं मिल पाई। इसके अलावा, दक्षिण भारत के कई जनजातीय समूहों और स्थानीय सरदारों ने भी मुग़ल प्रशासन के खिलाफ विद्रोह कर दिया, जिससे मुग़लों के लिए दक्कन में स्थायी शासन स्थापित करना कठिन हो गया। इन चुनौतियों के कारण शाहजहाँ के दक्कन अभियान को पूर्ण सफलता नहीं मिल सकी, और यह संघर्ष आगे चलकर औरंगज़ेब के शासनकाल में और भी जटिल हो गया।

4.4.2 शाहजहाँ की समुद्री शक्ति और पुर्तगाली प्रभाव

शाहजहाँ के शासनकाल में मुग़लों की समुद्री शक्ति कमजोर होने के कारण दक्षिण भारत और पश्चिमी तटों पर यूरोपीय शक्तियों, विशेष रूप से पुर्तगालियों, डचों और अंग्रेजों का प्रभाव बढ़ने लगा। मुग़ल साम्राज्य मुख्य रूप से एक स्थलीय शक्ति थी, जिसका सैन्य ध्यान भूमि युद्धों पर केंद्रित था। उन्होंने कभी भी नौसेना को प्राथमिकता नहीं दी, जिससे समुद्री मार्गों पर नियंत्रण स्थापित करना उनके लिए कठिन हो गया। दूसरी ओर, पुर्तगालियों की नौसेना पश्चिमी तटों पर अत्यधिक प्रभावशाली थी, और वे गोवा, दमन और दीव जैसे महत्वपूर्ण बंदरगाहों पर अपना प्रभुत्व बनाए रखने में सफल रहे। मुग़ल शासकों के पास प्रभावी नौसेना न होने के कारण वे इन क्षेत्रों में पुर्तगालियों को चुनौती नहीं दे सके। इस कमजोरी का फायदा उठाकर यूरोपीय शक्तियों ने भारत के व्यापार मार्गों पर अपना नियंत्रण बढ़ा लिया, जिससे मुग़लों की समुद्री व्यापारिक गतिविधियों को गंभीर आर्थिक नुकसान हुआ। विशेष रूप से अरब सागर और बंगाल

की खाड़ी के व्यापार मार्गों पर यूरोपीय व्यापारियों का वर्चस्व बढ़ने लगा, जिससे मुग़लों के विदेशी व्यापार पर गहरा प्रभाव पड़ा।

शाहजहाँ ने पुर्तगालियों के बढ़ते प्रभाव को रोकने के लिए कुछ प्रयास किए, विशेष रूप से 1632 में बंगाल के हुगली में स्थित पुर्तगाली किले पर हमला करके उसे अपने नियंत्रण में ले लिया। यह मुग़लों की एक बड़ी सैन्य सफलता थी, क्योंकि इसने बंगाल के व्यापार मार्गों से पुर्तगालियों के नियंत्रण को कमजोर कर दिया। हालांकि, पश्चिमी तटों पर पुर्तगाली ठिकानों को हटाने में शाहजहाँ को सफलता नहीं मिली, क्योंकि वहां पुर्तगालियों की नौसैनिक शक्ति अधिक संगठित और प्रभावी थी। इसी दौरान, डच और अंग्रेज भी भारत में अपने व्यापारिक ठिकाने स्थापित करने लगे, लेकिन मुग़ल प्रशासन ने इसे बहुत गंभीरता से नहीं लिया। इसका परिणाम यह हुआ कि आगे चलकर भारत में यूरोपीय नियंत्रण और अधिक बढ़ गया। मुग़लों की समुद्री शक्ति की इस कमजोरी ने आने वाले वर्षों में भारत में विदेशी शक्तियों के वर्चस्व की नींव रख दी, जिससे भविष्य में औपनिवेशिक शासन की संभावनाएँ मजबूत हो गईं।

4.4.3 मराठा संघर्षों के कारण मुग़ल शक्ति का पतन

शाहजहाँ के शासनकाल में मराठों के साथ प्रारंभिक संघर्ष शुरू हुआ, लेकिन यह औरंगज़ेब के समय में जाकर एक बड़े खतरे के रूप में उभरा। शिवाजी के नेतृत्व में मराठा शक्ति का तेजी से विस्तार हुआ, और उन्होंने मुग़ल किलों तथा चौकियों पर हमले कर अपना प्रभाव बढ़ाया। शिवाजी की युद्ध रणनीति, विशेष रूप से गुरिल्ला युद्ध तकनीक, मुग़लों की पारंपरिक युद्ध प्रणाली के लिए एक बड़ी चुनौती थी। वे तेज़ी से हमले करते और फिर पहाड़ियों तथा घने जंगलों में छिप जाते, जिससे मुग़ल सेना को हमेशा मुश्किलों का सामना करना पड़ता। शिवाजी ने कई महत्वपूर्ण किलों को जीतकर अपने राज्य की नींव रखी और मुग़ल सत्ता को कमजोर करने का काम किया। उन्होंने पश्चिमी भारत में अपना प्रभाव इतना बढ़ा लिया कि मुग़लों के लिए मराठों को नियंत्रित करना कठिन होता गया। मराठों की बढ़ती शक्ति ने न केवल शाहजहाँ बल्कि उनके उत्तराधिकारियों के लिए भी बड़ी समस्या खड़ी कर दी।

मुग़ल सेना की असफलताओं ने मराठा संघर्ष को और तेज कर दिया। भारी तोपखाने और विशाल सेना के बावजूद, मुग़ल सैनिक गुरिल्ला युद्ध में प्रभावी नहीं थे, क्योंकि मराठे छोटे-छोटे समूहों में लड़ते थे और उन्हें पहाड़ी इलाकों का गहरा ज्ञान था। इसके अलावा, लगातार युद्धों के कारण दक्षिण भारत में मुग़ल प्रशासन कमजोर पड़ने लगा। कई मुग़ल प्रशासकों की सत्ता मराठों के सामने टिक नहीं पाई, और कुछ ने तो मराठों से समझौता कर लिया। इन संघर्षों ने मुग़ल साम्राज्य की प्रशासनिक स्थिरता

को झकझोर दिया और धीरे-धीरे इसकी शक्ति को कमजोर कर दिया। मराठों का यह उत्थान आगे चलकर मुग़ल साम्राज्य के पतन का एक प्रमुख कारण बना, क्योंकि इससे मुग़ल प्रशासन की पकड़ धीरे-धीरे ढीली पड़ने लगी और अन्य स्थानीय शक्तियाँ भी विद्रोह करने लगीं।

4.4.4 दक्षिण भारत में मुग़ल प्रशासन का पतन

शाहजहाँ के शासनकाल में दक्षिण भारत में मुग़ल प्रशासन को बनाए रखना एक बड़ी चुनौती साबित हुआ। हालाँकि मुग़ल सेना ने कई अभियानों में विजय प्राप्त की, लेकिन वे इन क्षेत्रों पर स्थायी नियंत्रण स्थापित करने में विफल रहे। मुग़लों की नीति मुख्य रूप से सैन्य बल के प्रयोग पर आधारित थी, लेकिन जैसे ही सेना किसी क्षेत्र से हटती, स्थानीय विद्रोह पुनः भड़क उठते। बीजापुर और गोलकुंडा के सुल्तानों ने भी अवसर मिलने पर विद्रोह कर दिया, जिससे मुग़लों को बार-बार सैन्य अभियान चलाने पड़े। इसके अलावा, मराठों की बढ़ती शक्ति ने मुग़ल प्रशासन के लिए नई समस्याएँ खड़ी कर दीं। शिवाजी जैसे नेताओं ने दक्कन में मुग़ल सत्ता को लगातार चुनौती दी, और गुरिल्ला युद्ध तकनीक के कारण मुग़लों के लिए इन क्षेत्रों में स्थायी रूप से शासन करना कठिन होता गया। प्रशासनिक अस्थिरता और लगातार सैन्य अभियानों से मुग़लों की आर्थिक स्थिति भी प्रभावित होने लगी।

इसके अतिरिक्त, दक्षिण भारत में यूरोपीय शक्तियों का प्रभाव तेजी से बढ़ने लगा। पुर्तगालियों ने पहले ही पश्चिमी तट पर अपने ठिकाने स्थापित कर लिए थे, और शाहजहाँ के समय में डच और अंग्रेज भी भारत में अपने व्यापारिक केंद्रों को मजबूत करने लगे। बंगाल और दक्षिण भारत के समुद्री मार्गों पर यूरोपीय नियंत्रण बढ़ने से मुग़लों के व्यापार पर नकारात्मक प्रभाव पड़ा। आर्थिक कमजोरी और प्रशासनिक असफलताओं के चलते मुग़लों की पकड़ दक्षिण भारत में कमजोर पड़ती गई। यह कमजोरी आगे चलकर औरंगज़ेब के शासनकाल में बड़े संघर्ष में बदल गई, जिससे अंततः मुग़ल साम्राज्य का दक्कन और दक्षिण भारत पर प्रभाव लगभग समाप्त हो गया।

निष्कर्ष

शाहजहाँ का शासनकाल मुग़ल साम्राज्य के सैन्य, प्रशासनिक और आर्थिक विस्तार का एक महत्वपूर्ण दौर था, जिसमें विशेष रूप से दक्कन अभियानों की नीति निर्णायक रही। उनकी सैन्य रणनीति ने अकबर और जहाँगीर की परंपराओं को आगे बढ़ाया, लेकिन उन्होंने इसे और अधिक आक्रामक रूप दिया। शाहजहाँ ने थल सेना और तोपखाने को

विकसित करने के साथ-साथ मनसबदारी प्रणाली में भी सुधार किए, जिससे सेना की संरचना अधिक संगठित हुई। राजपूत और अफ़गान योद्धाओं की भूमिका को बढ़ाकर उन्होंने अपनी शक्ति को स्थिर करने का प्रयास किया। हालांकि, निरंतर युद्धों और अभियानों के कारण सैन्य खर्च में भारी वृद्धि हुई, जिसने मुग़ल साम्राज्य की आर्थिक स्थिति को प्रभावित किया।

दक्कन अभियानों में शाहजहाँ ने अहमदनगर, बीजापुर और गोलकुंडा को अपने अधीन करने का प्रयास किया। इन अभियानों के माध्यम से मुग़ल प्रशासन दक्षिण भारत में विस्तारित हुआ, लेकिन साथ ही कई चुनौतियाँ भी उत्पन्न हुईं। मराठों का उभरना, खानजहाँ लोदी जैसे विद्रोहियों का दमन, और स्थानीय शासकों का प्रतिरोध, मुग़लों के लिए लगातार संघर्ष का कारण बना। हालाँकि शाहजहाँ के अभियानों ने अल्पकालिक विजय प्राप्त की, लेकिन उनकी दीर्घकालिक नीति में कई कमियाँ थीं, जिनके परिणामस्वरूप आगे चलकर औरंगज़ेब को कठिनाइयों का सामना करना पड़ा। बढ़ते सैन्य और वित्तीय दबाव ने मुग़ल साम्राज्य को कमजोर किया और यही कमजोरियाँ बाद में इसके पतन का कारण बनीं। कुल मिलाकर, शाहजहाँ की दक्कन नीति ने साम्राज्य को विस्तार तो दिया, लेकिन इसके साथ ही उसकी नींव को भी कमजोर कर दिया, जिससे मुग़ल सत्ता की स्थिरता पर प्रश्नचिह्न खड़ा हो गया।

प्रश्न

- शाहजहाँ की सैन्य नीति का मूल्यांकन कीजिए। उनकी सेना के संगठन, मनसबदारी प्रणाली में किए गए सुधारों और उनके सैन्य अभियानों के प्रभावों की समीक्षा करें।

- शाहजहाँ की दक्कन नीति का विस्तार से वर्णन कीजिए। इस नीति के प्रमुख उद्देश्य, उसके क्रियान्वयन और दक्कन के राज्यों पर इसके प्रभावों का विश्लेषण करें।

- शाहजहाँ के दक्कन अभियानों का ऐतिहासिक महत्व क्या था? अहमदनगर, बीजापुर और गोलकुंडा पर उनके आक्रमणों का वर्णन करते हुए उनके दीर्घकालिक परिणामों की विवेचना करें।

- शाहजहाँ की सैन्य नीति और उसकी आर्थिक नीतियों के बीच संबंध पर चर्चा करें। निरंतर युद्धों के कारण मुग़ल साम्राज्य की अर्थव्यवस्था पर क्या प्रभाव पड़ा?

- शाहजहाँ की दक्कन नीति और औरंगज़ेब की दक्कन नीति की तुलना कीजिए। दोनों की नीतियों की सफलता और विफलताओं का विश्लेषण करें।

- मराठों के उत्थान में शाहजहाँ की दक्कन नीति की क्या भूमिका थी? इस नीति के कारण मराठा शक्ति कैसे बढ़ी और आगे चलकर मुग़ल शासन के लिए यह किस प्रकार चुनौती बनी?

- खानजहाँ लोदी के विद्रोह का क्या कारण था और शाहजहाँ ने इसे कैसे दबाया? इस घटना के मुग़ल प्रशासन और सैन्य रणनीति पर प्रभावों का आकलन करें।

- शाहजहाँ के शासनकाल में दक्कन अभियानों की सफलता या विफलता को मापने के लिए कौन-कौन से कारक उत्तरदायी थे? इन अभियानों की दीर्घकालिक प्रभावों का सम्यक मूल्यांकन करें।

अध्याय 5

औरंगज़ेब की सैन्य नीति और दीर्घकालिक युद्धों का प्रभाव

औरंगज़ेब का शासन मुग़ल इतिहास में सबसे लंबा रहा और यह निरंतर सैन्य अभियानों से भरा हुआ था, जिसमें उसने अपने पूर्ववर्तियों की तरह साम्राज्य विस्तार की नीति को जारी रखा। हालांकि, उसकी सैन्य रणनीति में दीर्घकालिक युद्धों और कठोर नीतियों का प्रमुख स्थान था, जिससे मुग़ल साम्राज्य धीरे-धीरे कमजोर होने लगा। उसने उत्तर भारत में राजपूतों को नियंत्रित करने और दक्षिण भारत में बीजापुर, गोलकुंडा तथा मराठों के विरुद्ध लगातार युद्ध किए, जिससे राजकोष पर भारी दबाव पड़ा और प्रशासनिक ढांचे में अस्थिरता आई। धार्मिक कट्टरता के कारण हिन्दू शासकों और जर्मीदारों के साथ संबंध बिगड़ गए, जिससे विद्रोह बढ़े और मुग़ल सत्ता की पकड़ ढीली पड़ने लगी। उसकी अत्यधिक सैन्य महत्वाकांक्षाओं ने उसे वर्षों तक दक्कन में उलझाए रखा, जहाँ शिवाजी और अन्य मराठा शासकों ने सशक्त प्रतिरोध किया। अंततः उसके शासनकाल की लंबी अवधि और निरंतर युद्धों ने साम्राज्य की वित्तीय और सैन्य शक्ति को इतना कमजोर कर दिया कि उसके उत्तराधिकारियों के लिए इसे संभालना कठिन हो गया, जिससे मुग़ल साम्राज्य का पतन तेजी से होने लगा।

5.1 सिंहासन संघर्ष और सत्ता प्राप्ति

औरंगज़ेब के सत्ता में आने से पहले मुग़ल साम्राज्य में भीषण उत्तराधिकार युद्ध हुआ, जिसमें उसने अपनी कूटनीति, सैन्य कौशल और धूर्त नीतियों का उपयोग करके अपने भाइयों को पराजित कर सिंहासन पर कब्ज़ा कर लिया। शाहजहाँ की बीमारी के बाद उनके चार पुत्र–दारा शिकोह, शुजा, और मुराद–सिंहासन के दावेदार बने, लेकिन औरंगज़ेब ने अपने रणनीतिक कौशल और राजनीतिक चातुर्य से इस संघर्ष में विजय प्राप्त की। दारा शिकोह, जो शाहजहाँ का उत्तराधिकारी माना जाता था, उदारवादी विचारधारा का समर्थक था, लेकिन औरंगज़ेब ने उसे "काफिर" घोषित कर उसकी वैधता को चुनौती दी और 1659 में उसकी हत्या करवा दी। बंगाल में शुजा और गुजरात में मुराद को भी उसने क्रमशः पराजित किया और बंदी बना लिया। इस सत्ता संघर्ष में

औरंगज़ेब ने न केवल अपने भाइयों को समाप्त किया बल्कि अपने पिता शाहजहाँ को भी कैद कर लिया, जिससे वह पूरे साम्राज्य का निर्विवाद शासक बन सका। इस क्रूर और जटिल उत्तराधिकार संघर्ष के बाद जब औरंगज़ेब सिंहासन पर बैठा, तो उसने अपनी नीतियों के माध्यम से एक सख्त इस्लामी शासन लागू किया, जिससे मुग़ल साम्राज्य की राजनीति और सामाजिक संरचना में महत्वपूर्ण परिवर्तन हुए।

5.1.1 उत्तराधिकार युद्ध और भाइयों से संघर्ष

1657 में जब शाहजहाँ गंभीर रूप से बीमार पड़ा, तो मुग़ल साम्राज्य में सत्ता को लेकर गहरी असमंजस की स्थिति उत्पन्न हो गई। उनके चारों पुत्र–दारा शिकोह, शुजा, मुराद और औरंगज़ेब–सिंहासन के लिए संघर्ष में उतर चुके थे। शाहजहाँ ने अपने बड़े पुत्र दारा शिकोह को अपना उत्तराधिकारी घोषित कर दिया, क्योंकि वह न केवल उनका प्रिय पुत्र था बल्कि धार्मिक सहिष्णुता और विद्वत्ता के लिए भी जाना जाता था। लेकिन यह घोषणा अन्य तीन भाइयों को स्वीकार नहीं थी, विशेष रूप से औरंगज़ेब को, जो अपने राजनीतिक और सैन्य कौशल के बल पर सत्ता हासिल करने के लिए पूरी तरह तैयार था। बंगाल के सूबेदार शुजा ने खुद को स्वतंत्र शासक घोषित कर दिया, जबकि गुजरात के सूबेदार मुराद ने भी अपनी सत्ता कायम करने की कोशिश की। दूसरी ओर, औरंगज़ेब ने अपनी चतुराई और रणनीति से इन दोनों को अपने पक्ष में करने का प्रयास किया, ताकि वह सबसे बड़े प्रतिद्वंद्वी दारा शिकोह को पराजित कर सके। इस सत्ता संघर्ष ने पूरे साम्राज्य में गृहयुद्ध जैसी स्थिति उत्पन्न कर दी, जिसमें औरंगज़ेब ने एक-एक कर अपने भाइयों को हराने की योजना बनाई। 1658 में उसने मुराद के साथ मिलकर दारा शिकोह के खिलाफ युद्ध छेड़ा और समुगढ़ के युद्ध में उसे पराजित कर दिया। इसके बाद, औरंगज़ेब ने चालाकी से मुराद को बंदी बना लिया और उसे मार डाला। शुजा भी अंततः हारकर अरकान (म्यांमार) भाग गया, जहां उसकी मृत्यु हो गई। सत्ता की इस क्रूर लड़ाई में औरंगज़ेब ने न केवल अपने सभी प्रतिद्वंद्वियों को खत्म कर दिया, बल्कि अपने पिता शाहजहाँ को भी आगरा किले में कैद कर लिया, जहां वह 1666 में मृत्यु तक कैद रहा। इस प्रकार, सत्ता संघर्ष के इस खूनी अध्याय का अंत औरंगज़ेब की पूर्ण विजय के साथ हुआ, जिससे वह मुग़ल साम्राज्य का एकछत्र शासक बन गया।

5.1.2 दारा शिकोह की पराजय

दारा शिकोह की पराजय केवल एक सैन्य हार नहीं थी, बल्कि यह मुग़ल शासन की नीति और विचारधारा की दिशा तय करने वाला महत्वपूर्ण घटनाक्रम था। दारा शिकोह

सूफी विचारधारा और धार्मिक सहिष्णुता का प्रबल समर्थक था, जबकि औरंगज़ेब कट्टर इस्लामी नीतियों को लागू करना चाहता था। यह केवल दो राजकुमारों के बीच सत्ता संघर्ष नहीं था, बल्कि यह युद्ध मुग़ल साम्राज्य की धार्मिक और प्रशासनिक नीतियों के भविष्य का निर्धारण करने वाला साबित हुआ। 1658 में, जब शाहजहाँ की बीमारी के कारण सत्ता का संघर्ष तेज हुआ, तो दारा शिकोह ने अपनी स्थिति मजबूत करने का प्रयास किया। लेकिन औरंगज़ेब, जो अधिक चतुर और रणनीतिक रूप से सक्षम था, उसने अपने छोटे भाई मुराद को अपने पक्ष में कर लिया और संयुक्त रूप से दारा के खिलाफ सैन्य अभियान चलाया। इस संघर्ष का निर्णायक मोड़ **सामूगढ़ के युद्ध (1658)** में आया, जहाँ औरंगज़ेब और मुराद की संयुक्त सेना ने दारा शिकोह को करारी हार दी। इस पराजय के बाद, दारा शिकोह पश्चिम की ओर भाग निकला और पुनः अपनी स्थिति मजबूत करने की कोशिश की, लेकिन 1659 में उसे पकड़ लिया गया। औरंगज़ेब ने उसे एक विद्रोही घोषित कर दिया और अंततः उसकी हत्या करवा दी। इस प्रकार, दारा शिकोह की पराजय केवल एक व्यक्ति की हार नहीं थी, बल्कि यह सूफी विचारधारा और धार्मिक उदारवाद के पतन और रूढ़िवादी इस्लामी शासन की स्थापना का संकेत भी थी, जिसने आगे चलकर मुग़ल साम्राज्य की नीतियों को कठोर और असहिष्णु बना दिया।

5.1.3 मुराद और शुजा के साथ संघर्ष

औरंगज़ेब के सत्ता संघर्ष में न केवल दारा शिकोह की पराजय महत्वपूर्ण थी, बल्कि उसके अन्य भाइयों–मुराद बख्श और शुजा–के साथ हुए संघर्ष भी निर्णायक साबित हुए। मुराद, जो गुजरात का सूबेदार था, शुरू में औरंगज़ेब का सहयोगी बना और दोनों ने मिलकर सामूगढ़ के युद्ध (1658) में दारा शिकोह को हराया। हालांकि, सत्ता पाने के बाद औरंगज़ेब ने अपने लक्ष्य की पूर्ति के लिए मुराद को भी धोखा दिया। उसने मुराद को आगरा बुलाया, जहाँ उसे बंदी बना लिया गया और 1661 में उसे मौत की सजा दे दी गई। इस तरह, औरंगज़ेब ने एक सहयोगी को हटा दिया जो भविष्य में उसके लिए खतरा बन सकता था।

दूसरी ओर, शाह शुजा, जो बंगाल और बिहार का शासक था, ने भी औरंगज़ेब के विरुद्ध विद्रोह किया। शुजा ने खुद को शाहजहाँ का असली उत्तराधिकारी घोषित किया और बंगाल में अपनी शक्ति मजबूत करने का प्रयास किया। 1660 में औरंगज़ेब ने अपने सैन्य बलों को भेजकर शुजा को करारी हार दी, जिससे शुजा को भागकर अराकान (वर्तमान म्यांमार) शरण लेनी पड़ी। वहां, शुजा को अराकानी शासकों से अपेक्षित सहयोग नहीं मिला और अंततः दुर्गम परिस्थितियों में उसकी मृत्यु हो गई।

इस प्रकार, औरंगज़ेब ने अपने सभी भाइयों को क्रमशः पराजित कर सत्ता पर पूर्ण नियंत्रण स्थापित कर लिया। यह संघर्ष केवल पारिवारिक कलह तक सीमित नहीं था, बल्कि यह मुग़ल साम्राज्य की सत्ता संरचना और नीति को पूरी तरह बदलने वाला ऐतिहासिक मोड़ भी साबित हुआ।

5.1.4 सत्ता प्राप्ति के बाद की प्राथमिकताएँ

सत्ता संघर्ष में अपने भाइयों को पराजित करने के बाद औरंगज़ेब ने सबसे पहला कदम अपने पिता शाहजहाँ को बंदी बनाने का उठाया। उसने 1658 में शाहजहाँ को आगरा किले में कैद कर दिया, जहाँ वे लगभग आठ वर्षों तक नज़रबंद रहे और अंततः 1666 में उनकी मृत्यु हो गई। सत्ता पर पूर्ण नियंत्रण स्थापित करने के बाद औरंगज़ेब ने अपने शासन को इस्लामी सिद्धांतों पर आधारित करने का प्रयास किया। उसने शरिया कानून लागू किया, कई हिंदू उत्सवों और रीति-रिवाजों पर प्रतिबंध लगाया और 1679 में पुनः जज़िया कर लागू कर दिया, जिससे हिंदू प्रजा और राजपूत शासकों में भारी असंतोष फैल गया। धार्मिक नीति के कठोर होने के कारण न केवल हिंदू समुदाय बल्कि शिया मुसलमान और अन्य संप्रदाय भी नाराज हुए।

औरंगज़ेब ने अपने शासन का एक महत्वपूर्ण हिस्सा सैन्य अभियानों को दिया। उसने न केवल उत्तर भारत में राजपूतों के साथ संघर्ष किया, बल्कि मराठों और दक्कन के अन्य शक्तिशाली राज्यों के खिलाफ भी लंबे युद्ध छेड़े। शिवाजी और मराठाओं से उसका संघर्ष दीर्घकालिक और चुनौतीपूर्ण रहा। दक्षिण भारत में बीजापुर और गोलकुंडा के सुल्तानों को पराजित कर उसने मुग़ल साम्राज्य का विस्तार तो किया, लेकिन दीर्घकालिक युद्धों ने राज्य की आर्थिक स्थिति को कमजोर कर दिया। औरंगज़ेब का शासन एक ओर साम्राज्य के अधिकतम विस्तार का गवाह बना, तो दूसरी ओर उसकी कठोर नीतियों और अंतहीन युद्धों ने मुग़ल शासन की नींव को भी हिला दिया, जिससे भविष्य में साम्राज्य का पतन और आंतरिक विद्रोहों का मार्ग प्रशस्त हुआ।

5.2 दक्षिण भारत में युद्ध और शिवाजी का उदय

औरंगज़ेब के शासनकाल का सबसे चुनौतीपूर्ण पक्ष उसका दक्षिण भारत में सैन्य अभियान था, जिसे उसने अपने शासन के अंतिम तीन दशकों तक जारी रखा। उत्तर भारत में अपनी सत्ता मजबूत करने के बाद उसने दक्षिण भारत की विजय को अपनी प्राथमिकता बनाया, लेकिन यह अभियान अत्यधिक खर्चीला और लंबा साबित हुआ। दक्षिण में उसे मराठों के तेजतर्रार नेतृत्व, विशेष रूप से शिवाजी और उनके

उत्तराधिकारियों द्वारा संगठित गुरिल्ला युद्धनीति का सामना करना पड़ा, जिसने मुग़ल सेना को गंभीर क्षति पहुंचाई। बीजापुर और गोलकुंडा के सुल्तान भी मुग़लों के लिए बड़ी चुनौती बने रहे, क्योंकि उन्होंने मराठों और अन्य स्थानीय शक्तियों के साथ गठबंधन बनाकर मुग़ल विस्तारवाद का विरोध किया। औरंगज़ेब ने 1686 में बीजापुर और 1687 में गोलकुंडा पर विजय प्राप्त कर ली, लेकिन इन युद्धों में भारी संसाधन खर्च हुए और साम्राज्य की आर्थिक स्थिति कमजोर पड़ने लगी। मराठों के साथ संघर्ष और भीषण युद्धों के कारण मुग़ल सेना थकने लगी, और प्रशासनिक ढांचा चरमरा गया। इसके अलावा, स्थानीय विद्रोही ताकतों जैसे नायक शासकों और अन्य दक्षिण भारतीय राज्यों के निरंतर विरोध के कारण मुग़लों को दक्षिण में स्थायी नियंत्रण स्थापित करने में कठिनाई हुई। औरंगज़ेब ने स्वयं इन युद्धों का नेतृत्व करने के लिए दक्कन में लंबा समय बिताया, लेकिन अत्यधिक सैन्य व्यय, प्रशासनिक विफलता और लगातार युद्धों के कारण मुग़ल साम्राज्य कमजोर होता चला गया। अंततः, 1707 में औरंगज़ेब की मृत्यु के साथ दक्षिण भारत में मुग़ल अभियान भी समाप्त हो गया, लेकिन इस दीर्घकालिक संघर्ष ने साम्राज्य की नींव को इतना हिला दिया कि उसके बाद मुग़ल सत्ता शीघ्र ही पतन की ओर बढ़ने लगी।

5.2.1 शिवाजी की गुरिल्ला रणनीति

शिवाजी (1630-1680) ने अपनी अनूठी सैन्य रणनीति से मुग़लों और अन्य विरोधियों के खिलाफ प्रभावी प्रतिरोध खड़ा किया। उन्होंने पारंपरिक युद्ध पद्धति के बजाय गुरिल्ला युद्ध प्रणाली को अपनाया, जिसमें तेज़ गति से हमला करना, संसाधनों को क्षति पहुँचाना और फिर सुरक्षित स्थानों पर लौट जाना शामिल था। इस रणनीति को सफल बनाने के लिए उन्होंने पश्चिमी घाट और कोंकण क्षेत्र के दुर्गम पहाड़ी किलों को अपने सैन्य ठिकाने के रूप में विकसित किया। ये किले न केवल रक्षात्मक दृष्टि से मजबूत थे, बल्कि उन्हें रसद और सैनिकों की आपूर्ति में भी सहायक सिद्ध हुए। शिवाजी की सेना विशेष रूप से घुड़सवारों पर निर्भर थी, जो भारी तोपखाने और धीमी गति वाली मुग़ल सेना की तुलना में अधिक गतिशील और प्रभावशाली साबित हुई। उनके घुड़सवार योद्धा रात में छापेमारी करते, मुग़ल शिविरों को लूटते और दुश्मन की सप्लाई लाइनों को काटकर उन्हें असहज कर देते। इस रणनीति ने मुग़लों को कई बार भारी नुकसान पहुँचाया और उनकी सैन्य गतिविधियों को कमजोर कर दिया।

इसके अलावा, शिवाजी ने अपने राजनीतिक कौशल का भी भरपूर उपयोग किया और कूटनीति के माध्यम से अपनी शक्ति को मजबूत किया। उन्होंने बीजापुर और गोलकुंडा के सुल्तानों से संबंध बनाए रखे ताकि मुग़लों के बढ़ते प्रभाव को चुनौती दी

जा सके। स्थानीय जर्मींदारों और राज्यों से गठबंधन करके उन्होंने अपने राज्य की सीमाओं को सुरक्षित बनाया और प्रशासन को सुदृढ़ किया। उन्होंने व्यापारिक मार्गों और समुद्री तटों पर नियंत्रण स्थापित कर आर्थिक संसाधनों को भी मजबूत किया, जिससे उनकी सेना को लगातार वित्तीय समर्थन मिलता रहा। उनकी सैन्य और राजनीतिक नीतियों का प्रभाव इतना व्यापक था कि औरंगज़ेब जैसी शक्तिशाली मुग़ल सेना भी उन्हें पूरी तरह से पराजित नहीं कर सकी। शिवाजी की यही गुरिल्ला रणनीति आगे चलकर मराठा साम्राज्य की विस्तारवादी नीतियों का आधार बनी और मुग़ल सत्ता के पतन में महत्वपूर्ण भूमिका निभाई।

5.2.2 औरंगज़ेब का लंबा दक्कन अभियान

औरंगज़ेब का दक्कन अभियान मुग़ल इतिहास का सबसे लंबा और जटिल सैन्य अभियान था, जिसमें उसने 1670 से लेकर अपनी मृत्यु (1707) तक दक्षिण भारत में युद्ध किया। इस अभियान का मुख्य उद्देश्य बीजापुर, गोलकुंडा और मराठों की शक्ति को समाप्त करना था, लेकिन यह अत्यधिक खर्चीला और विनाशकारी साबित हुआ। 1686 में बीजापुर और 1687 में गोलकुंडा को जीतने के बावजूद, मुग़ल सेना मराठों की छापामार युद्धनीति से जूझती रही। शिवाजी के नेतृत्व में मराठों ने पुरंदर, राजगढ़ और प्रतापगढ़ जैसे कई किलों पर पुनः अधिकार कर लिया और 1660-63 के दौरान मुग़ल सूबेदार शाइस्ता खान को पुणे से खदेड़ दिया। 1664 में शिवाजी ने मुग़लों के सहयोगी शहर सूरत पर आक्रमण कर वहां से भारी संपत्ति लूटी, जिससे मुग़ल प्रशासन की कमजोरी उजागर हो गई। शिवाजी की यह रणनीति मुग़लों के खिलाफ एक प्रभावी जवाबी हमला थी, जिससे औरंगज़ेब को लगातार नई चुनौतियों का सामना करना पड़ा।

औरंगज़ेब ने शिवाजी और मराठों को कुचलने के लिए कई बड़े सैन्य अभियान भेजे, लेकिन उनकी गुरिल्ला रणनीति के आगे मुग़ल सेना असहाय साबित हुई। 1666 में शिवाजी को दरबार में बुलाकर आगरा में बंदी बना लिया गया, लेकिन उन्होंने अपनी चतुराई से वहां से भागने में सफलता पाई और मराठा शक्ति को फिर से संगठित किया। शिवाजी की मृत्यु (1680) के बाद भी मराठों ने संघर्ष जारी रखा और उनके उत्तराधिकारी संभाजी और राजाराम के नेतृत्व में मुग़लों को निरंतर चुनौती दी। औरंगज़ेब ने व्यक्तिगत रूप से दक्कन में मोर्चा संभालने का निर्णय लिया और लगभग 27 वर्षों तक वहां युद्धरत रहा, लेकिन यह अभियान अंततः मुग़ल साम्राज्य के संसाधनों पर भारी पड़ा। निरंतर युद्धों और प्रशासनिक विफलताओं के कारण मुग़ल सेना की शक्ति क्षीण होती गई और अंततः 1707 में औरंगज़ेब की मृत्यु के साथ यह अभियान भी समाप्त हो गया। यह युद्ध न केवल दक्षिण भारत में मुग़ल सत्ता के पतन का संकेत था, बल्कि समग्र रूप से मुग़ल साम्राज्य के अंत की शुरुआत भी थी।

5.2.3 शिवाजी और मुग़लों के बीच संघर्ष

शिवाजी और मुग़लों के बीच संघर्ष 17वीं शताब्दी में भारतीय इतिहास की सबसे महत्वपूर्ण घटनाओं में से एक था। मुग़लों ने शिवाजी की बढ़ती शक्ति को देखते हुए उनके खिलाफ कड़े सैन्य अभियान चलाए। 1665 में मुग़ल सेनापति जय सिंह ने शिवाजी पर कड़ा दबाव बनाया, जिससे पुरंदर संधि संपन्न हुई। इस संधि के तहत शिवाजी को अपने 23 किले मुग़लों को सौंपने पड़े और उनके पुत्र संभाजी को मुग़ल दरबार भेजना पड़ा। हालांकि, यह शिवाजी की अस्थायी हार थी, और उन्होंने शीघ्र ही अपनी सैन्य शक्ति को पुनः संगठित कर लिया। संधि के बावजूद, शिवाजी की स्वतंत्रता की आकांक्षा बनी रही और उन्होंने अवसर पाते ही मुग़लों के खिलाफ पुनः संघर्ष आरंभ कर दिया। उनकी रणनीति, जिसमें तेज़ गति से हमला कर भाग जाने की गुरिल्ला नीति शामिल थी, मुग़लों के लिए बड़ी चुनौती बनी रही। शिवाजी की यह रणनीति मुग़ल सेना के भारी तोपखाने और पारंपरिक युद्ध पद्धति के मुकाबले अधिक प्रभावी सिद्ध हुई।

1674 में शिवाजी ने रायगढ़ में मराठा साम्राज्य की स्थापना की और छत्रपति की उपाधि धारण की, जिससे उन्होंने एक स्वतंत्र और संगठित प्रशासनिक प्रणाली विकसित की। उन्होंने मराठा शासन को सुदृढ़ करने के लिए कर प्रणाली, नौसेना, और सैन्य संगठन में बड़े सुधार किए, जिससे मुग़लों के लिए दक्षिण भारत में अपना प्रभाव बनाए रखना और कठिन हो गया। शिवाजी की 1680 में मृत्यु के बाद भी मराठों का संघर्ष समाप्त नहीं हुआ। उनके उत्तराधिकारी संभाजी ने मुग़लों के विरुद्ध दृढ़ प्रतिरोध जारी रखा, लेकिन 1689 में औरंगज़ेब ने उन्हें बंदी बना लिया और उनकी हत्या कर दी। हालांकि, इससे मराठों की शक्ति पूरी तरह समाप्त नहीं हुई। मराठा सेनानियों ने औरंगज़ेब के खिलाफ युद्ध जारी रखा, जिससे मुग़ल सेना लगातार कमजोर होती चली गई। अंततः, यह संघर्ष मुग़ल साम्राज्य के पतन का एक प्रमुख कारण बना, क्योंकि दक्षिण भारत में अनवरत युद्धों के कारण साम्राज्य की आर्थिक और सैन्य स्थिति अत्यधिक कमजोर हो गई थी।

5.2.4 मराठा शक्ति का बढ़ता प्रभाव

शिवाजी की मृत्यु के बाद भी मराठों ने अपनी शक्ति को कायम रखा और मुग़लों के विरुद्ध संघर्ष जारी रखा। 1689 में संभाजी की मृत्यु के बाद, उनके सौतेले भाई राजाराम ने नेतृत्व संभाला और मराठा शक्ति को सुदृढ़ करने के लिए नई रणनीतियाँ अपनाईं। जब मुग़लों ने सतारा किला जीत लिया, तो राजाराम को मजबूरन दक्षिण की ओर जाना पड़ा, लेकिन उन्होंने जिंजी (तंजौर) को अपना नया ठिकाना बना लिया। वहीं से उन्होंने मुग़लों के खिलाफ गुरिल्ला युद्ध को जारी रखा। राजाराम की मृत्यु के बाद उनकी पत्नी

ताराबाई ने नेतृत्व संभाला और मराठों को एकजुट रखा। उन्होंने अपनी कुशल रणनीति से मुग़लों को निरंतर युद्ध में उलझाए रखा और उनके संसाधनों को कमजोर किया। इस दौरान मराठा सरदारों ने विभिन्न हिस्सों में अपने प्रभाव को बढ़ाया और छोटे-छोटे हमलों से मुग़लों को लगातार हतोत्साहित किया। मराठों की यह युद्धनीति मुग़लों के लिए सबसे बड़ी चुनौती बन गई थी।

औरंगज़ेब ने मराठों को कुचलने के लिए 1680 से 1707 तक दक्षिण भारत में लगातार युद्ध किया, लेकिन वह उन्हें पूरी तरह परास्त नहीं कर सका। यह 27 वर्षों का अभियान मुग़ल साम्राज्य के लिए अत्यंत खर्चीला साबित हुआ, जिससे उसकी आर्थिक और सैन्य स्थिति कमजोर हो गई। लगातार युद्ध के कारण मुग़लों की शक्ति धीरे-धीरे क्षीण होती गई। 1707 में औरंगज़ेब की मृत्यु के बाद मुग़ल साम्राज्य का तेजी से पतन होने लगा। मराठों ने धीरे-धीरे पूरे भारत में अपनी शक्ति का विस्तार किया और 18वीं शताब्दी के मध्य तक वे भारत की प्रमुख शक्ति बन गए। इस संघर्ष के कारण मुग़ल साम्राज्य की प्रशासनिक व्यवस्था चरमरा गई और उनकी सेनाएँ थककर बिखरने लगीं। मराठों की यह सफलता न केवल उनकी सैन्य दक्षता का प्रमाण थी, बल्कि यह मुग़ल साम्राज्य की घटती शक्ति और उनके शासकों की रणनीतिक विफलताओं को भी दर्शाती थी।

5.3 दीर्घकालिक युद्धों का आर्थिक प्रभाव

औरंगज़ेब का शासनकाल (1658-1707) मुग़ल साम्राज्य के इतिहास में सबसे लंबा और चुनौतीपूर्ण रहा, जिसमें निरंतर युद्धों और कठोर नीतियों ने साम्राज्य को भीतर से कमजोर कर दिया। उन्होंने सत्ता संभालने के बाद साम्राज्य विस्तार की आक्रामक नीति अपनाई और उत्तर से लेकर दक्षिण तक कई सैन्य अभियान चलाए। विशेष रूप से दक्कन में मराठों के खिलाफ उनका 27 वर्षों तक चला युद्ध अत्यंत खर्चीला और थकाऊ साबित हुआ, जिससे मुग़ल साम्राज्य की अर्थव्यवस्था चरमरा गई। बीजापुर और गोलकुंडा पर विजय प्राप्त करने के बावजूद, वे मराठों की गुरिल्ला युद्ध नीति के सामने असहाय दिखे। इसके अलावा, उनकी धार्मिक नीतियाँ, जैसे जज़िया कर की पुनः स्थापना और हिन्दू राजाओं पर बढ़ता दबाव, राजपूतों सहित कई सामंतों को असंतुष्ट कर गईं, जिससे आंतरिक विद्रोहों की संख्या बढ़ने लगी। इन संघर्षों और प्रशासनिक अक्षमताओं के कारण साम्राज्य की प्रशासनिक व्यवस्था कमजोर पड़ गई और कर राजस्व में भारी गिरावट आई। 1707 में औरंगज़ेब की मृत्यु के बाद साम्राज्य तेजी से विघटन की ओर बढ़ने लगा, और अगले कुछ दशकों में मराठे और अन्य क्षेत्रीय शक्तियाँ भारत की प्रमुख सत्ता बन गईं।

5.3.1 युद्धों का राजकोष पर प्रभाव

औरंगज़ेब के शासनकाल में लगातार सैन्य अभियानों ने मुग़ल साम्राज्य की आर्थिक स्थिति को गंभीर रूप से प्रभावित किया। उनका सबसे लंबा और खर्चीला अभियान मराठों के खिलाफ चला, जो 1680 से 1707 तक यानी पूरे 27 वर्षों तक जारी रहा। इस संघर्ष के दौरान औरंगज़ेब ने बीजापुर (1686) और गोलकुंडा (1687) पर विजय प्राप्त की, लेकिन मराठों की गुरिल्ला युद्ध नीति के कारण उन्हें कभी भी संपूर्ण दक्षिण पर स्थायी नियंत्रण नहीं मिल सका। निरंतर युद्धों और सैन्य अभियानों के लिए बड़े पैमाने पर संसाधनों की आवश्यकता थी, जिसके कारण राजकोष पर भारी दबाव पड़ा। सैनिकों की भर्ती, हथियारों की आपूर्ति और लंबे अभियानों के लिए रसद व्यवस्था पर अत्यधिक खर्च हुआ, जिससे राज्य की आय और व्यय का संतुलन बिगड़ गया।

सैन्य खर्च को पूरा करने के लिए औरंगज़ेब ने कर व्यवस्था को और सख्त बना दिया। 1679 में उन्होंने जज़िया कर फिर से लागू किया, जिससे हिंदू व्यापारी और किसानों में भारी असंतोष फैल गया। इसके अलावा, किसानों और जमींदारों पर अधिक कर लगाया गया, जिससे कृषि उत्पादन प्रभावित हुआ और कई क्षेत्रों में विद्रोह भड़क उठे। बढ़ते कर भार और भ्रष्ट प्रशासन के कारण कर संग्रह में गिरावट आई, जिससे राजस्व संकट और गहरा हो गया। कई स्थानों पर स्थानीय अधिकारी कर वसूली में अनियमितता करने लगे, जिससे किसानों और व्यापारियों का शोषण बढ़ा और उत्पादन तथा व्यापारिक गतिविधियाँ कमजोर पड़ने लगीं।

इन निरंतर युद्धों और कठोर कर नीतियों के कारण मुग़ल साम्राज्य की आर्थिक समृद्धि धीरे-धीरे समाप्त होने लगी। अकबर और शाहजहाँ के समय जो मजबूत वित्तीय आधार था, वह औरंगज़ेब के शासनकाल में धीरे-धीरे कमजोर होता चला गया। भारी सैन्य खर्च और असंतुलित राजकोष के कारण न केवल प्रशासनिक सुधार प्रभावित हुए, बल्कि नई परियोजनाएँ और किलों की मरम्मत भी ठप पड़ गईं। वित्तीय कमजोरी के चलते मुग़ल शासन की पकड़ धीमी होती गई और क्षेत्रीय शक्तियाँ, विशेष रूप से मराठे, मजबूत होने लगे। औरंगज़ेब की मृत्यु (1707) के बाद मुग़ल साम्राज्य तेजी से विघटन की ओर बढ़ा, और इसकी वित्तीय अस्थिरता भी पतन के प्रमुख कारणों में से एक बनी।

5.3.2 प्रशासनिक तंत्र की कमजोरी

लगातार युद्धों और अत्यधिक सैन्य अभियानों के कारण मुग़ल प्रशासनिक व्यवस्था बुरी तरह प्रभावित हुई। औरंगज़ेब के शासनकाल में प्रशासनिक संस्थाओं की जड़ें कमजोर होती गईं, जिससे साम्राज्य की अखंडता बनाए रखना मुश्किल हो गया। सबसे बड़ी

समस्या मनसबदारी प्रणाली में आई गिरावट थी। अकबर द्वारा विकसित इस प्रणाली के तहत अधिकारियों को जागीरें और वेतन दिए जाते थे, लेकिन लंबे युद्धों और वित्तीय संकट के चलते मनसबदारों को उनकी पूरी तनख्वाह नहीं मिल पा रही थी। इस स्थिति ने भ्रष्टाचार को बढ़ावा दिया और कई मनसबदार अपने सैनिकों का वेतन रोकने लगे, जिससे सेना में असंतोष फैल गया। योग्य और निष्ठावान अधिकारी भी अब अपने स्वार्थ को प्राथमिकता देने लगे, जिससे प्रशासन की प्रभावशीलता कम हो गई।

प्रशासनिक कमजोरी का असर प्रांतीय स्तर पर भी देखने को मिला, जहाँ कई गवर्नरों और ज़मींदारों ने केंद्र की कमजोर स्थिति का लाभ उठाकर विद्रोह कर दिया। बंगाल, पंजाब और राजस्थान में अनेक बार विद्रोह भड़के, जिन्हें दबाने के लिए औरंगज़ेब को बार-बार सैनिक भेजने पड़े। इससे न केवल आर्थिक और सैन्य संसाधनों पर अतिरिक्त बोझ पड़ा, बल्कि प्रांतीय शासकों का आत्मविश्वास भी बढ़ा, जिससे वे और अधिक स्वतंत्रता की मांग करने लगे। इस अस्थिरता ने मुग़ल प्रशासन को गंभीर रूप से कमजोर कर दिया।

इसके अलावा, केंद्र और प्रांतीय प्रशासन के बीच समन्वय की कमी बढ़ने लगी। औरंगज़ेब के लंबे दक्कन अभियान के कारण उन्हें वर्षों तक दक्षिण में रहना पड़ा, जिससे दिल्ली और अन्य महत्वपूर्ण क्षेत्रों में शासन कमजोर हो गया। सम्राट की गैरमौजूदगी में दिल्ली का प्रशासनिक ढांचा शिथिल हो गया और अधिकारी स्वतंत्र रूप से कार्य करने लगे। भ्रष्टाचार और अकुशलता बढ़ने लगी, जिससे साम्राज्य के विभिन्न हिस्सों में अव्यवस्था फैल गई। प्रशासनिक तंत्र की इस गिरावट ने मुग़ल साम्राज्य की नींव को हिलाकर रख दिया और औरंगज़ेब की मृत्यु के बाद इस साम्राज्य का पतन और तेज़ हो गया।

5.3.3 व्यापार मार्गों और व्यापारिक केंद्रों पर प्रभाव

औरंगज़ेब के लंबे सैन्य अभियानों और लगातार होने वाले विद्रोहों ने व्यापार मार्गों की सुरक्षा को बुरी तरह प्रभावित किया। उत्तर और दक्षिण भारत में चल रहे युद्धों की वजह से सड़कें असुरक्षित हो गईं, जिससे व्यापारी यात्रा करने में हिचकिचाने लगे। मुग़ल साम्राज्य के महत्वपूर्ण व्यापार मार्ग, जैसे दिल्ली-आगरा मार्ग, गुजरात से बंगाल तक जाने वाला मार्ग और दक्षिण भारत के कोंकण तटीय क्षेत्र में व्यापारिक रास्ते अस्थिरता का शिकार हो गए। व्यापारियों को लूटपाट और भारी करों का सामना करना पड़ा, जिससे व्यापारिक गतिविधियों में गिरावट आई। इसके अलावा, राजकोष की कमी के कारण मुग़ल प्रशासन व्यापारिक मार्गों की देखरेख और सुरक्षा को बनाए रखने में विफल रहा, जिससे व्यावसायिक केंद्रों में आर्थिक मंदी शुरू हो गई।

व्यापार मार्गों की असुरक्षा के कारण लाहौर, आगरा, दिल्ली, अहमदाबाद जैसे बड़े व्यापारिक केंद्रों की आर्थिक गतिविधियाँ प्रभावित हुईं। विशेष रूप से बंगाल, जो अपने कपड़ा और मसाला व्यापार के लिए प्रसिद्ध था, मुग़ल सत्ता की कमजोरी के चलते धीरे-धीरे यूरोपीय शक्तियों के प्रभाव में आ गया। ब्रिटिश ईस्ट इंडिया कंपनी, डच और फ्रेंच व्यापारियों ने इस अवसर का लाभ उठाते हुए स्थानीय व्यापारियों को अपने पक्ष में कर लिया और मुग़ल प्रशासन को व्यापारिक करों से होने वाली आय में भारी कमी होने लगी। मुग़ल व्यापारियों की निर्भरता अब विदेशी कंपनियों पर बढ़ने लगी, जिससे मुग़लों की आर्थिक शक्ति कमजोर हो गई। इस स्थिति ने भारत में यूरोपीय शक्तियों के प्रभुत्व को और अधिक मजबूत किया, जो आगे चलकर मुग़ल साम्राज्य के पतन का एक महत्वपूर्ण कारण बना।

5.3.4 कृषि और किसान विद्रोह

औरंगज़ेब के निरंतर युद्धों ने मुग़ल प्रशासन की वित्तीय स्थिति को कमजोर कर दिया, जिसकी भरपाई के लिए कृषि करों में भारी वृद्धि की गई। पहले से ही प्राकृतिक आपदाओं और प्रशासनिक भ्रष्टाचार से परेशान किसानों पर करों का बोझ और बढ़ा दिया गया। कर वसूली की कठोर नीति के कारण कई किसान अपने गाँव छोड़कर भागने लगे, जिससे खेती प्रभावित हुई। मुग़ल अधिकारी कर वसूली में सख़्ती बरतने लगे और किसानों की ज़मीनें जब्त कर ली गईं, जिससे ग्रामीण अर्थव्यवस्था पर नकारात्मक प्रभाव पड़ा। भूमि कर बढ़ने के कारण किसानों को बिचौलियों और महाजनों से कर्ज लेना पड़ा, जिससे उनका जीवन और कठिन हो गया। खेती की लागत बढ़ने और राजकीय शोषण के कारण किसानों में असंतोष बढ़ता गया, जो बाद में कई विद्रोहों का कारण बना।

मराठा, जाट और सिखों ने मुग़ल सत्ता के खिलाफ व्यापक विद्रोह किए, जिनमें किसानों की भी बड़ी भागीदारी रही। दक्षिण भारत में मराठा किसानों ने मुग़ल सेना के विरुद्ध गुरिल्ला युद्ध की नीति अपनाई, जिससे न केवल सैन्य शक्ति प्रभावित हुई बल्कि खेती और व्यापार भी ठप हो गया। उत्तर भारत में जाट किसानों ने मुग़लों के खिलाफ संगठित विद्रोह छेड़ दिया, जो धीरे-धीरे एक बड़ी चुनौती बन गया। इसी तरह पंजाब में सिख विद्रोह ने मुग़ल प्रशासन की जड़ों को हिलाकर रख दिया, जिससे कृषि उत्पादन बुरी तरह प्रभावित हुआ। मुग़लों को विद्रोहों को कुचलने के लिए भारी सैन्य अभियान चलाने पड़े, जिनमें समय और संसाधन दोनों की बड़ी बर्बादी हुई।

लगातार युद्धों और विद्रोहों के चलते कई उपजाऊ क्षेत्रों की भूमि बंजर होने लगी, जिससे खाद्य संकट गहराने लगा। कई गाँव उजड़ गए, जिससे कृषि उत्पादन में

भारी गिरावट आई। व्यापारिक मार्गों की असुरक्षा और करों के बढ़ते दबाव के कारण खाद्यान्न की आपूर्ति बाधित हुई, जिससे अकाल और भुखमरी की घटनाएँ बढ़ने लगीं। किसानों की दुर्दशा के कारण साम्राज्य में असंतोष बढ़ा और मुग़ल सत्ता की पकड़ कमजोर होती चली गई। खाद्यान्न संकट और किसानों के पलायन ने ग्रामीण अर्थव्यवस्था को नुकसान पहुँचाया, जिसका असर मुग़ल शासन की समग्र स्थिरता पर पड़ा। यह कृषि संकट और किसानों का विद्रोह मुग़ल साम्राज्य के पतन के प्रमुख कारणों में से एक साबित हुआ।

5.4 मुग़ल साम्राज्य की कमजोर होती स्थिति

औरंगज़ेब का शासनकाल (1658-1707) भारतीय इतिहास का एक महत्वपूर्ण युग था, जिसमें मुग़ल साम्राज्य अपनी सैन्य और प्रशासनिक शक्ति की चरम सीमा पर था, लेकिन साथ ही यह विघटन की ओर भी बढ़ रहा था। उनके कठोर शासन, निरंतर युद्धों और धार्मिक असहिष्णुता ने न केवल जनता में असंतोष बढ़ाया, बल्कि प्रशासनिक कमजोरी को भी उजागर किया। दक्कन में लंबे सैन्य अभियानों ने राजकोष को खाली कर दिया, जिससे अर्थव्यवस्था पर भारी दबाव पड़ा। मनसबदारी प्रणाली में भ्रष्टाचार बढ़ने लगा और करों में वृद्धि के कारण किसानों, व्यापारियों और ज़मींदारों के बीच असंतोष गहरा गया। धार्मिक नीतियों, जैसे जज़िया कर की पुनर्बहाली और मंदिरों के विध्वंस, ने हिंदू प्रजा के साथ-साथ राजपूतों और सिखों को भी मुग़ल सत्ता के विरुद्ध खड़ा कर दिया। मराठों के साथ 27 वर्षों तक चला संघर्ष, जाट और सिख विद्रोह, और विभिन्न प्रांतों में बढ़ती अव्यवस्था ने मुग़ल प्रशासन को कमजोर कर दिया। औरंगज़ेब ने कठोर उपायों से विद्रोहों को दबाने का प्रयास किया, लेकिन उनके शासनकाल के अंत तक साम्राज्य की बुनियाद हिल चुकी थी। उनकी मृत्यु के बाद मुग़ल सत्ता शीघ्र ही पतन की ओर बढ़ गई, और 18वीं शताब्दी में मराठे, अंग्रेज, और अन्य क्षेत्रीय शक्तियाँ सत्ता के नए केंद्र बनकर उभरीं।

5.4.1 स्थानीय नवाबों और सूबेदारों का विद्रोह

औरंगज़ेब की बढ़ती सैन्य महत्वाकांक्षाओं और निरंतर युद्धों ने मुग़ल प्रशासन को कमजोर कर दिया, जिससे प्रांतीय सूबेदार और स्थानीय नवाब स्वतंत्रता की ओर बढ़ने लगे। मुग़ल शासन की केंद्रीय सत्ता कमजोर पड़ने के कारण क्षेत्रीय शासकों ने अपनी स्वायत्तता स्थापित करनी शुरू कर दी। बंगाल, अवध और हैदराबाद जैसे प्रमुख प्रांतों में सूबेदारों ने लगभग स्वतंत्र सत्ता स्थापित कर ली। बंगाल में मुर्शिद कुली खान ने प्रशासनिक नियंत्रण अपने हाथ में ले लिया और राजस्व प्रणाली को मुग़ल दरबार के

प्रभाव से मुक्त कर दिया। इसी तरह अवध में सआदत खाँ ने अपनी शक्ति को बढ़ाकर इसे स्वतंत्र राज्य की तरह विकसित किया। हैदराबाद में निज़ाम-उल-मुल्क ने अपनी राजनीतिक स्थिति मजबूत कर ली और मुग़लों की सत्ता को केवल नाममात्र का बना दिया। इन नवाबों और सूबेदारों की स्वायत्तता से स्पष्ट हुआ कि औरंगज़ेब की नीतियों के कारण मुग़ल साम्राज्य की केंद्रीय शक्ति कमजोर हो रही थी।

महाराष्ट्र में मराठों का उदय औरंगज़ेब के शासनकाल के दौरान ही तेज़ी से हुआ। शिवाजी के बाद उनके उत्तराधिकारियों ने मराठा साम्राज्य को और अधिक संगठित किया और मुग़लों के खिलाफ निरंतर संघर्ष जारी रखा। औरंगज़ेब के लंबे दक्कन अभियान ने मराठों को दक्षिण भारत में और अधिक शक्तिशाली बना दिया। मराठों की सैन्य ताकत इतनी बढ़ गई कि औरंगज़ेब की मृत्यु (1707) के बाद उन्होंने मुग़ल साम्राज्य की राजधानी दिल्ली पर भी आक्रमण करना शुरू कर दिया। मराठा सरदारों ने धीरे-धीरे पूरे उत्तर भारत में अपना प्रभाव बढ़ाया और मुग़लों की सत्ता को चुनौती दी। इस तरह, मराठों का उत्थान औरंगज़ेब के युद्धों का प्रत्यक्ष परिणाम था, जिसने मुग़लों की शक्ति को गहरा आघात पहुंचाया।

दक्कन और राजपूताना में असंतोष भी मुग़ल सत्ता के पतन का एक प्रमुख कारण बना। औरंगज़ेब की कठोर नीतियों और धार्मिक कट्टरता के कारण बीजापुर और गोलकुंडा जैसे राज्य विद्रोही हो गए। दक्षिण भारत में मुग़ल शासन स्थायी रूप से स्थापित नहीं हो सका और यहाँ के स्थानीय शासकों ने मुग़ल नियंत्रण को अस्वीकार करना शुरू कर दिया। इसी तरह, राजपूतों, जिन्होंने कभी मुग़लों के साथ सहयोग किया था, वे भी औरंगज़ेब की नीतियों से नाराज होकर विद्रोह करने लगे। मारवाड़ और मेवाड़ के राजपूतों ने अपनी स्वतंत्रता की घोषणा कर दी और मुग़ल सत्ता से पूरी तरह अलग हो गए। इस तरह, औरंगज़ेब के शासनकाल के अंत तक अधिकांश क्षेत्रीय शासक स्वयं को स्वतंत्र मानने लगे, जिससे मुग़ल साम्राज्य केवल नाममात्र का रह गया और धीरे-धीरे इसका पतन निश्चित हो गया।

5.4.2 उत्तर भारत में जाट, सिख और राजपूत विद्रोह

औरंगज़ेब की कठोर नीतियों, धार्मिक असहिष्णुता और भारी कर प्रणाली के कारण उत्तर भारत में कई शक्तिशाली विद्रोह हुए, जिन्होंने मुग़ल साम्राज्य की नींव हिला दी। जाट विद्रोह (1669-1720) इसी असंतोष का एक प्रमुख उदाहरण था। जाट किसान, जो पहले मुग़ल सत्ता के अधीन शांतिपूर्वक खेती करते थे, बढ़ते करों और प्रशासनिक अत्याचारों के कारण बगावत पर उतर आए। गोकुला जाट के नेतृत्व में 1669 में यह विद्रोह शुरू हुआ, जिसे मुग़लों ने दमन कर दिया, लेकिन यह विद्रोह पूरी तरह समाप्त

नहीं हुआ। बाद में चूड़ामन जाट और उनके उत्तराधिकारी बदन सिंह ने संगठित रूप से मुग़लों के खिलाफ संघर्ष किया और 18वीं शताब्दी की शुरुआत में भरतपुर में एक स्वतंत्र जाट राज्य स्थापित कर लिया। इस विद्रोह ने साबित कर दिया कि मुग़ल शासन अब स्थानीय राजाओं और किसानों पर प्रभाव बनाए रखने में असफल हो रहा था।

सिख विद्रोह भी औरंगज़ेब के शासन में एक बड़ा संकट साबित हुआ। 1675 में गुरु तेग बहादुर की हत्या के बाद सिखों में जबरदस्त असंतोष फैल गया। उनके उत्तराधिकारी गुरु गोबिंद सिंह ने खालसा पंथ की स्थापना की और मुग़ल सत्ता के खिलाफ सशस्त्र संघर्ष छेड़ दिया। गुरु गोबिंद सिंह के नेतृत्व में सिखों ने पंजाब में मुग़ल प्रशासन को चुनौती दी। उनकी मृत्यु के बाद उनके प्रमुख सेनापति बंदा बहादुर ने मुग़लों के खिलाफ और भी आक्रामक युद्ध किया। 1710 में उन्होंने सरहिंद पर कब्जा कर लिया, जो मुग़लों के लिए एक बड़ा झटका था। धीरे-धीरे पंजाब में मुग़ल सत्ता कमजोर होती गई और सिख शक्ति का उत्थान शुरू हुआ, जिससे भविष्य में एक स्वतंत्र सिख साम्राज्य की नींव पड़ी।

राजपूत विद्रोह भी औरंगज़ेब की नीतियों की एक और विफलता थी। जहाँ अकबर, जहाँगीर और शाहजहाँ के समय मुग़ल-राजपूत संबंध मजबूत थे, वहीं औरंगज़ेब के शासनकाल में यह गठबंधन बिखर गया। औरंगज़ेब की धार्मिक नीतियों और मनसबदारी में कटौती ने मेवाड़ और मारवाड़ के राजपूतों को विद्रोह के लिए मजबूर कर दिया। मारवाड़ के अजीत सिंह और मेवाड़ के राजसिंह ने खुलकर मुग़लों के खिलाफ युद्ध छेड़ा और मुग़ल प्रशासन को राजस्थान में कई जगहों से बाहर कर दिया। राजपूतों के बढ़ते विद्रोहों ने राजस्थान में मुग़ल सत्ता को कमजोर कर दिया और अंततः उन्होंने अपनी स्वतंत्रता प्राप्त कर ली। इस तरह, उत्तर भारत में हुए इन विद्रोहों ने मुग़ल साम्राज्य की शक्ति को गंभीर रूप से हिला दिया और इसके पतन की नींव रख दी।

5.4.3 औरंगज़ेब के कठोर शासन का प्रभाव

औरंगज़ेब की नीतियाँ मुग़ल साम्राज्य को स्थिरता प्रदान करने के बजाय उसे धीरे-धीरे कमजोर करने लगीं। उनकी धार्मिक असहिष्णुता और कठोर शासन ने हिंदू, सिख और अन्य समुदायों में असंतोष बढ़ा दिया। 1679 में जज़िया कर को दोबारा लागू करना व्यापारियों और आम जनता के लिए भारी समस्या बन गया, जिससे कई हिंदू व्यापारियों ने कर देना बंद कर दिया। इस फैसले से राजपूत, सिख और मराठा शासक नाराज हो गए, जो पहले मुग़ल सत्ता के सहयोगी माने जाते थे। इसके अलावा, कई हिंदू मनसबदारों और जमींदारों ने प्रशासनिक पदों से दूरी बनानी शुरू कर दी, जिससे मुग़ल प्रशासन की पकड़ कमजोर हो गई। इस धार्मिक असहिष्णुता ने लंबे समय तक

चले राजपूत, सिख और मराठा विद्रोहों को और हवा दी, जिसने साम्राज्य की एकता को बुरी तरह प्रभावित किया।

औरंगज़ेब की सैन्य नीतियों ने भी साम्राज्य को आर्थिक संकट में डाल दिया। उन्होंने दक्षिण भारत में मराठों के खिलाफ लगातार 27 वर्षों तक युद्ध किया, जिसके कारण राजकोष पूरी तरह खाली हो गया। बीजापुर और गोलकुंडा पर विजय प्राप्त करने के बावजूद, मराठों के खिलाफ लगातार संघर्ष में भारी सैन्य खर्च हुआ। इस खर्च को पूरा करने के लिए उन्होंने करों में वृद्धि की, जिससे किसानों, व्यापारियों और ज़मींदारों पर अतिरिक्त आर्थिक दबाव पड़ा। युद्धों में व्यस्त रहने के कारण औरंगज़ेब प्रशासन की समस्याओं पर ध्यान नहीं दे सके, जिससे भ्रष्टाचार बढ़ने लगा। मनसबदारों और अधिकारियों को वेतन देने में कठिनाई होने लगी, जिससे प्रशासनिक व्यवस्था कमजोर पड़ने लगी।

इसके अलावा, प्रशासनिक क्षमता की गिरावट भी मुग़ल सत्ता के पतन का एक प्रमुख कारण बनी। औरंगज़ेब का शासन अत्यधिक केंद्रीकृत था, जिसमें अधिकांश निर्णय स्वयं सम्राट द्वारा लिए जाते थे। यह प्रणाली इतने विशाल साम्राज्य के लिए प्रभावी नहीं थी। उन्होंने उत्तर भारत छोड़कर अधिकांश समय दक्षिण में बिताया, जिससे दिल्ली और अन्य प्रांतीय प्रशासन कमजोर पड़ गए। इस स्थिति का फायदा उठाकर बंगाल, अवध और हैदराबाद के सूबेदारों ने स्वतंत्र होने की प्रक्रिया शुरू कर दी। दूसरी ओर, भ्रष्टाचार और कुप्रशासन के कारण स्थानीय अधिकारियों की वफादारी भी कम होती गई, जिससे साम्राज्य की प्रशासनिक पकड़ ढीली पड़ गई। इन कारणों से मुग़ल साम्राज्य की आंतरिक शक्ति लगातार क्षीण होती चली गई, जो आगे चलकर इसके पतन का एक बड़ा कारण बनी।

5.4.4 औरंगज़ेब की मृत्यु और साम्राज्य की स्थिति

1707 में औरंगज़ेब की मृत्यु के साथ ही मुग़ल साम्राज्य के पतन की प्रक्रिया तेज हो गई। उनकी मृत्यु के बाद उत्तराधिकार का संकट उत्पन्न हुआ, जिसमें उनके पुत्रों–बहादुर शाह I, आज़म शाह और काम बख्श–के बीच सत्ता संघर्ष छिड़ गया। इस आंतरिक कलह ने साम्राज्य को कमजोर कर दिया, जिससे प्रांतों में विद्रोह और अराजकता बढ़ गई। बहादुर शाह I (1707-1712) ने सत्ता तो संभाली, लेकिन उनकी पकड़ कमजोर थी, और वह साम्राज्य को एकजुट रखने में विफल रहे। उनके शासनकाल में मराठों, राजपूतों, जाटों और सिखों ने विद्रोह तेज कर दिया, जिससे मुग़ल शासन की पकड़ धीरे-धीरे ढीली पड़ने लगी।

इस अवधि में क्षेत्रीय शक्तियाँ तेजी से उभरने लगीं। मराठों ने दक्षिण भारत में अपना प्रभाव बढ़ाते हुए मुग़ल क्षेत्रों पर लगातार आक्रमण किए। बंगाल, अवध और हैदराबाद जैसे सूबेदारों ने स्वयं को लगभग स्वतंत्र घोषित कर दिया और मुग़लों की नाममात्र की सत्ता को मान्यता देने लगे। सिखों ने पंजाब में अपनी स्थिति मजबूत कर ली, और बंदा बहादुर के नेतृत्व में उन्होंने मुग़ल शासन के खिलाफ संगठित विद्रोह किया। इन घटनाओं के चलते मुग़ल साम्राज्य केवल दिल्ली और उसके आसपास के कुछ क्षेत्रों तक ही सीमित रह गया।

मुग़ल सेना की कमजोरी और प्रशासन के पतन ने भी साम्राज्य की स्थिति को बदतर बना दिया। निरंतर युद्धों के कारण सैन्य संसाधन समाप्त हो चुके थे, और सैनिकों को वेतन मिलने में देरी होने लगी। प्रशासनिक भ्रष्टाचार बढ़ने से कर संग्रह प्रभावित हुआ, जिससे सरकार की आय घटती गई। इस राजनीतिक अस्थिरता और प्रशासनिक विफलता का लाभ यूरोपीय शक्तियों ने उठाया। अंग्रेजों, फ्रांसीसियों और डच व्यापारियों ने भारतीय राज्यों में हस्तक्षेप बढ़ा दिया। 1757 में प्लासी की लड़ाई में अंग्रेजों ने बंगाल के नवाब सिराजुद्दौला को हराकर भारत में अपने शासन की नींव रखी। इसके बाद, धीरे-धीरे पूरे देश में ब्रिटिश शासन का विस्तार हुआ, और 19वीं शताब्दी तक मुग़ल सत्ता केवल नाममात्र की रह गई।

निष्कर्ष:

औरंगज़ेब की सैन्य नीति और दीर्घकालिक युद्धों का प्रभाव मुग़ल साम्राज्य के पतन का एक महत्वपूर्ण कारण बना। उनके शासनकाल में निरंतर युद्धों, विशेष रूप से दक्षिण भारत में मराठों के खिलाफ संघर्ष, ने मुग़ल सेना और अर्थव्यवस्था पर भारी दबाव डाला। सिंहासन संघर्ष में अपने भाइयों को पराजित कर सत्ता प्राप्त करने के बाद, औरंगज़ेब ने कठोर धार्मिक और सैन्य नीतियाँ अपनाईं, जिससे राजपूत, मराठा और जाट जैसे स्थानीय शासकों और समुदायों में असंतोष बढ़ा। शिवाजी के नेतृत्व में मराठा शक्ति उभरकर सामने आई, जिन्होंने गुरिल्ला युद्ध तकनीकों का इस्तेमाल कर मुग़ल सेना को निरंतर परेशान किया। बीजापुर और गोलकुंडा की विजय के बावजूद, औरंगज़ेब मराठों को पूरी तरह समाप्त नहीं कर सके, जिससे उनका दक्कन अभियान अत्यधिक लंबा और खर्चीला साबित हुआ। इन युद्धों ने न केवल मुग़ल प्रशासन को कमजोर किया, बल्कि कर वसूली में कमी और व्यापारिक मार्गों की असुरक्षा ने अर्थव्यवस्था को भी भारी नुकसान पहुँचाया।

निरंतर युद्धों के कारण मुग़ल प्रशासनिक व्यवस्था चरमरा गई, मनसबदारी प्रणाली भ्रष्टाचार से ग्रस्त हो गई, और प्रांतीय सूबेदारों ने धीरे-धीरे स्वतंत्र शासन स्थापित

करना शुरू कर दिया। बंगाल, अवध और हैदराबाद जैसे क्षेत्रों में नवाबों ने मुग़ल सत्ता की कमजोरी का लाभ उठाकर अपनी स्थिति मजबूत कर ली। किसानों और व्यापारियों पर बढ़ते करों ने कृषि और व्यापार को प्रभावित किया, जिससे विद्रोह और असंतोष की लहर फैल गई। 27 वर्षों तक मराठों से युद्ध करने के बाद भी औरंगज़ेब सफल नहीं हो सके, और उनकी मृत्यु (1707) के बाद मुग़ल साम्राज्य तेजी से विघटित होने लगा। इस प्रकार, औरंगज़ेब की सैन्य नीति, धार्मिक कट्टरता और दीर्घकालिक युद्धों ने मुग़ल साम्राज्य की नींव को कमजोर कर दिया, जिससे 18वीं शताब्दी में मराठों और यूरोपीय शक्तियों को भारतीय उपमहाद्वीप में प्रभाव बढ़ाने का अवसर मिला।

प्रश्न:

- औरंगज़ेब की धार्मिक नीति की विशेषताएँ क्या थीं? इसकी समकालीन समाज और मुग़ल साम्राज्य पर क्या प्रभाव पड़ा? क्या यह नीति मुग़ल साम्राज्य के पतन का एक प्रमुख कारण बनी?

- औरंगज़ेब के दक्षिण भारत अभियान (दक्कन नीति) का क्या उद्देश्य था? उसके सैन्य अभियानों की सफलता-असफलता का विश्लेषण करें और उनके परिणामों पर प्रकाश डालें।

- औरंगज़ेब द्वारा किए गए प्रशासनिक सुधारों की समीक्षा करें। क्या वे प्रभावी रहे, या मुग़ल शासन की कमजोरी को और बढ़ावा दिया?

- औरंगज़ेब की सैन्य नीति की प्रमुख विशेषताएँ क्या थीं? दीर्घकालिक युद्धों के कारण क्या थे, और उन्होंने मुग़ल साम्राज्य को कैसे प्रभावित किया?

- क्या यह कहना उचित होगा कि औरंगज़ेब की नीतियाँ ही मुग़ल साम्राज्य के पतन का प्रमुख कारण थीं? अन्य कौन-कौन से कारक इसके लिए उत्तरदायी थे?

- औरंगज़ेब की राजपूत नीति की समीक्षा करें। क्या यह अकबर की नीति से भिन्न थी? इसके क्या प्रभाव पड़े?

अध्याय 6

मुग़लकालीन कूटनीति और विदेशी संबंध

मुग़लकालीन भारत की कूटनीति विभिन्न नीतियों, संधियों और युद्धों पर आधारित थी, जो साम्राज्य की स्थिरता और विस्तार में महत्वपूर्ण भूमिका निभाती थी। मुग़ल शासकों ने एक संतुलित कूटनीतिक दृष्टिकोण अपनाया, जिसमें विवाह संबंधों, वैवाहिक गठबंधनों, प्रशासनिक सुधारों और धार्मिक सहिष्णुता को प्राथमिकता दी गई। यह कूटनीति न केवल भारतीय राज्यों के साथ संबंध स्थापित करने में सहायक रही, बल्कि विदेशी शक्तियों जैसे पुर्तगालियों, अंग्रेजों, फारसियों और ओटोमन साम्राज्य के साथ आर्थिक एवं राजनीतिक संतुलन बनाए रखने में भी कारगर सिद्ध हुई। मुग़लों ने व्यापारिक मार्गों और समुद्री व्यापार पर नियंत्रण पाने के लिए रणनीतिक समझौतों और संधियों का उपयोग किया, जिससे उन्हें आर्थिक समृद्धि मिली और उनका प्रभाव बढ़ा। इसके अलावा, विभिन्न विद्रोहों और आंतरिक संघर्षों को कुशल कूटनीति द्वारा नियंत्रित किया गया, जिससे मुग़ल साम्राज्य लंबे समय तक सुदृढ़ बना रहा।

6.1 राजपूत नीति और संधियाँ

राजपूत, मुग़ल साम्राज्य की शक्ति और स्थिरता में महत्वपूर्ण भूमिका निभाते थे, क्योंकि वे न केवल वीर योद्धा थे, बल्कि सामरिक दृष्टि से महत्वपूर्ण क्षेत्रों पर शासन भी करते थे। इसलिए मुग़ल शासकों की नीति राजपूतों को अपने शासन के अधीन लाने के तरीकों पर केंद्रित थी, जिसमें सैन्य विजय, वैवाहिक संबंध, प्रशासनिक समावेशन और सम्मानजनक पदों की पेशकश शामिल थी। अकबर ने विशेष रूप से राजपूतों को मुग़ल शासन में सम्मिलित करने के लिए एक उदार नीति अपनाई, जिसमें राजपूत शासकों को उनकी पारंपरिक सत्ता और धार्मिक स्वतंत्रता बनाए रखने की अनुमति दी गई, बशर्ते वे मुग़ल संप्रभुता को स्वीकार करें। इसके परिणामस्वरूप कई राजपूत राजा, जैसे आमेर के राजा भारमल और मानसिंह, मुग़ल दरबार में उच्च पदों पर आसीन हुए और मुग़ल सेना में महत्वपूर्ण सैन्य अभियानों का नेतृत्व किया। हालांकि, कुछ राजपूत राज्यों, विशेष रूप से मेवाड़ के महाराणा प्रताप, ने मुग़लों की अधीनता

स्वीकार करने से इनकार कर दिया और स्वतंत्रता के लिए संघर्ष जारी रखा। इस तरह, मुग़ल-राजपूत संबंधों ने भारतीय राजनीति को गहराई से प्रभावित किया और मुग़ल शासन को मजबूती प्रदान की।

6.1.1 अकबर की सुलह-ए-कुल नीति

अकबर (1556-1605) ने अपनी शासन नीति में धार्मिक सहिष्णुता और समावेशिता को प्रमुखता दी, जिसे "सुलह-ए-कुल" के नाम से जाना जाता है। इस नीति के अंतर्गत उन्होंने सभी धर्मों के प्रति समान व्यवहार रखा और विशेष रूप से राजपूतों के साथ मैत्रीपूर्ण संबंध स्थापित किए। राजपूत न केवल वीर योद्धा थे, बल्कि साम्राज्य की स्थिरता और प्रशासनिक दक्षता में भी महत्वपूर्ण भूमिका निभाते थे। इसलिए, अकबर ने युद्ध के बजाय सहयोग और विश्वास की नीति अपनाई, जिससे मुग़ल साम्राज्य को दीर्घकालिक लाभ प्राप्त हुआ। उनके द्वारा अपनाई गई यह नीति हिंदू-मुस्लिम एकता को मजबूत करने, प्रशासनिक कुशलता बढ़ाने और मुग़ल शक्ति को अखिल भारतीय स्तर तक फैलाने में सहायक सिद्ध हुई।

1. राजपूतों को प्रशासन में स्थान

अकबर ने राजपूतों को अपनी सेना और प्रशासन में उच्च पद देकर उनका विश्वास जीता। उन्होंने मनसबदारी प्रणाली के अंतर्गत राजपूतों को उच्च सैन्य और नागरिक प्रशासनिक पदों पर नियुक्त किया। राजा मानसिंह (आमेर) और टोडरमल (भू-राजस्व मंत्री) जैसे योग्य राजपूतों को प्रमुख प्रशासनिक पद सौंपे गए, जिससे मुग़ल शासन अधिक संगठित और सुदृढ़ हुआ। इस नीति के तहत न केवल राजपूतों को शासन में भागीदारी मिली, बल्कि उन्हें मुग़ल दरबार में एक प्रतिष्ठित स्थान भी प्राप्त हुआ। परिणामस्वरूप, कई राजपूत रियासतों ने अकबर की अधीनता स्वीकार कर ली और मुग़ल सेना में महत्वपूर्ण सैन्य अभियानों का नेतृत्व किया।

2. वैवाहिक संबंधों की नीति

अकबर की सुलह-ए-कुल नीति के अंतर्गत राजपूतों के साथ वैवाहिक संबंध स्थापित करना भी एक महत्वपूर्ण रणनीति थी। उन्होंने 1562 में अमेर के राजा भारमल की बेटी जोधाबाई से विवाह किया, जिससे आमेर और मुग़लों के बीच संबंध अत्यंत मधुर हो गए। इसके बाद अन्य राजपूत राजकुमारियों से विवाह कर उन्होंने राजपूतों को अपने शासन के करीब लाने का प्रयास किया। इन विवाहों के माध्यम से अकबर ने न केवल राजपूतों की वफादारी सुनिश्चित की, बल्कि उन्हें यह विश्वास दिलाया कि मुग़ल शासन

उनके धार्मिक और सांस्कृतिक मूल्यों का सम्मान करता है। इससे राजपूतों और मुग़लों के बीच संघर्ष कम हुआ, और आपसी सहयोग की भावना विकसित हुई।

3. जज़िया कर समाप्त करना और धार्मिक सहिष्णुता

अकबर ने अपनी नीति के अंतर्गत 1564 में जज़िया कर समाप्त कर दिया, जो कि हिंदू तीर्थयात्रियों और गैर-मुस्लिमों पर लगाया जाने वाला कर था। इससे न केवल राजपूतों, बल्कि संपूर्ण हिंदू समाज में अकबर के प्रति सम्मान और स्वीकृति बढ़ी। इसके अलावा, उन्होंने अन्य धर्मों के प्रति उदार दृष्टिकोण अपनाते हुए कई धार्मिक प्रतिबंधों को हटाया और विभिन्न धर्मों के विद्वानों को अपने दरबार में स्थान दिया। यह धार्मिक सहिष्णुता मुग़ल शासन की स्थिरता और लोकप्रियता को बढ़ाने में सहायक रही।

4. युद्धों में राजपूत सहयोग

अकबर की सुलह-ए-कुल नीति का सबसे बड़ा प्रमाण यह था कि राजपूतों ने मुग़ल सेना में महत्वपूर्ण भूमिका निभाई। 1576 में हुए हल्दीघाटी के युद्ध में अकबर की सेना का नेतृत्व उनके विश्वासपात्र राजपूत सेनापति राजा मानसिंह ने किया। इस युद्ध में राजपूतों के एक वर्ग ने अकबर का समर्थन किया, जबकि महाराणा प्रताप जैसे कुछ शासकों ने स्वतंत्रता के लिए संघर्ष जारी रखा। फिर भी, अधिकांश राजपूत राज्यों ने मुग़लों के साथ मिलकर शासन किया और साम्राज्य की शक्ति को बढ़ाने में योगदान दिया। इस तरह, अकबर की सुलह-ए-कुल नीति ने मुग़ल-राजपूत संबंधों को एक नई दिशा दी और साम्राज्य को मजबूती प्रदान की।

6.1.2 जहाँगीर और शाहजहाँ की राजपूत नीति

अकबर की सुलह-ए-कुल नीति को आगे बढ़ाते हुए जहाँगीर (1605-1627) ने भी राजपूतों को प्रशासनिक और सैन्य पदों पर बनाए रखा, जिससे मुग़ल-राजपूत संबंधों में निरंतरता बनी रही। जहाँगीर की नीति विशेष रूप से मेवाड़ के साथ संधि करने पर केंद्रित थी, जो अकबर के समय से ही मुग़लों के लिए एक चुनौती बना हुआ था। 1615 में उन्होंने महाराणा अमर सिंह (मेवाड़) के साथ एक महत्वपूर्ण संधि की, जिसके अनुसार अमर सिंह ने मुग़ल संप्रभुता स्वीकार कर ली और बदले में उन्हें राजस्व में छूट और सीमित स्वायत्तता प्रदान की गई। इस संधि से मेवाड़ का संघर्ष समाप्त हुआ और मुग़ल सत्ता को मजबूती मिली। इसके अलावा, जहाँगीर ने आमेर, जोधपुर और अन्य राजपूत राज्यों के साथ भी मैत्रीपूर्ण संबंध बनाए रखे, जिससे मुग़ल शासन में स्थिरता बनी रही। हालाँकि, जहाँगीर की व्यक्तिगत रुचि कला, साहित्य और विलासिता

में अधिक थी, फिर भी उन्होंने अपने पिता की नीतियों का अनुसरण करते हुए राजपूतों के महत्व को बनाए रखा।

शाहजहाँ (1628-1658) के शासनकाल में भी राजपूतों की प्रशासनिक भागीदारी बनी रही, लेकिन इस दौर में मुग़ल-राजपूत संबंधों में कुछ तनाव भी देखने को मिला। शाहजहाँ ने राजपूतों को उच्च पदों पर नियुक्त करना जारी रखा, लेकिन साथ ही उन्होंने कई नीतियाँ लागू कीं, जिससे कुछ राजपूत राज्यों में असंतोष बढ़ा। विशेष रूप से, उन्होंने राजस्व में वृद्धि और नए कर लगाए, जिससे राजपूतों में आर्थिक दबाव बढ़ा। इसके परिणामस्वरूप, कुछ राजपूत शासकों ने स्वतंत्रता की नीति अपनाने की ओर रुझान दिखाया और मुग़ल सत्ता से दूरी बनाने लगे। इसके बावजूद, जोधपुर और आमेर जैसे प्रमुख राजपूत राज्य मुग़ल शासन के प्रति वफादार बने रहे और मुग़ल सेना में महत्वपूर्ण भूमिका निभाते रहे। शाहजहाँ की नीति में अकबर और जहाँगीर की तुलना में कठोरता अधिक थी, जिससे आने वाले समय में मुग़ल-राजपूत संबंधों में दरार पड़ने की शुरुआत हुई।

6.1.3 औरंगज़ेब की कट्टर नीति और राजपूत विद्रोह

औरंगज़ेब (1658-1707) की नीति उसके पूर्ववर्ती मुग़ल शासकों, विशेष रूप से अकबर और जहाँगीर, से बिल्कुल भिन्न थी। जहाँ अकबर ने राजपूतों को प्रशासन में भागीदार बनाया और धार्मिक सहिष्णुता अपनाई, वहीं औरंगज़ेब की कठोर नीतियों ने मुग़ल-राजपूत संबंधों को गंभीर रूप से प्रभावित किया। उनकी धार्मिक कट्टरता और शक्ति-केन्द्रित शासन नीति के कारण राजपूतों में असंतोष बढ़ता गया। 1679 में उन्होंने पुनः जज़िया कर लागू कर दिया, जिससे हिंदू प्रजा और विशेष रूप से राजपूतों में आक्रोश फैल गया। इस कर के अलावा, उन्होंने कई मंदिरों को ध्वस्त करने और इस्लामी कानूनों को कठोरता से लागू करने की नीति अपनाई, जिससे राजपूत शासक नाराज हो गए। यह असंतोष धीरे-धीरे एक व्यापक विद्रोह में परिवर्तित हो गया, जिसने मुग़ल साम्राज्य को कमजोर करने में महत्वपूर्ण भूमिका निभाई।

औरंगज़ेब की नीतियों का सबसे प्रत्यक्ष विरोध 1679-1681 के दौरान मरवाड़ और मेवाड़ में देखने को मिला। जब जोधपुर के राजा जसवंत सिंह की मृत्यु के बाद औरंगज़ेब ने उनके उत्तराधिकार को नकारते हुए जोधपुर पर नियंत्रण स्थापित करने की कोशिश की, तो राजपूतों ने इसका कड़ा प्रतिरोध किया। इस संघर्ष का नेतृत्व दुर्गादास राठौड़ ने किया, जिन्होंने मुग़ल सत्ता के खिलाफ विद्रोह किया और लंबे समय तक मुग़लों को परास्त करने के प्रयास में लगे रहे। मरवाड़ और मेवाड़ के विद्रोह ने मुग़लों को भारी नुकसान पहुँचाया, जिसके कारण अंततः औरंगज़ेब को राजपूतों के साथ संधि

करनी पड़ी। हालाँकि, इस संघर्ष के चलते मुग़ल-राजपूत संबंधों में जो दरार आई, वह कभी पूरी तरह समाप्त नहीं हुई। औरंगज़ेब की कट्टर नीतियों ने राजपूतों को मराठों और अन्य विरोधी शक्तियों के साथ गठबंधन करने के लिए प्रेरित किया, जिससे मुग़ल साम्राज्य की कमजोरी और पतन की गति तेज हो गई।

6.1.4 राजपूत-मुग़ल संघर्षों का प्रभाव

राजपूतों के विद्रोह और उनके निरंतर संघर्षों ने मुग़ल सत्ता को गहराई से कमजोर कर दिया। जहाँ अकबर, जहाँगीर और शाहजहाँ के समय तक राजपूत-मुग़ल संबंध साम्राज्य की स्थिरता में सहायक थे, वहीं औरंगज़ेब की कठोर नीतियों के कारण राजपूतों ने विद्रोह का मार्ग अपनाया। इसका सीधा प्रभाव राजस्थान और आसपास के इलाकों में मुग़ल प्रशासन की कमजोरी के रूप में देखने को मिला। जोधपुर और मेवाड़ जैसे महत्वपूर्ण क्षेत्रों में मुग़ल सत्ता ढीली पड़ने लगी, जिससे मुग़लों का नियंत्रण कमजोर हो गया। मुग़लों की सैन्य और राजनीतिक स्थिति इस संघर्ष से इतनी प्रभावित हुई कि वे अपने अन्य शत्रुओं से भी प्रभावी ढंग से नहीं निपट सके। इन विद्रोहों ने न केवल मुग़ल सत्ता की पकड़ को कमजोर किया, बल्कि साम्राज्य के भीतर भी प्रशासनिक अव्यवस्था को जन्म दिया।

इस संघर्ष का सबसे बड़ा लाभ मराठों को मिला, जिन्होंने राजपूतों और मुग़लों के बीच चल रहे संघर्षों का पूरा फायदा उठाया। औरंगज़ेब का ध्यान राजपूत विद्रोह को कुचलने में इतना उलझ गया कि वह मराठों के बढ़ते प्रभाव को रोकने में असमर्थ रहा। शिवाजी और उनके उत्तराधिकारियों ने मुग़लों की इस व्यस्तता का लाभ उठाकर महाराष्ट्र, मध्य भारत और उत्तर भारत में अपनी पकड़ मजबूत कर ली। मराठों ने धीरे-धीरे मुग़लों के प्रशासनिक ढांचे को चुनौती देना शुरू कर दिया, जिससे मुग़ल साम्राज्य की सत्ता और भी अधिक अस्थिर हो गई। औरंगज़ेब ने दक्षिण में लंबा युद्ध छेड़ा, लेकिन राजपूतों और मराठों की संयुक्त चुनौती के चलते वह अपने सैन्य अभियानों में पूरी तरह सफल नहीं हो सका। इस स्थिति ने मराठों को इतना सशक्त कर दिया कि वे 18वीं शताब्दी में मुग़ल साम्राज्य के उत्तराधिकारी के रूप में उभर सके।

इन संघर्षों का परिणाम यह हुआ कि मुग़ल प्रशासन बुरी तरह अस्थिर हो गया। औरंगज़ेब को एक साथ कई मोर्चों पर युद्ध लड़ने पड़े, जिससे राजकोष पर भारी दबाव पड़ा। निरंतर सैन्य अभियानों और विद्रोहों को दबाने में लगी मुग़ल सेना कमजोर पड़ने लगी, और इसके परिणामस्वरूप पूरे साम्राज्य में प्रशासनिक नियंत्रण शिथिल हो गया। औरंगज़ेब की मृत्यु के बाद स्थिति और अधिक बिगड़ गई, क्योंकि राजपूतों से बिगड़े संबंधों के कारण मुग़लों को कोई विश्वसनीय सहयोगी नहीं मिला। इस संघर्ष ने

अकबर द्वारा स्थापित मुग़ल-राजपूत गठबंधन को पूरी तरह समाप्त कर दिया, जिससे मुग़लों की राजनीतिक और सैन्य शक्ति में भारी गिरावट आई। मुग़लों को इसके बाद लगातार सैन्य चुनौतियों का सामना करना पड़ा, और अंततः 18वीं शताब्दी में मुग़ल सत्ता धीरे-धीरे समाप्ति की ओर बढ़ने लगी।

6.2 मुग़ल-सफ़वी और मुग़ल-उस्मानी संबंध

मुग़ल साम्राज्य की विदेश नीति मुख्य रूप से फारस (सफ़वी वंश) और उस्मानिया (ऑटोमन) साम्राज्य के साथ जटिल संबंधों पर आधारित थी, जिसमें कभी सहयोग तो कभी प्रतिस्पर्धा देखने को मिली। चूँकि मुग़ल वंश की जड़ें मध्य एशिया से थीं, इसलिए उनकी सांस्कृतिक, प्रशासनिक और सैन्य प्राथमिकताएँ भी तुर्की और फारस की ओर झुकी हुई थीं। मुग़लों और सफ़वियों के बीच कूटनीतिक और सैन्य संघर्ष मुख्य रूप से कंधार क्षेत्र पर नियंत्रण को लेकर हुआ, क्योंकि यह क्षेत्र भारत और फारस के बीच एक महत्वपूर्ण मार्ग था। जहाँ अकबर ने कंधार को अपनी सत्ता में बनाए रखा, वहीं जहाँगीर के शासनकाल में इसे सफ़वियों ने हड़प लिया, और शाहजहाँ ने इसे पुनः जीतने का प्रयास किया, लेकिन असफल रहे। दूसरी ओर, उस्मानिया (ऑटोमन) साम्राज्य के साथ मुग़लों के संबंध अधिकतर धार्मिक और कूटनीतिक थे। मुग़ल शासक ख़लीफा के रूप में ऑटोमन सुल्तान की सर्वोच्चता को स्वीकार तो नहीं करते थे, लेकिन इस्लामी जगत में अपनी स्थिति मजबूत बनाए रखने के लिए उनके साथ सौहार्दपूर्ण संबंध रखने की नीति अपनाते थे। हज यात्रा और इस्लामी धार्मिक केंद्रों की सुरक्षा के मसले पर मुग़लों और ऑटोमनों के बीच सहयोग बना रहा। प्रशासनिक रूप से, मुग़ल शासन पर फारसी संस्कृति का व्यापक प्रभाव था, जिसमें फारसी भाषा राजकीय भाषा के रूप में प्रचलित थी, और मुग़लों की प्रशासनिक प्रणाली में सफ़वी आदर्शों की झलक मिलती थी। इसी प्रकार, तुर्की सैन्य रणनीतियों का प्रभाव मुग़ल युद्ध शैली में स्पष्ट रूप से देखा जा सकता है, विशेष रूप से तोपखाने और घुड़सवार सेना की संरचना में। इस प्रकार, मुग़लों की विदेश नीति और शासन व्यवस्था में फारसी और तुर्की प्रभावों का संतुलन बना रहा, जो उनके सांस्कृतिक और सैन्य विकास में महत्वपूर्ण भूमिका निभाता रहा।

6.2.1 कंधार पर संघर्ष

1. **कंधार का रणनीतिक महत्व**: कंधार भारत और फारस के बीच एक महत्वपूर्ण व्यापारिक और सामरिक क्षेत्र था, जो मुग़ल और सफ़वी (फारसी) साम्राज्यों के बीच निरंतर संघर्ष का कारण बना। यह क्षेत्र सिंध और पंजाब से लेकर फारस और मध्य एशिया तक जाने वाले व्यापार मार्ग का एक महत्वपूर्ण केंद्र था, जिससे

मुग़ल साम्राज्य को आर्थिक और सैन्य दोनों दृष्टियों से लाभ होता था। फारस और मध्य एशिया से होकर आने वाले व्यापार और सैन्य अभियानों के लिए यह मार्ग अत्यंत आवश्यक था। मुग़लों के लिए कंधार न केवल एक व्यापारिक केंद्र था, बल्कि यह उनकी पश्चिमी सीमाओं की सुरक्षा के लिए भी महत्वपूर्ण था। फारसी शासकों के लिए भी यह क्षेत्र अत्यधिक मूल्यवान था, क्योंकि इससे उन्हें भारतीय व्यापार से लाभ प्राप्त होता था और वे अपनी शक्ति का विस्तार कर सकते थे। इसी कारण, कंधार पर नियंत्रण को लेकर मुग़लों और सफ़वियों के बीच लंबे समय तक संघर्ष चलता रहा।

2. **अकबर से लेकर शाहजहाँ तक संघर्ष**: अकबर ने 1595 में फारसियों से कंधार को छीनकर इसे मुग़ल साम्राज्य में मिला लिया। उन्होंने इस क्षेत्र पर अपने प्रशासन को मजबूत करने के लिए सैन्य व्यवस्था को सुदृढ़ किया और कंधार को एक महत्वपूर्ण सैन्य चौकी में बदल दिया। हालाँकि, जहाँगीर के शासनकाल (1605-1627) में फारस के शाह अब्बास प्रथम ने इस पर पुनः अधिकार करने का प्रयास किया, लेकिन उन्हें असफलता मिली। स्थिति तब बदली जब शाहजहाँ (1628-1658) के शासनकाल में 1649 में सफ़वियों ने अचानक हमला करके कंधार पर कब्ज़ा कर लिया। इस पर पुनः नियंत्रण पाने के लिए शाहजहाँ ने कई सैन्य अभियान चलाए, लेकिन वे सभी असफल रहे। कंधार पर मुग़ल अधिकार समाप्त होने से साम्राज्य की पश्चिमी सीमा असुरक्षित हो गई और मुग़ल सेना को भारी क्षति उठानी पड़ी।

3. **औरंगज़ेब के असफल प्रयास और कंधार का स्थायी नुकसान**: औरंगज़ेब के शासनकाल (1658-1707) में भी कंधार को पुनः प्राप्त करने का प्रयास किया गया, लेकिन फारसी सेनाओं ने मुग़ल प्रयासों को लगातार विफल किया। औरंगज़ेब ने कई बड़े सैन्य अभियानों का नेतृत्व किया, लेकिन वह कंधार पर पुनः कब्ज़ा करने में असमर्थ रहा। यह पराजय मुग़लों के लिए एक बड़ा झटका थी, क्योंकि इससे न केवल उनकी सैन्य शक्ति पर सवाल खड़े हुए, बल्कि फारस के साथ उनके राजनीतिक संबंध भी बिगड़ गए। कंधार पर सफ़वियों का स्थायी नियंत्रण स्थापित होने से मुग़ल साम्राज्य की पश्चिमी सीमाओं पर अस्थिरता बढ़ गई और मध्य एशिया के व्यापार मार्गों पर उनकी पकड़ कमजोर हो गई। इस संघर्ष के परिणामस्वरूप, मुग़ल साम्राज्य को पश्चिम की ओर विस्तार करने में असफलता मिली और उनकी सैन्य शक्ति पर स्थायी रूप से असर पड़ा, जो आगे चलकर उनके पतन का एक प्रमुख कारण बना।

6.2.2 फारस और तुर्कों के साथ संबंध

मुग़ल साम्राज्य के सफ़वी (फारस) और उस्मानी (तुर्क) साम्राज्य के साथ संबंध जटिल और मिश्रित थे, जहाँ कभी सहयोग देखने को मिला तो कभी संघर्ष की स्थिति उत्पन्न हुई। इन तीनों इस्लामी साम्राज्यों के बीच शक्ति, धार्मिक विचारधारा और व्यापारिक हितों को लेकर प्रतिस्पर्धा बनी रही। मुग़लों की उत्पत्ति तुर्क-मंगोल परंपरा से हुई थी, लेकिन भारतीय उपमहाद्वीप पर शासन स्थापित करने के बाद उन्हें फारस और उस्मानी साम्राज्य से अपने राजनीतिक, सैन्य और धार्मिक संबंधों को संतुलित करना पड़ा। जहाँ एक ओर फारस के सफ़वी शासकों के साथ मुग़लों का रिश्ता कभी मैत्रीपूर्ण तो कभी शत्रुतापूर्ण रहा, वहीं दूसरी ओर उस्मानी साम्राज्य के साथ उनके संबंध अधिकतर धार्मिक और कूटनीतिक थे, जिनमें संघर्ष कम और आपसी सहमति अधिक देखने को मिली।

1. **फारस (सफ़वी साम्राज्य) के साथ संबंध:** मुग़ल और सफ़वी साम्राज्य के बीच संबंधों को मुख्य रूप से धार्मिक मतभेद और भौगोलिक संघर्ष प्रभावित करते थे। मुग़ल शासक सुन्नी इस्लाम को मानते थे, जबकि सफ़वी शिया इस्लाम के समर्थक थे। हालाँकि, अकबर और जहाँगीर ने फारस के साथ मैत्रीपूर्ण संबंध बनाए रखे, जिससे कूटनीतिक और सांस्कृतिक आदान-प्रदान हुआ। अकबर के शासनकाल में फारसी कला, साहित्य और प्रशासनिक प्रणालियाँ मुग़ल दरबार में अपनाई गईं, और फारसी भाषा को राजकीय भाषा के रूप में विकसित किया गया। लेकिन शाहजहाँ और औरंगज़ेब के शासनकाल में फारस के साथ संघर्ष बढ़ गया, विशेष रूप से कंधार पर नियंत्रण को लेकर दोनों साम्राज्यों के बीच कई युद्ध हुए। 1649 में शाहजहाँ के शासनकाल में सफ़वियों ने कंधार पर कब्ज़ा कर लिया, जिसे वापस लेने के लिए शाहजहाँ और औरंगज़ेब ने कई असफल प्रयास किए। इस संघर्ष के कारण दोनों साम्राज्यों के संबंध खराब हो गए और मुग़लों की पश्चिमी सीमा कमजोर पड़ गई।

2. **उस्मानी (ऑटोमन) साम्राज्य के साथ संबंध और प्रभाव:** उस्मानी साम्राज्य उस समय दुनिया की सबसे शक्तिशाली इस्लामी सत्ता थी, जिसका शासन पश्चिम एशिया, उत्तरी अफ्रीका और यूरोप तक फैला हुआ था। हालाँकि मुग़लों और उस्मानियों के बीच कोई सीधा सैन्य टकराव नहीं हुआ, लेकिन इस्लामी नेतृत्व और हज यात्रा को लेकर दोनों साम्राज्यों के बीच कूटनीतिक संबंध बने रहे। उस्मानी सुल्तान स्वयं को इस्लामी जगत का ख़लीफ़ा मानते थे, लेकिन मुग़ल शासकों ने कभी उनकी धार्मिक सर्वोच्चता को स्वीकार नहीं किया। फिर भी, हज यात्रा के दौरान मुग़लों ने मक्का और मदीना में भारतीय हाजियों की सुविधा

के लिए उस्मानी प्रशासन से सहयोग बनाए रखा। इसके अतिरिक्त, भारत में कुछ सूफी संप्रदायों और धार्मिक विचारों पर उस्मानी प्रभाव देखा गया। मुग़लों ने तुर्की वास्तुकला और प्रशासनिक प्रणालियों को भी अपनाया, विशेष रूप से सैन्य संगठन और तोपखाने की तकनीकों में तुर्की प्रभाव स्पष्ट रूप से देखा जा सकता है। इस प्रकार, मुग़ल-सफ़वी और मुग़ल-उस्मानी संबंधों का प्रभाव भारत की राजनीति, प्रशासन और संस्कृति पर गहराई से पड़ा, जो मुग़ल शासन की संरचना को परिभाषित करने में महत्वपूर्ण रहा।

6.2.3 मध्य एशिया और मुग़ल संबंध

मुग़ल साम्राज्य की जड़ें मध्य एशिया से जुड़ी थीं, जहाँ से बाबर का उदय हुआ था। बाबर का जन्म फरगना (आधुनिक उज़्बेकिस्तान) में हुआ था, और उसने अपने पूर्वज तैमूर और चंगेज़ खान की विरासत को आगे बढ़ाते हुए समरकंद पर शासन करने का प्रयास किया। हालाँकि, उसे उज़्बेक शासकों द्वारा वहाँ से निष्कासित कर दिया गया, जिसके बाद उसने 1504 में काबुल पर अधिकार कर लिया और इसे अपनी सत्ता का केंद्र बनाया। बाद में, 1526 में पानीपत की लड़ाई जीतकर उसने दिल्ली में मुग़ल साम्राज्य की नींव रखी। हालाँकि भारत में शासन स्थापित करने के बाद भी बाबर की आकांक्षा समरकंद को पुनः जीतने की बनी रही, लेकिन वह इसे हासिल करने में सफल नहीं हो सका। बाबर के बाद, हुमायूँ ने भी मध्य एशिया के शासकों से संपर्क बनाए रखा, विशेष रूप से शाह तहमास्प (सफ़वी शासक) से, जिसकी मदद से वह पुनः भारत में अपना साम्राज्य स्थापित करने में सफल हुआ।

अकबर के शासनकाल में मध्य एशिया के साथ संबंधों को व्यापार और सांस्कृतिक आदान-प्रदान के माध्यम से मजबूत करने का प्रयास किया गया। उसने समरकंद और बल्ख जैसे क्षेत्रों में अपना प्रभाव बढ़ाने के लिए राजनयिक मिशन भेजे, हालाँकि इन प्रयासों में उसे कोई स्थायी सफलता नहीं मिली। जहाँगीर और शाहजहाँ के शासनकाल में भी मध्य एशिया के उज़्बेक शासकों के साथ कूटनीतिक संबंध बनाए रखने की कोशिश की गई। शाहजहाँ के समय में मुग़ल सेना ने बल्ख और बदख्शां पर नियंत्रण पाने के लिए सैन्य अभियान चलाए, लेकिन कठिन भौगोलिक परिस्थितियों और उज़्बेकों के मजबूत प्रतिरोध के कारण उन्हें सफलता नहीं मिली। इन असफल प्रयासों के बावजूद, मध्य एशिया से भारत में आने वाले व्यापारियों, विद्वानों और सैनिकों का सिलसिला जारी रहा, जिससे मुग़ल दरबार में मध्य एशियाई प्रभाव बना रहा।

6.2.4 फारसी और तुर्की प्रभाव

मुग़ल साम्राज्य की प्रशासनिक प्रणाली, सैन्य रणनीति, कला, भाषा और स्थापत्य पर फारसी और तुर्की प्रभाव गहरा था। प्रशासनिक दृष्टि से, मुग़लों की मनसबदारी प्रणाली फारसी और तुर्की प्रशासनिक प्रणालियों से प्रेरित थी। इस प्रणाली में अधिकारियों और सैनिकों को रैंक (मनसब) दी जाती थी, जो सफ़वी और उस्मानी शासन प्रणाली की तरह थी। इसके अलावा, राज्यपालों (सूबेदारों) की नियुक्ति और प्रशासनिक ढांचा फारसी दीवान प्रणाली से प्रभावित था। फारसियों और तुर्कों से प्रेरणा लेते हुए मुग़लों ने मजबूत नौकरशाही प्रणाली विकसित की, जिससे उनका शासन अधिक संगठित और प्रभावी बना।

मुग़ल स्थापत्य और कला पर भी फारसी और तुर्की प्रभाव स्पष्ट रूप से दिखाई देता है। ताजमहल, हुमायूँ का मकबरा, फ़तेहपुर सीकरी, और शाहजहाँ द्वारा निर्मित दिल्ली की जामा मस्जिद जैसी संरचनाएँ फारसी स्थापत्य शैली का अनुसरण करती हैं। इनमें गुंबद, मेहराब, और मीनारों का प्रयोग सफ़वी और तुर्क वास्तुकला से प्रेरित था। भाषा और साहित्य में भी फारसी का वर्चस्व था–यह मुग़ल दरबार की आधिकारिक भाषा थी और मुग़ल शासकों ने फारसी कवियों और विद्वानों को संरक्षण दिया। अकबर, जहाँगीर और शाहजहाँ के काल को फारसी साहित्य का स्वर्ण युग कहा जाता है, जब "आइन-ए-अकबरी" और "पादशाहनामा" जैसे महत्वपूर्ण ग्रंथ लिखे गए। सैन्य दृष्टि से, मुग़लों ने तोपखाने और घेराबंदी की रणनीतियाँ उस्मानियों और फारसियों से अपनाईं, जिससे उनकी सैन्य शक्ति और अधिक प्रभावी हो गई।

6.3 यूरोपीय शक्तियों से कूटनीति

16वीं और 17वीं शताब्दी में यूरोप की समुद्री शक्तियाँ–पुर्तगाल, डच (नीदरलैंड), अंग्रेज़ और फ्रांसीसी–भारतीय उपमहाद्वीप के व्यापारिक और राजनीतिक परिदृश्य में प्रवेश करने लगीं। सबसे पहले, 1498 में वास्को डी गामा के नेतृत्व में पुर्तगाली भारत पहुँचे और गोवा, दमन और दीव में अपने ठिकाने स्थापित किए। इसके बाद, 17वीं शताब्दी की शुरुआत में डच व्यापारियों ने दक्षिण और पश्चिम भारत में अपने व्यापारिक केंद्र स्थापित किए, जबकि अंग्रेज़ों ने 1600 में ईस्ट इंडिया कंपनी की स्थापना करके सूरत, मद्रास, बंबई और कलकत्ता में व्यापार शुरू किया। फ्रांसीसियों ने भी 1664 में अपनी ईस्ट इंडिया कंपनी बनाई और पुदुचेरी जैसे क्षेत्रों में अपना प्रभाव जमाया। प्रारंभ में, मुग़ल शासकों ने इन यूरोपीय व्यापारियों को अपने साम्राज्य में व्यापार करने की अनुमति दी और इनके साथ कूटनीतिक संबंध बनाए। जहाँगीर और शाहजहाँ

के शासनकाल में अंग्रेज़ और डच व्यापारियों को फैक्ट्री स्थापित करने की अनुमति दी गई, लेकिन जल्द ही इन शक्तियों ने न केवल व्यापार में अपना प्रभुत्व स्थापित किया, बल्कि राजनीतिक हस्तक्षेप भी बढ़ा दिया। औरंगज़ेब के काल तक अंग्रेज़ों और फ्रांसीसियों की महत्वाकांक्षाएँ स्पष्ट हो गईं, और वे भारतीय राजाओं और मुग़ल सूबेदारों के आंतरिक मामलों में दखल देने लगे। मुग़लों की सत्ता के कमजोर होने और प्रशासनिक विघटन के कारण यूरोपीय शक्तियों को अपनी पकड़ मजबूत करने का अवसर मिला, जिससे 18वीं शताब्दी में ब्रिटिश ईस्ट इंडिया कंपनी का भारत में राजनीतिक आधिपत्य बढ़ता गया और मुग़ल साम्राज्य धीरे-धीरे अपने अस्तित्व की ओर बढ़ने लगा।

6.3.1 पुर्तगाल, डच, अंग्रेज़ और फ्रांसीसी संपर्क

16वीं और 17वीं शताब्दी में भारत में यूरोपीय शक्तियों के आगमन से मुग़ल साम्राज्य के व्यापारिक और राजनीतिक परिदृश्य में महत्वपूर्ण परिवर्तन हुए। पुर्तगालियों ने 1498 में वास्को डी गामा के भारत आगमन के साथ सबसे पहले अपनी पकड़ बनाई और 1510 में गोवा पर कब्जा कर इसे अपनी प्रमुख व्यापारिक और प्रशासनिक राजधानी बनाया। उन्होंने दमन, दीव और अन्य समुद्री बंदरगाहों पर नियंत्रण कर भारतीय व्यापार मार्गों को बाधित करने की कोशिश की। पुर्तगालियों ने मुग़लों से व्यापारिक समझौते किए, लेकिन वे अक्सर स्थानीय समुद्री व्यापारियों और हज यात्रा करने वाले जहाजों को लूटते थे, जिससे मुग़ल शासकों, विशेष रूप से जहाँगीर और शाहजहाँ, के साथ उनके संबंध तनावपूर्ण हो गए। पुर्तगालियों के बाद डच व्यापारी 1602 में डच ईस्ट इंडिया कंपनी (VOC) के माध्यम से भारत आए और उन्होंने दक्षिण भारत के कोचीन, पुलिकट और सूरत में अपने व्यापारिक केंद्र स्थापित किए। डचों की प्राथमिक रुचि मसाला व्यापार में थी, और वे मुग़लों से सैन्य या राजनीतिक स्तर पर अधिक टकराव से बचते हुए केवल व्यापार पर ध्यान केंद्रित करते रहे। हालाँकि, जैसे-जैसे अन्य यूरोपीय शक्तियाँ भारत में प्रवेश करने लगीं, डचों का प्रभाव धीरे-धीरे कम होने लगा।

अंग्रेज़ों ने 1600 में ईस्ट इंडिया कंपनी की स्थापना के बाद भारत में अपनी व्यापारिक गतिविधियाँ शुरू कीं और 1612 में सूरत में पहली फैक्ट्री स्थापित की। जहाँगीर ने अंग्रेज़ी व्यापारियों को व्यापार करने की अनुमति दी, क्योंकि वे पुर्तगालियों की तुलना में अधिक व्यवस्थित और कम आक्रामक लगे। धीरे-धीरे अंग्रेज़ों ने बंगाल, मद्रास और बंबई में अपने व्यापारिक केंद्र बनाए और अपनी सैन्य शक्ति भी बढ़ाने लगे। शाहजहाँ और औरंगज़ेब के शासनकाल में अंग्रेज़ों की गतिविधियाँ बढ़ती गईं, और वे भारतीय राजनीति में हस्तक्षेप करने लगे। इसी दौरान, 1664 में फ्रांसीसी ईस्ट इंडिया

कंपनी की स्थापना हुई, जिसने पांडिचेरी, चंद्रनगर और माहे में अपने व्यापारिक केंद्र स्थापित किए। मुग़ल शासकों ने अंग्रेज़ों और फ्रांसीसियों दोनों को व्यापारिक सहूलियतें दीं, लेकिन इनके बीच प्रतिस्पर्धा और टकराव बढ़ता गया। 18वीं शताब्दी तक आते-आते अंग्रेज़ और फ्रांसीसी भारत में प्रमुख व्यापारिक और सैन्य शक्तियाँ बन गए, जिससे मुग़ल साम्राज्य की स्थिति कमजोर पड़ने लगी।

6.3.2 जहाँगीर और अंग्रेज़ों के बीच संबंध

1608 में कैप्टन विलियम हॉकिन्स, इंग्लैंड के राजा जेम्स प्रथम के राजदूत के रूप में जहाँगीर के दरबार में पहुँचा। उसका उद्देश्य ईस्ट इंडिया कंपनी के लिए भारत में व्यापारिक विशेषाधिकार प्राप्त करना था। हॉकिन्स ने जहाँगीर से व्यक्तिगत रूप से मुलाकात की और फ़ारसी भाषा में संवाद करने की अपनी योग्यता के कारण मुग़ल सम्राट पर गहरी छाप छोड़ी। जहाँगीर ने उसे "इंग्रेज़ी खान" की उपाधि दी और कुछ समय के लिए उसे अपने दरबार में एक उच्च पद भी दिया। हालाँकि, पुर्तगालियों के प्रभाव और दरबार में मौजूद विरोधी गुटों के चलते हॉकिन्स अपनी मुख्य मांग–अंग्रेज़ों के लिए स्थायी व्यापारिक अधिकार–को पूरा नहीं करवा सका। पुर्तगालियों ने जहाँगीर को अंग्रेज़ों के इरादों के प्रति सचेत किया, जिससे हॉकिन्स की योजना असफल हो गई और अंततः उसे भारत छोड़कर वापस लौटना पड़ा।

इसके बाद, 1615 में सर थॉमस रो को इंग्लैंड की महारानी एलिज़ाबेथ प्रथम के उत्तराधिकारी, किंग जेम्स प्रथम, ने एक औपचारिक राजदूत के रूप में जहाँगीर के दरबार में भेजा। सर थॉमस रो अधिक राजनयिक तरीके से मुग़ल सम्राट के साथ संबंध स्थापित करने में सफल रहा। उसने जहाँगीर को कई कीमती यूरोपीय उपहार भेंट किए और व्यापारिक सहयोग की संभावनाओं पर चर्चा की। परिणामस्वरूप, 1615 में जहाँगीर ने अंग्रेज़ों को सूरत, ब्रह्मपुर, अहमदाबाद और आगरा में व्यापारिक चौकियाँ स्थापित करने की अनुमति दी। यह समझौता आगे चलकर अंग्रेज़ों के भारत में प्रभाव बढ़ाने की दिशा में एक महत्वपूर्ण कदम साबित हुआ। मुग़लों के लिए यह समझौता आर्थिक दृष्टि से लाभकारी था, क्योंकि इससे उन्हें उच्च गुणवत्ता वाले यूरोपीय सामान प्राप्त होने लगे। हालाँकि, अंग्रेज़ इस अवसर का लाभ उठाकर धीरे-धीरे अपनी स्थिति को मजबूत करने लगे और भारतीय व्यापार में पुर्तगालियों की जगह लेने लगे।

1613 तक मुग़लों और पुर्तगालियों के बीच संबंध और अधिक तनावपूर्ण हो गए थे। पुर्तगाली भारत में ईसाई धर्म के प्रसार के साथ-साथ समुद्री मार्गों और स्थानीय व्यापारियों पर अपना प्रभुत्व बनाए रखना चाहते थे। सूरत में उनकी आक्रामक गतिविधियों और स्थानीय व्यापारियों पर उनके बढ़ते दबाव के कारण जहाँगीर ने उनके

खिलाफ कार्रवाई करने का निर्णय लिया। इस समय तक अंग्रेज़ों ने भारतीय व्यापार पर अपनी पकड़ बनानी शुरू कर दी थी और वे मुग़ल शासकों को पुर्तगालियों के खिलाफ कार्रवाई करने के लिए प्रेरित कर रहे थे। जहाँगीर ने पुर्तगालियों को सूरत से बाहर निकालने का प्रयास किया और उनकी गतिविधियों को सीमित करने की कोशिश की। इस घटनाक्रम के बाद, अंग्रेज़ों के लिए भारत में व्यापारिक गतिविधियाँ आसान हो गईं और उन्होंने धीरे-धीरे अपनी स्थिति को और मजबूत कर लिया।

6.3.3 मुग़लों और फ्रांसीसियों का गठबंधन

17वीं शताब्दी में फ्रांसीसी ईस्ट इंडिया कंपनी ने भारत में अपने व्यापारिक ठिकाने स्थापित करने शुरू किए। पांडिचेरी (1674), माहे (1725), कराइकल (1739), और चंद्रनगर (1690) जैसे स्थानों पर उन्होंने अपने व्यापारिक केंद्र स्थापित किए। प्रारंभ में, उनका मुख्य उद्देश्य मसालों, कपड़ों और अन्य भारतीय वस्तुओं का व्यापार करना था। मुग़ल शासन के अंतर्गत, विशेष रूप से औरंगज़ेब के शासनकाल (1658-1707) में, फ्रांसीसियों को व्यापारिक सहूलियतें प्रदान की गईं। उन्होंने मुग़ल अधिकारियों के साथ कूटनीतिक संबंध स्थापित किए और अपने व्यापार को बढ़ाने का प्रयास किया। जहाँ अंग्रेज़ और डच व्यापारी अधिक आक्रामक और राजनीतिक रूप से सक्रिय थे, वहीं फ्रांसीसियों ने शुरुआत में व्यापार पर ही अधिक ध्यान केंद्रित किया और स्थानीय शासकों से अच्छे संबंध बनाए रखे।

18वीं शताब्दी की शुरुआत तक भारत में अंग्रेज़ों और फ्रांसीसियों के बीच प्रतिस्पर्धा बढ़ने लगी। अंग्रेज़ों और फ्रांसीसियों ने एक-दूसरे के व्यापारिक केंद्रों को कमजोर करने और अपने प्रभाव क्षेत्र को बढ़ाने के लिए स्थानीय शासकों के साथ गठबंधन करने की नीति अपनाई। मुग़ल शासकों ने प्रारंभ में फ्रांसीसियों को अंग्रेज़ों के मुकाबले अधिक समर्थन दिया, क्योंकि फ्रांसीसी व्यापारियों ने मुग़ल प्रशासन से बेहतर संबंध स्थापित किए थे। हालाँकि, मुग़ल साम्राज्य की राजनीतिक और सैन्य स्थिति कमजोर होने लगी, जिससे वे किसी भी यूरोपीय शक्ति को निर्णायक रूप से समर्थन देने में असमर्थ रहे। औरंगज़ेब के बाद के मुग़ल शासकों की सत्ता धीरे-धीरे कमजोर होती गई, और अंग्रेज़ों ने अपनी सैन्य शक्ति और प्रभाव का उपयोग करके भारत में अपना प्रभुत्व स्थापित करना शुरू कर दिया। अंततः, अंग्रेज़ों और फ्रांसीसियों के बीच कर्नाटिक युद्धों (1746-1763) में अंग्रेज़ों की जीत ने भारत में फ्रांसीसी प्रभाव को सीमित कर दिया और मुग़लों के साथ उनका गठबंधन प्रभावहीन हो गया।

6.3.4 व्यापारिक समझौते और सैन्य गठबंधन

मुग़ल शासकों ने 16वीं और 17वीं शताब्दी में यूरोपीय व्यापारियों को भारत में व्यापारिक केंद्र स्थापित करने की अनुमति दी, जिससे उन्हें आर्थिक लाभ और विदेशी वस्तुओं की आपूर्ति मिलती रही। अंग्रेज़, डच, पुर्तगाली और फ्रांसीसी व्यापारियों को भारतीय बंदरगाहों में कारखाने स्थापित करने की अनुमति दी गई, जिससे भारतीय वस्त्र, मसाले, चाय और अन्य व्यापारिक सामान का निर्यात संभव हुआ। इस व्यापारिक गतिविधि से मुग़ल दरबार को भारी राजस्व प्राप्त हुआ, और बदले में यूरोपीय व्यापारी भारत में अपनी स्थिति मजबूत करने लगे। हालाँकि, मुग़लों को यह अहसास नहीं हुआ कि ये यूरोपीय शक्तियाँ व्यापार से आगे बढ़कर सैन्य और राजनीतिक प्रभाव बढ़ाने की कोशिश कर रही थीं। अंग्रेज़ और डच व्यापारियों ने भारत में अपने समुद्री मार्गों और बंदरगाहों पर नियंत्रण स्थापित करने का प्रयास किया, जिससे मुग़ल साम्राज्य की आर्थिक संप्रभुता धीरे-धीरे कमजोर पड़ने लगी।

यूरोपीय शक्तियों के आगमन से मुग़ल सेना को आधुनिक सैन्य तकनीकों से परिचित होने का अवसर मिला। मुग़लों ने यूरोपीय तोपखाने, सैन्य रणनीतियों और किलेबंदी तकनीकों को अपनाने की कोशिश की, लेकिन वे समुद्री शक्ति विकसित करने में असफल रहे। इसी कारण, अंग्रेज़ और फ्रांसीसी जैसे यूरोपीय शक्तियाँ भारत के समुद्री मार्गों पर हावी हो गईं और भारतीय व्यापारियों पर भी उनका नियंत्रण बढ़ता चला गया। उधर, मराठों ने भी अंग्रेज़ों और फ्रांसीसियों के साथ गठबंधन करके अपनी स्थिति मजबूत की, जिससे मुग़ल साम्राज्य और अधिक कमजोर हो गया। 18वीं शताब्दी तक अंग्रेज़ों ने अपनी स्थिति काफी मजबूत कर ली थी और 1757 में प्लासी के युद्ध में बंगाल के नवाब सिराजुद्दौला को हराकर अपनी राजनीतिक पकड़ स्थापित कर ली। इसके बाद अंग्रेज़ों ने धीरे-धीरे पूरे भारत में अपना नियंत्रण बढ़ाया, जिससे मुग़ल साम्राज्य का पतन निश्चित हो गया।

6.4 आंतरिक विद्रोह और राजनीतिक अस्थिरता

मुग़ल साम्राज्य अपने चरम पर अकबर और शाहजहाँ के समय तक एक संगठित, समृद्ध और शक्तिशाली राज्य बना रहा, लेकिन औरंगज़ेब के शासनकाल (1658-1707) में कई नीतिगत गलतियों, धार्मिक कट्टरता और निरंतर युद्धों के कारण इसकी नींव कमजोर होने लगी। औरंगज़ेब ने दक्षिण भारत में लंबा सैन्य अभियान चलाया, जिससे मुग़ल सेना और राजकोष पर अत्यधिक दबाव पड़ा। इसके अलावा, उसकी धार्मिक नीतियों, जैसे हिंदू मंदिरों को ध्वस्त करना, जज़िया कर फिर से लागू करना और राजपूतों एवं

मराठों के साथ संघर्ष ने कई समुदायों में असंतोष पैदा किया। इसी दौरान, उत्तर भारत में जाटों का विद्रोह हुआ, जो मुग़ल प्रशासन के विरुद्ध एक बड़े प्रतिरोध के रूप में उभरा। सिखों ने भी गुरु गोबिंद सिंह के नेतृत्व में मुग़लों के अत्याचारों के खिलाफ खालसा पंथ की स्थापना की और सैन्य रूप से उनका विरोध किया। इसी तरह, सतनामी विद्रोह और अन्य क्षेत्रीय संघर्षों ने मुग़ल शासन को और अधिक कमजोर कर दिया। मराठा शक्ति छत्रपति शिवाजी के समय से ही बढ़ रही थी और औरंगज़ेब की मराठों के खिलाफ आक्रामक नीति ने उनकी शक्ति को और मजबूत कर दिया। इन निरंतर युद्धों और विद्रोहों के कारण मुग़ल प्रशासन अस्थिर होने लगा, जिससे साम्राज्य की आंतरिक एकता टूट गई। औरंगज़ेब की मृत्यु के बाद सत्ता संघर्ष और कमजोर प्रशासन ने मुग़ल साम्राज्य को तेजी से पतन की ओर धकेल दिया, जिससे अंग्रेज़ों और अन्य यूरोपीय शक्तियों को भारत में अपनी पकड़ मजबूत करने का अवसर मिला।

6.4.1 जाट विद्रोह

जाट विद्रोह मुग़ल शासन के खिलाफ एक महत्वपूर्ण जनआंदोलन था, जो मुख्य रूप से औरंगज़ेब की कठोर नीतियों और प्रशासनिक दमन के कारण भड़का। जाट समुदाय, जो मूलतः उत्तर भारत के किसान और योद्धा थे, मुग़लों की कर नीतियों और धार्मिक उत्पीड़न से असंतुष्ट थे। अकबर के समय तक जाट समुदाय मुग़ल प्रशासन के अधीन शांतिपूर्वक जीवन व्यतीत कर रहा था, लेकिन जहाँगीर और शाहजहाँ के शासनकाल में करों में वृद्धि और प्रशासनिक कठोरता बढ़ने लगी। औरंगज़ेब के समय यह स्थिति और बिगड़ गई, जब उसने जज़िया कर को फिर से लागू किया और हिंदू मंदिरों को तोड़ने के आदेश दिए। मथुरा, वृंदावन और आगरा क्षेत्र में बसे जाटों के लिए ये नीतियाँ असहनीय हो गईं, जिससे उनमें विद्रोह की भावना प्रबल हो गई। मुग़ल अधिकारियों के अत्याचारों और कृषि करों के बोझ से तंग आकर 1669 में जाटों ने संगठित होकर विद्रोह कर दिया, जिसका नेतृत्व गोकुला जाट ने किया।

गोकुला जाट ने मुग़लों के खिलाफ सशस्त्र संघर्ष छेड़ दिया और मथुरा तथा उसके आसपास के क्षेत्रों में मुग़ल सेना को कई बार हराया। जाटों ने छापामार युद्ध रणनीति अपनाई और मुग़ल प्रशासन को गंभीर चुनौती दी। लेकिन 1670 में औरंगज़ेब ने अपने सेनापति हसन अली खान के नेतृत्व में भारी संख्या में सैनिक भेजे, जिन्होंने जाटों के इस विद्रोह को कुचल दिया। गोकुला को बंदी बना लिया गया और बाद में उसे मौत की सजा दी गई। हालाँकि, जाटों की प्रतिरोध भावना समाप्त नहीं हुई। गोकुला की मृत्यु के बाद, 1685 में राजाराम जाट ने इस विद्रोह को फिर से जीवित किया। राजाराम ने भरतपुर को अपनी राजधानी बनाया और मुग़लों के खिलाफ लगातार

छापामार युद्ध जारी रखा। जाटों ने संगठित होकर मुग़ल सैन्य टुकड़ियों पर हमले किए और प्रशासनिक ढांचे को कमजोर किया। इस संघर्ष ने 18वीं शताब्दी में जाटों के एक स्वतंत्र राज्य की नींव रखी, जिसे बाद में बदन सिंह और सूरज मल जैसे शासकों ने और सुदृढ़ किया। इस प्रकार, जाट विद्रोह मुग़ल साम्राज्य की गिरती शक्ति का संकेत था और उसने भविष्य में मुग़लों के पतन की प्रक्रिया को तेज कर दिया।

6.4.2 सिख विद्रोह और खालसा पंथ की स्थापना

1. **सिख धर्म का उदय और मुग़लों से टकराव:** सिख धर्म की स्थापना 15वीं शताब्दी में गुरु नानक (1469-1539) द्वारा की गई थी। यह धर्म सामाजिक समानता, आध्यात्मिकता और मानवता पर आधारित था। सिख धर्म में जाति-पाति और धार्मिक भेदभाव का विरोध किया गया, जिससे यह समाज के कई वर्गों में लोकप्रिय हुआ। अकबर के शासनकाल में सिखों को धार्मिक सहिष्णुता मिली और उनके गुरुओं को सम्मान प्राप्त हुआ। हालाँकि, जहाँगीर के शासनकाल में सिखों और मुग़लों के बीच टकराव बढ़ने लगा। 1606 में, जहाँगीर ने सिखों के पाँचवें गुरु, गुरु अर्जुन देव को मृत्युदंड देने का आदेश दिया। उन्हें इस आरोप में दंडित किया गया कि उन्होंने जहाँगीर के विद्रोही पुत्र खुसरो मिर्जा को शरण दी थी। इस घटना से सिख समुदाय में असंतोष फैल गया और उन्होंने खुद को एक सैन्य शक्ति में बदलने की प्रक्रिया शुरू कर दी।

2. **गुरु तेग बहादुर और औरंगज़ेब की क्रूरता:** गुरु अर्जुन देव की शहादत के बाद सिखों ने अपने धर्म की रक्षा के लिए सैन्य शक्ति बढ़ाने का प्रयास किया। गुरु हरगोबिंद (छठे गुरु) ने "संत सिपाही" की अवधारणा को अपनाया और एक सशस्त्र सिख समुदाय की नींव रखी। अगले कुछ दशकों तक सिख और मुग़लों के बीच संघर्ष चलता रहा। जब औरंगज़ेब सत्ता में आया, तो उसने इस्लामिक कट्टरता को बढ़ावा दिया और गैर-मुस्लिमों पर कठोर नीतियाँ लागू कीं। 1675 में, नौवें सिख गुरु, गुरु तेग बहादुर को औरंगज़ेब ने इस्लाम स्वीकार करने के लिए मजबूर किया। जब उन्होंने इसे अस्वीकार कर दिया, तो उन्हें दिल्ली के चाँदनी चौक में सार्वजनिक रूप से शहीद कर दिया गया। इस क्रूर घटना ने सिख समुदाय को झकझोर दिया और उन्होंने मुग़लों के खिलाफ खुली बगावत करने का निर्णय लिया।

3. **खालसा पंथ की स्थापना (1699):** गुरु गोबिंद सिंह ने सिखों को सैन्य रूप से और अधिक संगठित करने के उद्देश्य से 1699 में आनंदपुर साहिब में खालसा पंथ की स्थापना की। खालसा पंथ के अनुयायियों को पाँच 'ककार' (केश, कड़ा, कृपाण,

कंघा और कच्छा) धारण करने का आदेश दिया गया, जिससे उनकी एक विशिष्ट पहचान बनी। इस संगठन ने सिखों को सैन्य रूप से संगठित किया और वे मुग़लों के खिलाफ गुरिल्ला युद्ध में उतर आए। गुरु गोबिंद सिंह के नेतृत्व में सिखों ने मुग़ल सेना को कई बार पराजित किया। 1708 में गुरु गोबिंद सिंह की मृत्यु के बाद, उनके शिष्य बंदा सिंह बहादुर ने सिख सेना का नेतृत्व किया। उन्होंने मुग़ल साम्राज्य के खिलाफ निर्णायक युद्ध लड़ा और 1710 में सरहिंद पर विजय प्राप्त की। उन्होंने किसानों और मजदूरों को संगठित कर एक नई प्रशासनिक व्यवस्था स्थापित की, जो मुग़लों के लिए गंभीर चुनौती बनी। हालाँकि, 1716 में मुग़लों ने बंदा सिंह बहादुर को पकड़ लिया और उन्हें क्रूरतापूर्वक मार डाला।

4. **सिख विद्रोह का मुग़ल साम्राज्य पर प्रभाव:** सिखों के लगातार विद्रोह और संघर्ष के कारण मुग़ल सेना कमजोर होती गई। 18वीं शताब्दी तक सिखों ने पंजाब में अपनी स्वतंत्र शक्ति स्थापित कर ली थी। मुग़लों की प्रशासनिक और सैन्य शक्ति धीरे-धीरे खत्म होने लगी और वे उत्तरी भारत में अपना प्रभाव खोने लगे। इस विद्रोह ने मुग़ल साम्राज्य को पूर्णतः अस्थिर कर दिया और अंततः 19वीं शताब्दी में पंजाब में एक स्वतंत्र सिख साम्राज्य का उदय हुआ। इस प्रकार, सिख विद्रोह और खालसा पंथ की स्थापना ने मुग़ल साम्राज्य को कमजोर करने में महत्वपूर्ण भूमिका निभाई और भारत में एक नई शक्ति का उदय हुआ।

6.4.3 सतनामी विद्रोह

1. **सतनामी समुदाय की उत्पत्ति:** सतनामी एक धार्मिक और सामाजिक सुधारवादी समुदाय था, जिसकी उत्पत्ति 16वीं-17वीं शताब्दी में हुई। यह समुदाय संत नामदेव और संत रविदास की शिक्षाओं से प्रेरित था और जाति प्रथा, मूर्ति पूजा तथा धार्मिक कर्मकांडों का विरोध करता था। सतनामियों का मानना था कि ईश्वर एक है और उसे किसी मूर्ति या मंदिर में सीमित नहीं किया जा सकता। यह समुदाय विशेष रूप से हरियाणा, राजस्थान और मध्य भारत के कुछ हिस्सों में सक्रिय था, और इनका मुख्य केंद्र नारनौल (वर्तमान हरियाणा) था। अधिकतर सतनामी किसान, दस्तकार और निम्न वर्ग से आते थे, जिन्हें मुग़ल प्रशासन और स्थानीय ज़मींदारों द्वारा भारी करों और शोषण का सामना करना पड़ता था। इन कारणों से सतनामियों और मुग़लों के बीच तनाव बढ़ता गया।

2. **सतनामियों का औरंगज़ेब के खिलाफ विद्रोह (1672):** 1672 में नारनौल क्षेत्र में एक मुग़ल अधिकारी और एक सतनामी किसान के बीच मामूली विवाद हुआ, लेकिन यह संघर्ष जल्द ही एक बड़े विद्रोह में बदल गया। सतनामियों ने

संगठित होकर मुग़ल प्रशासन के खिलाफ हथियार उठा लिए। चूँकि वे पहले से ही सामाजिक भेदभाव और अत्याचारों से परेशान थे, इस कारण उन्होंने मुग़ल सत्ता के खिलाफ विद्रोह को पूरे साम्राज्य के अत्याचार के खिलाफ युद्ध के रूप में देखा। सतनामियों ने गुरिल्ला युद्ध की रणनीति अपनाई और मुग़ल सेना को कड़ी टक्कर दी। वे जंगलों, पहाड़ियों और गाँवों में छिपकर मुग़ल सैनिकों पर हमला करते थे। उनकी अप्रत्याशित युद्ध शैली और बहादुरी के कारण मुग़ल सेना को शुरू में कई स्थानों पर हार का सामना करना पड़ा। लेकिन जब औरंगज़ेब को इस विद्रोह की गंभीरता का अहसास हुआ, तो उसने बड़ी संख्या में सैनिक भेजकर विद्रोह को कुचलने का आदेश दिया। मुग़ल सेना ने नारनौल और आसपास के क्षेत्रों में कठोर दमन नीति अपनाई, जिसके परिणामस्वरूप हज़ारों सतनामी मारे गए और उनका विद्रोह दबा दिया गया।

3. **सतनामियों के विद्रोह का प्रभाव:** यद्यपि सतनामियों का विद्रोह पूरी तरह सफल नहीं हो सका, लेकिन इसने यह साबित कर दिया कि मुग़ल शासन के प्रति आम जनता में असंतोष गहराता जा रहा था। यह विद्रोह केवल एक धार्मिक समुदाय की बगावत नहीं थी, बल्कि यह सामाजिक अन्याय और शोषण के खिलाफ एक व्यापक संघर्ष का हिस्सा था। इस विद्रोह के बाद मुग़ल प्रशासन ने किसानों और निम्न वर्ग पर अधिक कठोरता बरतनी शुरू कर दी, जिससे लोगों में और अधिक असंतोष बढ़ा। 18वीं शताब्दी में मराठों और सिखों के बढ़ते विद्रोहों के साथ-साथ सतनामियों जैसे अन्य विद्रोहों ने भी मुग़ल साम्राज्य की नींव को कमजोर किया। सतनामियों की विद्रोही भावना ने बाद के वर्षों में अन्य शासकों के खिलाफ लड़ाई के लिए प्रेरणा दी, और अंततः यह मुग़ल साम्राज्य के पतन की एक बड़ी वजह बनी।

6.4.4 विद्रोहों का मुग़ल साम्राज्य पर प्रभाव

1. **प्रशासनिक अस्थिरता:** लगातार होते विद्रोहों ने मुग़ल प्रशासन की नींव को हिला दिया। पहले जहाँ मुग़ल सम्राटों का शासन पूरे साम्राज्य पर मजबूत पकड़ रखता था, वहीं विद्रोहों के बढ़ने से स्थानीय सूबेदारों और जागीरदारों का नियंत्रण बढ़ने लगा। जाट, सिख, सतनामी, मराठे और अन्य क्षेत्रीय शक्तियाँ धीरे-धीरे अपने-अपने स्वतंत्र राज्य स्थापित करने लगीं, जिससे मुग़ल साम्राज्य की केंद्रीकृत सत्ता कमजोर पड़ गई। मुग़ल शासक दिल्ली तक सिमटते जा रहे थे और प्रांतीय शासक अपनी स्वायत्तता बढ़ा रहे थे। इससे मुग़लों की प्रशासनिक पकड़ ढीली होती चली गई, जिससे साम्राज्य की राजनीतिक स्थिरता खतरे में पड़ गई।

2. **आर्थिक पतन:** लगातार होते युद्धों और विद्रोहों ने मुग़ल साम्राज्य की राजस्व व्यवस्था को बुरी तरह प्रभावित किया। विद्रोहों के कारण कई क्षेत्रों में खेती नष्ट हो गई, जिससे किसानों की आय कम हो गई और वे करों का भुगतान करने में असमर्थ हो गए। मुग़ल प्रशासन ने कर वसूली बढ़ाने की कोशिश की, लेकिन इससे केवल असंतोष बढ़ा और विद्रोह और अधिक उग्र हो गए। व्यापार मार्गों पर भी विद्रोहियों का नियंत्रण बढ़ने लगा, जिससे व्यापारिक गतिविधियाँ बाधित हो गईं। विदेशी व्यापार घटने और आंतरिक अर्थव्यवस्था के कमजोर होने से मुग़ल साम्राज्य की आर्थिक रीढ़ टूटने लगी, जिससे शासन चलाना मुश्किल हो गया।

3. **सैन्य कमजोरी:** मुग़ल सेना को एक साथ कई विद्रोहों का सामना करना पड़ा। जाट, सिख, मराठे और सतनामियों के विद्रोहों ने मुग़लों को चारों ओर से घेर लिया। लगातार होते युद्धों के कारण सेना की संख्या और संसाधन घटते गए। मुग़ल सैनिकों का मनोबल कमजोर हो गया, क्योंकि वे लगातार युद्धों में झोंक दिए जा रहे थे और उन्हें विजय भी प्राप्त नहीं हो रही थी। इसके अलावा, मुग़ल सेना की युद्ध तकनीक पुरानी पड़ने लगी थी, जबकि मराठे और सिख गुरिल्ला युद्ध तकनीक में माहिर हो गए थे। यूरोपीय शक्तियों की सैन्य तकनीकों को अपनाने में मुग़ल असफल रहे, जिससे उनकी सेना धीरे-धीरे कमजोर होती चली गई।

4. **साम्राज्य का पतन:** औरंगज़ेब की मृत्यु (1707) के बाद मुग़ल साम्राज्य पूरी तरह अस्थिर हो गया। कमजोर उत्तराधिकारियों के कारण सत्ता संघर्ष बढ़ गया और साम्राज्य को एक सशक्त नेतृत्व नहीं मिल सका। इसी दौरान, मराठों और सिखों ने मुग़लों के खिलाफ आक्रामक नीति अपनाई और दिल्ली पर अपना दबदबा बनाना शुरू कर दिया। जाटों ने भरतपुर में अपनी स्वतंत्र सत्ता स्थापित कर ली और बंगाल, अवध तथा हैदराबाद के नवाबों ने भी अपनी स्वायत्तता बढ़ा ली। 18वीं शताब्दी के अंत तक मुग़ल साम्राज्य केवल नाम मात्र का रह गया था। अंततः 1857 के विद्रोह के बाद ब्रिटिश हुकूमत ने अंतिम मुग़ल सम्राट बहादुर शाह ज़फ़र को सत्ता से हटा दिया और औपचारिक रूप से मुग़ल साम्राज्य का अंत कर दिया।

निष्कर्ष:

मुग़लकालीन कूटनीति और विदेशी संबंधों की विशेषता यह थी कि यह राजपूतों, फारस, तुर्की और यूरोपीय शक्तियों के साथ राजनीतिक संतुलन बनाए रखने का प्रयास करती थी। अकबर ने सुलह-ए-कुल नीति अपनाकर राजपूतों को प्रशासन में शामिल किया और वैवाहिक संबंधों के माध्यम से उनकी वफादारी सुनिश्चित की। जहाँगीर और शाहजहाँ

ने भी इसी नीति का अनुसरण किया, लेकिन औरंगज़ेब की कट्टर धार्मिक नीतियों के कारण राजपूतों से संघर्ष बढ़ा, जिससे मुग़ल सत्ता कमजोर हुई। राजपूत विद्रोहों ने मराठों को मजबूत किया और मुग़ल प्रशासन को अस्थिर कर दिया। कंधार को लेकर फारस के साथ संघर्ष जारी रहा, जिससे मुग़लों की पश्चिमी सीमाएँ असुरक्षित हो गईं। साथ ही, फारसी और तुर्की प्रशासनिक और सांस्कृतिक प्रभावों ने मुग़ल शासन को समृद्ध किया, लेकिन सैन्य मोर्चे पर सफलता नहीं मिली।

मुग़लों की यूरोपीय शक्तियों के साथ कूटनीति व्यापार केंद्रित रही। पुर्तगाली, डच, अंग्रेज़ और फ्रांसीसी व्यापारियों को मुग़लों ने व्यापारिक सहूलियतें दीं, लेकिन धीरे-धीरे अंग्रेज़ों का प्रभाव बढ़ता गया। जहाँगीर के शासनकाल में सर थॉमस रो के प्रयासों से अंग्रेज़ों को भारत में व्यापारिक अधिकार मिले, जिससे उनका राजनीतिक दखल बढ़ा। फ्रांसीसी और अंग्रेज़ों के बीच प्रतिस्पर्धा में मुग़लों ने संतुलन बनाए रखने का प्रयास किया, लेकिन अंग्रेज़ों की सैन्य शक्ति बढ़ती गई। अंततः मुग़ल साम्राज्य की कमजोर होती कूटनीति और विदेशी शक्तियों की बढ़ती पकड़ ने भारत में मुग़ल शासन के पतन की नींव रखी।

प्रश्न:

- मुग़लकालीन कूटनीति की विशेषताओं का वर्णन कीजिए। इसके अंतर्गत भारतीय राज्यों और विदेशी शक्तियों के साथ किए गए समझौतों और नीतियों का विश्लेषण कीजिए।

- अकबर की 'सुलह-ए-कुल' नीति के प्रभावों पर विस्तृत चर्चा कीजिए। इस नीति के अंतर्गत राजपूतों के साथ संबंधों, प्रशासन में उनकी भागीदारी और सामाजिक समरसता पर क्या प्रभाव पड़ा?

- जहाँगीर, शाहजहाँ और औरंगज़ेब की राजपूत नीति की तुलना कीजिए। औरंगज़ेब की कठोर नीतियों ने मुग़ल-राजपूत संबंधों को किस प्रकार प्रभावित किया?

- मुग़ल-सफ़वी संघर्ष मुख्य रूप से कंधार पर अधिकार को लेकर था। अकबर, जहाँगीर, शाहजहाँ और औरंगज़ेब के शासनकाल में कंधार को लेकर हुए संघर्षों का ऐतिहासिक विश्लेषण प्रस्तुत कीजिए।

- मुग़ल साम्राज्य और उस्मानी (ऑटोमन) साम्राज्य के बीच राजनयिक और सांस्कृतिक संबंधों का विस्तृत अध्ययन कीजिए। क्या मुग़लों की विदेश नीति में उस्मानियों की भूमिका थी?

- यूरोपीय शक्तियों के आगमन के बाद मुग़ल शासन की कूटनीति किस प्रकार बदली? पुर्तगाल, डच, अंग्रेज़ और फ्रांसीसियों के साथ संबंधों का विश्लेषण कीजिए।

- जहाँगीर और अंग्रेज़ों के बीच व्यापारिक संबंधों का वर्णन कीजिए। सर थॉमस रो के मिशन और ईस्ट इंडिया कंपनी को प्राप्त सुविधाओं का विस्तार से उल्लेख करें।

- मुग़लकालीन कूटनीति में फारसी और तुर्की प्रभावों की क्या भूमिका थी? प्रशासन, सैन्य रणनीति, कला, भाषा और स्थापत्य पर इन प्रभावों का विस्तृत अध्ययन कीजिए।

अध्याय 7

मराठा शक्ति का उदय और मुग़लों का क्षय

मुग़ल साम्राज्य के पतन में मराठा शक्ति के उभार ने एक महत्वपूर्ण भूमिका निभाई। 17वीं शताब्दी के अंत और 18वीं शताब्दी की शुरुआत में मराठों ने मुग़लों के खिलाफ निरंतर संघर्ष किया और अंततः एक स्वतंत्र सत्ता स्थापित की। शिवाजी (1630-1680) ने अपनी अद्वितीय सैन्य नीति, गुरिल्ला युद्ध रणनीति, दुर्ग निर्माण और नौसैनिक शक्ति के माध्यम से मुग़लों को गहरे संकट में डाल दिया। उन्होंने मुग़ल प्रशासन की कमजोरियों का लाभ उठाकर प्रभावी रूप से अपनी सत्ता का विस्तार किया। शिवाजी के उत्तराधिकारियों ने भी मुग़लों के खिलाफ संघर्ष जारी रखा, जिससे मुग़ल साम्राज्य की सैन्य और आर्थिक शक्ति धीरे-धीरे कमजोर होती गई। इस संघर्ष ने मुग़लों की प्रशासनिक संरचना को हिला दिया और उनके पतन को तेज कर दिया।

7.1 शिवाजी की सैन्य नीति

शिवाजी की सैन्य नीति उनकी कुशल नेतृत्व क्षमता, दूरदर्शिता और परिस्थितियों के अनुरूप अनुकूलन की क्षमता का परिणाम थी। उन्होंने पारंपरिक युद्ध प्रणाली से अलग एक नई रणनीति अपनाई, जिसमें गुरिल्ला युद्ध (गणिमी कावा) और किलों की रणनीति प्रमुख थी। उनकी सेना तेज़, चुस्त और संगठित थी, जो अचानक हमले करके शत्रु को नुकसान पहुंचाती और फिर सुरक्षित स्थानों पर लौट जाती। शिवाजी ने युद्ध के दौरान संसाधनों के कुशल उपयोग और दुश्मन की कमजोरियों का भरपूर लाभ उठाया। उन्होंने स्थानीय भूगोल का बेहतर उपयोग किया और अपने सैनिकों को कठिन इलाकों में लड़ने के लिए प्रशिक्षित किया, जिससे वे पहाड़ी क्षेत्रों में लड़ाई में कुशल बन गए। इस रणनीति ने मुग़लों और अन्य प्रतिद्वंद्वियों के खिलाफ उनकी सैन्य सफलता सुनिश्चित की।

गुरिल्ला युद्ध नीति (गणिमी कावा)

शिवाजी की गुरिल्ला युद्ध नीति पारंपरिक युद्ध प्रणाली से बिल्कुल अलग थी। उनकी सेना छोटी लेकिन अत्यधिक प्रभावशाली थी, जो तेज़ी से आक्रमण करके जंगलों और

पहाड़ों में छिप जाती थी। उन्होंने रात के समय हमले करने, दुश्मन की रसद आपूर्ति काटने और उनकी सेना को थका देने की रणनीति अपनाई। खुले मैदान में बड़े युद्धों से बचते हुए उन्होंने छोटी-छोटी झड़पों के माध्यम से शत्रु को कमजोर किया। इस रणनीति ने मुग़लों और आदिलशाही सेना को भारी नुकसान पहुंचाया, क्योंकि वे शिवाजी की सेना को पकड़ने और हराने में असमर्थ थे। इसके अलावा, शिवाजी ने युद्ध में धोखे और चतुराई का भी प्रयोग किया, जिससे वे सीमित संसाधनों में भी अपनी सेना को मजबूत बनाए रख सके।

किलों की रणनीति

शिवाजी ने किलों को अपने सैन्य अभियानों और सुरक्षा का प्रमुख केंद्र बनाया। उन्होंने लगभग 250 किलों पर नियंत्रण स्थापित किया, जिनमें राजगढ़, रायगढ़, प्रतापगढ़, तोरणा और सिंधुदुर्ग प्रमुख थे। हर किले की स्थिति रणनीतिक रूप से महत्वपूर्ण थी, जिससे मराठों को दुश्मनों पर नजर रखने और अपनी रक्षा मजबूत करने में सहायता मिली। शिवाजी ने अपने किलों में जल आपूर्ति, गोला-बारूद भंडारण और आपातकालीन सुरंगों की व्यवस्था की थी, जिससे लंबे समय तक युद्ध की स्थिति में भी उनकी सेना सुरक्षित रह सके। किलों की इस रणनीति ने शिवाजी को न केवल रक्षा में मदद की बल्कि उनका साम्राज्य विस्तार करने में भी महत्वपूर्ण भूमिका निभाई। इस प्रकार, गुरिल्ला युद्ध और किलों की रणनीति के माध्यम से शिवाजी ने एक शक्तिशाली मराठा सेना खड़ी की और मुग़लों सहित अन्य शत्रुओं के लिए गंभीर चुनौती प्रस्तुत की।

7.1.2 मुग़ल सेना के विरुद्ध शिवाजी की रणनीति

शिवाजी की युद्ध नीति मुग़ल साम्राज्य की विशाल और भारी-भरकम सेना के खिलाफ अत्यंत प्रभावी साबित हुई। उन्होंने पारंपरिक युद्ध प्रणाली से अलग एक विशिष्ट रणनीति अपनाई, जिसमें छापामार युद्ध, दुश्मन के रसद मार्गों पर हमले और कूटनीतिक चालें शामिल थीं। शिवाजी ने अपने दुश्मनों को सीधे युद्ध में उलझाने के बजाय, छोटी और चुस्त टुकड़ियों के माध्यम से तेज़ हमले किए और फिर सुरक्षित स्थानों पर चले गए। इस रणनीति ने मुग़लों को लगातार कमजोर किया और उनकी सैन्य तथा आर्थिक शक्ति को भारी क्षति पहुँचाई।

1. छापामार युद्ध और मुग़ल रसद मार्गों पर हमले

शिवाजी की सेना छोटे-छोटे समूहों में विभाजित थी, जो तेज़ गति से हमला करती और फिर जंगलों, पहाड़ों में छिप जाती थी। उन्होंने मुग़ल सेना की आपूर्ति श्रृंखला को

बाधित करने के लिए उनके रसद मार्गों और काफ़िलों पर हमले किए। इस रणनीति के कारण मुग़ल सेना को लंबे अभियानों के दौरान भोजन, हथियार और अन्य आवश्यक सामग्रियों की भारी कमी का सामना करना पड़ा, जिससे वे कमजोर हो गए। शिवाजी की इस नीति ने न केवल मुग़लों को कमजोर किया, बल्कि उनके स्वयं के सैन्य संसाधनों को भी मज़बूत किया।

2. अफ़ज़ल खान की हत्या और प्रतापगढ़ की विजय (1659)

बीजापुर सल्तनत के सेनापति अफ़ज़ल खान ने शिवाजी को छलपूर्वक मारने की योजना बनाई थी, लेकिन शिवाजी ने अपनी चतुराई और सतर्कता के चलते अफ़ज़ल खान को ही बघनख (नखों वाला हथियार) से मार डाला। इसके बाद प्रतापगढ़ की लड़ाई में शिवाजी ने बीजापुरी सेना को करारी शिकस्त दी। इस जीत से शिवाजी की प्रतिष्ठा में वृद्धि हुई और मराठा शक्ति का प्रभाव बढ़ा।

3. 1664 में सूरत पर आक्रमण

शिवाजी ने 1664 में मुग़लों के समृद्ध व्यापारिक नगर सूरत पर हमला किया और वहाँ के मुग़ल खजाने को लूट लिया। इस आक्रमण से उनकी आर्थिक स्थिति बेहद मजबूत हो गई और उन्हें अपने सैन्य अभियानों के लिए पर्याप्त संसाधन मिले। साथ ही, यह हमला मुग़ल साम्राज्य की प्रतिष्ठा के लिए एक बड़ा आघात था, क्योंकि यह औरंगज़ेब के शासन के दौरान हुआ था और उसने मराठों के बढ़ते प्रभाव को दर्शाया।

4. पुरंदर की संधि (1665) और मुग़लों के साथ अस्थायी संधि

1665 में औरंगज़ेब ने शिवाजी को दबाने के लिए मिर्जा राजा जयसिंह को भेजा। जयसिंह ने पुरंदर किले पर घेरा डालकर शिवाजी को बातचीत के लिए मजबूर कर दिया। इस संधि के तहत, शिवाजी को 23 किले मुग़लों को सौंपने पड़े और उन्होंने औरंगज़ेब के दरबार में जाने के लिए सहमति जताई। हालांकि, शिवाजी ने अपनी कूटनीति और साहस का परिचय देते हुए कुछ ही वर्षों में अपनी खोई हुई शक्ति वापस पा ली।

शिवाजी की यह रणनीति दिखाती है कि कैसे उन्होंने सीमित संसाधनों के बावजूद मुग़ल साम्राज्य जैसी शक्तिशाली सेना के खिलाफ प्रभावी ढंग से संघर्ष किया। उनकी युद्ध नीति, छापामार रणनीति और कूटनीतिक कौशल ने मराठा साम्राज्य की नींव को और मजबूत किया और उन्हें भारतीय इतिहास में एक महान योद्धा के रूप में स्थापित किया।

7.1.3 औरंगज़ेब के विरुद्ध संघर्ष

शिवाजी और औरंगज़ेब के बीच संघर्ष 17वीं शताब्दी के अधिकांश समय तक चलता रहा। पुरंदर की संधि (1665) के बाद शिवाजी औरंगज़ेब के दरबार में उपस्थित हुए, लेकिन उन्हें उचित सम्मान नहीं दिया गया, जिससे उनका अपमान हुआ। औरंगज़ेब ने उन्हें आगरा में बंदी बना लिया, लेकिन शिवाजी ने अपनी चतुराई से एक साहसिक योजना बनाई। उन्होंने अपने आपको एक विशाल फल-टोकरी में छुपाकर महल से निकलने का मार्ग बनाया और सफलतापूर्वक आगरा से भाग निकले। इस घटना ने शिवाजी की रणनीतिक बुद्धिमत्ता और अपराजेय संकल्प को दर्शाया। आगरा से भागने के बाद, उन्होंने मराठा शक्ति को फिर से संगठित किया और मुग़लों के खिलाफ अपने आक्रमण तेज कर दिए।

1670 के बाद शिवाजी ने मुग़लों के खिलाफ लगातार हमले किए, जिनमें सबसे महत्वपूर्ण सूरत पर दूसरा आक्रमण था, जिससे मराठाओं की आर्थिक स्थिति मजबूत हुई। उन्होंने सिंहगढ़, पुरंदर, कोंढाणा और अन्य महत्वपूर्ण किलों को पुनः अपने नियंत्रण में ले लिया। 1674 में उन्होंने रायगढ़ में अपना भव्य राज्याभिषेक करवाया और स्वयं को "छत्रपति" की उपाधि दी, जिससे मराठा साम्राज्य को वैधानिक रूप से मान्यता मिली। उनकी मृत्यु 1680 में हुई, लेकिन उनके पुत्र शंभाजी और उनके उत्तराधिकारी राजाराम ने मुग़लों के खिलाफ युद्ध जारी रखा। औरंगज़ेब ने मराठाओं को कुचलने का हर संभव प्रयास किया, लेकिन वह इसमें पूरी तरह सफल नहीं हो सका। अंततः मराठाओं ने 18वीं शताब्दी में मुग़ल साम्राज्य के पतन में महत्वपूर्ण भूमिका निभाई और एक सशक्त शक्ति के रूप में उभरे।

7.1.4 मराठों की नौसैनिक शक्ति

शिवाजी ने मराठा साम्राज्य की रक्षा और विस्तार के लिए न केवल थल सेना पर बल्कि जल सेना पर भी विशेष ध्यान दिया। उन्होंने समझा कि समुद्री मार्गों पर नियंत्रण से न केवल व्यापार को सुरक्षित किया जा सकता है, बल्कि बाहरी आक्रमणकारियों से भी रक्षा की जा सकती है। इसी सोच के तहत उन्होंने सिंधुदुर्ग, विजयदुर्ग और सुवर्णदुर्ग जैसे अजेय समुद्री किलों का निर्माण कराया। इन किलों की भौगोलिक स्थिति इतनी सुदृढ़ थी कि वे मराठा नौसेना के लिए अचूक सुरक्षा कवच बन गए। शिवाजी की नौसेना ने अरब सागर में पुर्तगालियों, अंग्रेजों और डचों की बढ़ती गतिविधियों पर रोक लगाई और मुग़लों के समुद्री व्यापार मार्गों को बाधित किया। उन्होंने यूरोपीय व्यापारियों को कर देने के लिए मजबूर किया, जिससे मराठा साम्राज्य की आर्थिक स्थिति मजबूत हुई।

शिवाजी की नौसेना न केवल तत्कालीन समय में प्रभावी रही, बल्कि इसका दीर्घकालिक प्रभाव भी पड़ा। मुग़लों के पास संगठित नौसेना न होने के कारण वे समुद्री क्षेत्रों में प्रभावी नहीं हो पाए, और शिवाजी ने इस कमजोरी का भरपूर लाभ उठाया। उनकी समुद्री नीति को उनके उत्तराधिकारी और कान्होजी आंग्रे जैसे कुशल नौसैनिक सेनापतियों ने और अधिक विकसित किया। मराठा नौसेना ने पश्चिमी तट पर अपना प्रभुत्व स्थापित किया, जिससे अंग्रेजों और पुर्तगालियों को लंबे समय तक चुनौतियों का सामना करना पड़ा। शिवाजी की यह रणनीति भारतीय समुद्री शक्ति के विकास की दिशा में एक क्रांतिकारी कदम थी, जिसने आने वाले समय में भारतीय सागरों की सुरक्षा के प्रति नई सोच को जन्म दिया।

7.2: मराठों की बढ़ती शक्ति

शिवाजी की मृत्यु (1680) के बाद मराठा साम्राज्य की शक्ति क्षीण नहीं हुई, बल्कि उनके उत्तराधिकारी शंभाजी, राजाराम, ताराबाई और आगे चलकर पेशवाओं के नेतृत्व में यह और अधिक संगठित और प्रभावी हो गया। शंभाजी (1681-1689) ने मुग़लों के विरुद्ध सशक्त प्रतिरोध किया, हालांकि औरंगज़ेब द्वारा उनकी क्रूर हत्या के बाद मराठाओं को एक कठिन दौर से गुजरना पड़ा। इसके बावजूद, राजाराम और ताराबाई के नेतृत्व में मराठों ने गुरिल्ला युद्ध नीति को अपनाकर मुग़लों को भारी क्षति पहुँचाई। 1707 में औरंगज़ेब की मृत्यु के बाद मुग़ल साम्राज्य आंतरिक कलह और कमजोर प्रशासन का शिकार हो गया, जिसका लाभ उठाकर मराठों ने तेजी से उत्तर और मध्य भारत में अपना प्रभुत्व स्थापित किया। 18वीं शताब्दी के प्रारंभ में पेशवा बालाजी विश्वनाथ, बाजीराव प्रथम और माधवराव प्रथम के नेतृत्व में मराठा शक्ति अपने चरम पर पहुँच गई। उन्होंने दिल्ली तक अपनी शक्ति का विस्तार किया और 1737 में बाजीराव प्रथम ने मुग़लों को हराकर दिल्ली के दरवाजे तक मराठा प्रभुत्व स्थापित कर दिया। इसके अलावा, मराठों ने बंगाल, अवध और राजस्थान तक प्रभाव डाला, जिससे वे भारत की सबसे प्रमुख शक्ति बन गए। यह अध्याय मराठों के सैन्य संगठन, प्रशासनिक व्यवस्था और उनके मुग़लों के साथ निर्णायक संघर्षों का विस्तृत विश्लेषण प्रस्तुत करता है, जिससे स्पष्ट होता है कि शिवाजी की मृत्यु के बाद भी मराठा शक्ति न केवल जीवित रही, बल्कि एक विशाल साम्राज्य के रूप में उभरी।

7.2.1 शिवाजी के उत्तराधिकारी और मराठा संघ

शिवाजी की मृत्यु के बाद उनके पुत्र शंभाजी (1681-1689) ने मराठा साम्राज्य की बागडोर संभाली और मुग़लों के खिलाफ संघर्ष जारी रखा। शंभाजी एक पराक्रमी योद्धा

और कुशल प्रशासक थे, जिन्होंने अपने शासनकाल में मराठा शक्ति को बनाए रखने के लिए कई सैन्य अभियानों का नेतृत्व किया। उन्होंने औरंगज़ेब की बढ़ती सत्ता को खुली चुनौती दी और दक्षिण भारत में प्रभावशाली लड़ाइयाँ लड़ीं। शंभाजी ने गोवा के पुर्तगालियों और जंजीरा के सिद्दियों के खिलाफ भी मोर्चा खोला, जिससे मराठों की समुद्री शक्ति को मजबूती मिली। हालांकि, 1689 में एक साजिश के तहत मुग़ल सेना ने उन्हें पकड़ लिया और औरंगज़ेब ने उनके साथ अत्यंत क्रूरता बरती। शंभाजी की भीषण यातनाओं के बाद हत्या कर दी गई, जिससे मराठा साम्राज्य को गहरा आघात पहुँचा। हालांकि, उनकी शहादत ने मराठों में और अधिक क्रोध और प्रतिशोध की भावना भर दी, जिससे वे और भी दृढ़ संकल्प के साथ मुग़लों से लोहा लेने लगे।

शंभाजी की मृत्यु के बाद मराठाओं के लिए कठिन समय शुरू हो गया, लेकिन उनके सौतेले भाई राजाराम (1689-1700) ने संघर्ष को जारी रखा। मुग़लों के बढ़ते आक्रमणों से बचने के लिए राजाराम ने रणनीतिक रूप से तमिलनाडु के जिंजी किले को अपनी राजधानी बनाया और वहीं से मराठा गतिविधियों का संचालन किया। इस दौरान मराठाओं ने छापामार युद्ध की रणनीति को और अधिक प्रभावी बनाया, जिससे मुग़लों को बार-बार भारी नुकसान उठाना पड़ा। राजाराम के नेतृत्व में मराठाओं ने उत्तर और दक्षिण दोनों क्षेत्रों में अपनी शक्ति बनाए रखी। हालांकि, 1700 में उनकी असमय मृत्यु हो गई, जिससे मराठा साम्राज्य को फिर से बड़ा झटका लगा। लेकिन राजाराम की मृत्यु के बाद उनकी पत्नी रानी ताराबाई ने मोर्चा संभाल लिया और अपने कुशल नेतृत्व से मराठा शक्ति को पुनः संगठित किया।

रानी ताराबाई (1700-1707) ने मराठा सेना का कुशल नेतृत्व किया और मुग़लों को कड़ी टक्कर दी। उन्होंने छापामार युद्ध नीति को और अधिक सशक्त बनाया, जिससे औरंगज़ेब की सेना को लगातार हार का सामना करना पड़ा। ताराबाई ने मराठा स्वतंत्रता को बनाए रखने के लिए अनेक युद्ध लड़े और अपनी कुशल सैन्य नीतियों से मराठाओं को फिर से संगठित किया। उनकी नेतृत्व क्षमता इतनी प्रभावी थी कि उन्होंने मुग़ल सेना को दक्षिण भारत में पैर जमाने से रोक दिया। 1707 में औरंगज़ेब की मृत्यु के बाद मुग़ल साम्राज्य में आंतरिक संघर्ष शुरू हो गया, जिसका फायदा उठाकर मराठों ने अपनी खोई हुई भूमि पर पुनः अधिकार कर लिया। ताराबाई के शासनकाल ने मराठाओं को एकजुट रखा और आने वाले वर्षों में पेशवाओं के नेतृत्व में मराठा शक्ति को उत्तर और मध्य भारत में विस्तार करने की नींव रखी।

7.2.2 पेशवा शासन और विस्तार

1707 में औरंगज़ेब की मृत्यु के बाद मुग़ल साम्राज्य कमजोर होने लगा, और इसी दौरान मराठा शक्ति का केंद्र पेशवाओं के हाथों में आ गया। पेशवा, जो मूल रूप से

मराठा राज्य के प्रधानमंत्री थे, धीरे-धीरे सत्ता के वास्तविक केंद्र बन गए। इस बदलाव की शुरुआत बालाजी विश्वनाथ (1713-1720) के नेतृत्व में हुई, जिन्होंने मराठों को एक संगठित राजनीतिक शक्ति के रूप में स्थापित किया। उन्होंने 1719 में दिल्ली के कमजोर मुग़ल बादशाह फ़रुख़सियर से 84 लाख हूण कर वसूल करने का करार किया, जिससे मराठों की आर्थिक स्थिति मजबूत हुई। इसके अलावा, बालाजी विश्वनाथ ने मराठा संघ (मराठा कॉन्फेडरेसी) की नींव रखी, जिसमें प्रमुख मराठा सरदार जैसे सिंधिया, होल्कर, भोंसले और गायकवाड़ अपने-अपने क्षेत्रों में स्वतंत्र रूप से कार्य करने लगे। इससे मराठों की शक्ति केवल महाराष्ट्र तक सीमित न रहकर पूरे भारत में फैलने लगी।

बालाजी विश्वनाथ के बाद उनके पुत्र बाजीराव प्रथम (1720-1740) ने पेशवा पद संभाला और मराठा साम्राज्य को अपने चरमोत्कर्ष पर पहुँचाया। बाजीराव प्रथम को एक अद्भुत सैन्य रणनीतिकार माना जाता है, जिन्होंने उत्तर भारत में मराठों के प्रभाव को स्थापित करने में अहम भूमिका निभाई। उन्होंने अपने शासनकाल में कहा था, "मुग़ल सत्ता अब छत्रपति के पैरों तले कुचली जाएगी।" बाजीराव ने मालवा, बुंदेलखंड, गुजरात और दिल्ली तक मराठों का विस्तार किया और नर्मदा नदी के पार जाकर उत्तरी भारत में भी मराठा शक्ति को बढ़ाया। उनकी सबसे बड़ी उपलब्धियों में दिल्ली के करीब मराठा शक्ति को स्थापित करना और मुग़लों की सत्ता को निरंतर कमजोर करना था। उनके नेतृत्व में मराठा सेनाएँ पूरे भारतीय उपमहाद्वीप में फैल गईं, जिससे वे उस समय की सबसे प्रभावशाली सैन्य शक्ति बन गए।

बाजीराव प्रथम के बाद उनके पुत्र बालाजी बाजीराव (1740-1761), जिन्हें नाना साहेब भी कहा जाता था, ने पेशवा की गद्दी संभाली। उनके कार्यकाल में मराठा साम्राज्य अपनी सबसे बड़ी भौगोलिक सीमा तक फैल गया। 1757 में उन्होंने दिल्ली पर अधिकार कर लिया और मुग़ल बादशाह आलमगीर द्वितीय को अपने संरक्षण में ले लिया। लेकिन इस बढ़ती मराठा शक्ति को 1761 में पानीपत के तीसरे युद्ध में अहमद शाह अब्दाली से करारी हार का सामना करना पड़ा। इस युद्ध में मराठों को भारी जन और धन हानि हुई, जिससे उनकी सैन्य शक्ति कमजोर हो गई। हालांकि, पानीपत की हार के बावजूद मराठा संघ पूरी तरह समाप्त नहीं हुआ, और आगे चलकर पेशवाओं के नेतृत्व में वे फिर से संगठित हुए।

7.2.3 मराठों और मुग़लों के बीच निर्णायक संघर्ष

1719 से लेकर 1761 तक मराठों और मुग़लों के बीच कई महत्वपूर्ण संघर्ष हुए, जिन्होंने भारतीय राजनीति की दिशा बदल दी। मराठों ने धीरे-धीरे दिल्ली और उत्तर

भारत में अपना प्रभाव बढ़ाना शुरू कर दिया, खासकर जब 1719 में बालाजी विश्वनाथ ने मुग़लों से कर वसूली का अधिकार प्राप्त किया। इस कर वसूली से मराठों की आर्थिक स्थिति मजबूत हुई, जिससे वे अपने सैन्य अभियानों को और तेज कर सके। मुग़ल साम्राज्य पहले ही कमजोर हो चुका था, और मराठों ने इसे और कमजोर करने के लिए उत्तर भारत में लगातार हमले किए। इस दौरान मराठा शक्ति का तेजी से विस्तार हुआ और वे धीरे-धीरे पूरे भारत में सबसे प्रभावशाली शक्ति बन गए।

मराठों की सैन्य सफलता का चरम 1737 में आया, जब पेशवा बाजीराव प्रथम ने दिल्ली पर आक्रमण किया। उनकी तेज गति और कुशल रणनीति के कारण मुग़ल सेना बुरी तरह हार गई, और मराठों ने दिल्ली पर अस्थायी रूप से नियंत्रण स्थापित कर लिया। इस जीत के बाद मुग़ल बादशाह केवल नाम मात्र का शासक रह गया, जबकि वास्तविक सत्ता मराठों के हाथ में आ गई। इस विजय ने मराठों को भारत की सबसे शक्तिशाली शक्ति बना दिया और मुग़लों की कमजोरी पूरी तरह उजागर कर दी। हालांकि, दिल्ली पर मराठों का प्रभुत्व लंबे समय तक नहीं टिक पाया, क्योंकि बाहरी आक्रमणकारियों ने भारतीय उपमहाद्वीप की राजनीति में हस्तक्षेप करना शुरू कर दिया।

1750 के दशक में पश्चिमी एशिया से अहमद शाह अब्दाली ने भारत पर हमला किया। कमजोर मुग़ल बादशाह ने मराठों से सहयोग की उम्मीद की, लेकिन इस संघर्ष ने भारत की राजनीतिक स्थिति को और अधिक जटिल बना दिया। मराठों ने अब्दाली के खिलाफ मजबूती से मोर्चा लिया, लेकिन 1761 में पानीपत के तीसरे युद्ध में उन्हें भयंकर हार का सामना करना पड़ा। यह युद्ध भारतीय इतिहास का एक निर्णायक मोड़ था, जिसने मराठों की उत्तर भारत में बढ़ती शक्ति को गंभीर रूप से कमजोर कर दिया। हालांकि, इस हार के बावजूद मराठा संघ पूरी तरह समाप्त नहीं हुआ और उन्होंने आगे भी भारतीय राजनीति में महत्वपूर्ण भूमिका निभाई।

7.2.4 पानीपत का तृतीय युद्ध और प्रभाव (1761)

पानीपत का तीसरा युद्ध भारतीय इतिहास की सबसे भीषण और निर्णायक लड़ाइयों में से एक था, जिसने उपमहाद्वीप की राजनीति को गहराई से प्रभावित किया। यह युद्ध मराठों और अहमद शाह अब्दाली के बीच 14 जनवरी 1761 को हुआ। इस युद्ध के पीछे कई प्रमुख कारण थे, जिनमें दिल्ली और उत्तर भारत पर नियंत्रण की लड़ाई प्रमुख थी। मराठों ने 1757 में दिल्ली पर कब्जा कर लिया था और वे पंजाब तक अपने प्रभाव को बढ़ा चुके थे। इससे अफगानों, मुग़लों और अन्य स्थानीय शक्तियों को खतरा महसूस हुआ। अहमद शाह अब्दाली, जो पहले ही भारत पर कई बार आक्रमण

कर चुका था, दिल्ली और उत्तर भारत में मराठों के प्रभुत्व को चुनौती देना चाहता था। इसके अलावा, मुग़ल साम्राज्य की कमजोरी ने अब्दाली को यह विश्वास दिलाया कि वह आसानी से अपनी सत्ता स्थापित कर सकता है।

इस युद्ध में मराठों ने लगभग 70,000 सैनिकों की विशाल सेना इकट्ठी की थी, लेकिन उन्हें उत्तर भारतीय राजपूतों, सिखों और जाटों का पर्याप्त समर्थन नहीं मिला। दूसरी ओर, अहमद शाह अब्दाली ने अफगान, रोहिल्ला पठानों और अवध के नवाब शुजाउद्दौला के साथ मिलकर एक सशक्त गठबंधन बनाया। युद्ध के दौरान अब्दाली की सेना ने मराठों की रसद आपूर्ति को काट दिया, जिससे मराठा सेना कमजोर हो गई। मराठों ने वीरता से संघर्ष किया, लेकिन संसाधनों की कमी और सामरिक गलतियों के कारण वे बुरी तरह हार गए। इस युद्ध में मराठा सेना के हजारों सैनिक मारे गए, जिनमें सदाशिवराव भाऊ और विश्वासराव जैसे प्रमुख मराठा नेता भी शामिल थे।

इस विनाशकारी युद्ध के परिणामस्वरूप मराठा शक्ति को भारी आघात लगा और वे उत्तर भारत में कमजोर हो गए। हालांकि, दिल्ली पर दोबारा मुग़ल सत्ता स्थापित हो गई, लेकिन यह केवल नाम मात्र की थी और वास्तविक शक्ति कमजोर ही रही। इस युद्ध ने भारतीय उपमहाद्वीप में ब्रिटिश ईस्ट इंडिया कंपनी के लिए एक नया अवसर खोल दिया, क्योंकि मराठों और अन्य भारतीय शक्तियों की कमजोरी ने उन्हें अपने साम्राज्य के विस्तार का मौका दिया। हालांकि, पानीपत की हार के बावजूद मराठों ने पुनर्गठन किया और 18वीं शताब्दी के अंत तक वे फिर से एक सशक्त शक्ति बनकर उभरे। आगे चलकर उन्होंने ब्रिटिशों के खिलाफ संघर्ष जारी रखा, जिससे भारतीय स्वतंत्रता संग्राम की नींव पड़ी।

7.3: मुग़ल प्रशासन की विफलताएँ

18वीं शताब्दी में मुग़ल साम्राज्य अपनी शक्ति और वैभव खोकर पतन की ओर अग्रसर हो गया। औरंगज़ेब की मृत्यु (1707) के बाद कमजोर उत्तराधिकारियों की लंबी शृंखला, दरबार की साजिशें और आंतरिक कलह ने साम्राज्य को अस्थिर कर दिया। मुग़ल बादशाह केवल नाममात्र के शासक रह गए, जबकि सूबेदारों और स्थानीय सरदारों ने अपनी स्वायत्तता बढ़ा ली। बंगाल, अवध और हैदराबाद जैसे प्रांत स्वतंत्र सत्ता केंद्र बन गए, जिससे मुग़ल प्रशासन की पकड़ कमजोर हो गई। इसके अलावा, साम्राज्य गंभीर आर्थिक संकट से भी जूझ रहा था—लगातार युद्धों, बढ़ते करों और भ्रष्टाचार ने राजस्व प्रणाली को बुरी तरह प्रभावित किया। व्यापार मार्गों की असुरक्षा और यूरोपीय व्यापारिक शक्तियों के बढ़ते प्रभाव ने भी मुग़लों की स्थिति को और कमजोर कर दिया। इसी दौरान, मराठों, जाटों, सिखों और रोहिल्लों जैसे विद्रोही गुटों ने मुग़ल सत्ता को खुली

चुनौती दी, जिससे साम्राज्य की जड़ें और अधिक हिल गईं। अहमद शाह अब्दाली के आक्रमणों और 1761 के पानीपत के तीसरे युद्ध ने मुग़लों की बची-खुची शक्ति को भी समाप्त कर दिया। इन सभी कारकों ने मिलकर मुग़ल साम्राज्य के पतन को तेज कर दिया, और धीरे-धीरे सत्ता ब्रिटिश ईस्ट इंडिया कंपनी के हाथों में सिमटती चली गई।

7.3.1 सूबेदारों की स्वायत्तता और केंद्रीय नियंत्रण का अभाव

औरंगज़ेब की मृत्यु के बाद मुग़ल साम्राज्य का केंद्रीय नियंत्रण तेजी से कमजोर होने लगा, जिससे सूबेदारों (प्रांतीय गवर्नरों) की शक्ति में अप्रत्याशित वृद्धि हुई। पहले ये सूबेदार दिल्ली के मुग़ल दरबार के प्रति वफादार रहते थे, लेकिन 18वीं शताब्दी में उन्होंने स्वतंत्र रूप से शासन करना शुरू कर दिया। बंगाल में मुरशिद कुली खान (1717), अवध में सआदत अली खान (1732), और हैदराबाद में निज़ाम-उल-मुल्क (1724) जैसे सूबेदारों ने अपनी स्वायत्तता स्थापित कर ली और कर संग्रह तथा सैन्य गतिविधियों पर मुग़ल बादशाह की पकड़ को खत्म कर दिया। इन प्रांतों में शासन लगभग स्वतंत्र रूप से चलने लगा, और दिल्ली का नियंत्रण केवल औपचारिक रह गया। इन सूबेदारों ने अपनी प्रशासनिक और आर्थिक नीतियां भी निर्धारित करनी शुरू कर दीं, जिससे मुग़ल साम्राज्य का संघीय ढांचा बिखरने लगा। इस स्वायत्तता ने प्रांतों को मजबूत बनाया, लेकिन केंद्रीय सत्ता को कमजोर कर दिया, जिससे मुग़लों की ताकत तेजी से क्षीण होने लगी।

इस स्थिति का लाभ उठाकर मराठों ने उत्तर भारत में अपनी शक्ति बढ़ाई। उन्होंने बंगाल, बुंदेलखंड, मालवा और दिल्ली तक अपने प्रभाव का विस्तार कर लिया, जिससे मुग़ल साम्राज्य लगातार कमजोर होता गया। इसी बीच, अहमद शाह अब्दाली ने भी दिल्ली पर कई बार आक्रमण किया और 1757 में उसे लूटकर मुग़लों की रही-सही ताकत को समाप्त कर दिया। मुग़ल साम्राज्य के लिए सबसे बड़ी समस्या यह थी कि उनके पास एक संगठित केंद्रीय सेना नहीं बची थी, और प्रांतीय सूबेदार अपनी व्यक्तिगत सेनाएं रखने लगे थे। इससे प्रांतों और केंद्र के बीच की कड़ी टूट गई, और मुग़ल साम्राज्य तेजी से विघटन की ओर बढ़ने लगा। धीरे-धीरे, ये स्वतंत्र सूबेदार ब्रिटिश ईस्ट इंडिया कंपनी के साथ संबंध बनाने लगे, जिससे भारत में अंग्रेजों के प्रभाव को बढ़ावा मिला और मुग़लों की सत्ता पूरी तरह से समाप्त होने की कगार पर पहुंच गई।

7.3.2 मुग़ल शासन में आर्थिक संकट

मुग़ल शासन के अंतिम चरण में आर्थिक संकट तेजी से गहराने लगा। लगातार युद्धों–विशेष रूप से मराठों, अफगानों, जाटों और सिखों के साथ संघर्ष–ने मुग़ल कोष को

खाली कर दिया। इन युद्धों के लिए भारी सैन्य खर्च की आवश्यकता थी, लेकिन कर वसूली की व्यवस्था अत्यधिक कमजोर हो चुकी थी। कई सूबेदारों और ज़मींदारों ने केंद्र को कर भेजना बंद कर दिया, जिससे राजस्व की भारी हानि हुई। इसके अलावा, व्यापारिक मार्ग असुरक्षित हो गए, जिससे व्यापारिक गतिविधियां प्रभावित हुईं और आर्थिक प्रवाह में रुकावट आ गई। मुग़ल शासकों की वित्तीय अक्षमता और प्रशासनिक भ्रष्टाचार ने भी इस संकट को और गंभीर बना दिया, क्योंकि अधिकारी अपने निजी लाभ के लिए धन हड़पने लगे और जनता पर अतिरिक्त करों का बोझ बढ़ा दिया गया।

अर्थव्यवस्था की इस गिरावट का सबसे अधिक प्रभाव किसानों पर पड़ा। युद्धों और प्रशासनिक विफलताओं के कारण कृषि व्यवस्था चरमरा गई। किसानों को भारी करों का सामना करना पड़ा, जिससे वे अत्यधिक आर्थिक दबाव में आ गए। लगातार पड़ने वाले सूखे और अकाल की वजह से कई क्षेत्रों में खाद्यान्न संकट उत्पन्न हुआ, जिससे विद्रोह की स्थिति बनने लगी। विशेष रूप से बंगाल और बिहार में किसानों ने स्थानीय प्रशासन के खिलाफ आंदोलन शुरू कर दिए, जिससे इन प्रांतों में मुग़ल सत्ता और कमजोर हो गई। कृषि उत्पादकता में गिरावट के कारण खाद्य आपूर्ति और व्यापार पर नकारात्मक प्रभाव पड़ा, जिससे आर्थिक गतिविधियों में और अधिक ठहराव आ गया।

इसके अतिरिक्त, मुग़ल शासन की आर्थिक नीति में भी भारी त्रुटियां थीं, जिससे व्यापार और औद्योगिक विकास रुक गया। 18वीं शताब्दी में दिल्ली, आगरा, लाहौर और बंगाल जैसे व्यापारिक केंद्र धीरे-धीरे अपना महत्व खोने लगे। विदेशी व्यापार पर मुग़लों का नियंत्रण कमजोर हो गया, और ब्रिटिश तथा डच व्यापारियों ने भारतीय बाजारों पर अपना प्रभाव बढ़ाना शुरू कर दिया। यूरोपीय व्यापारियों के बढ़ते प्रभुत्व के कारण स्थानीय व्यापारियों की स्थिति कमजोर हो गई, जिससे मुग़ल राजस्व में भारी गिरावट आई। इस आर्थिक पतन ने मुग़ल साम्राज्य को पूरी तरह से अस्थिर कर दिया और इसके पतन की गति को और तेज कर दिया।

7.3.3 प्रशासनिक भ्रष्टाचार और दरबारी षड्यंत्र

1. दरबार में गुटबाजी और षड्यंत्र

मुग़ल शासन के अंतिम दौर में दरबारी षड्यंत्र और गुटबाजी चरम पर पहुंच गई थी। औरंगज़ेब के बाद साम्राज्य में स्थिरता की कमी हो गई, जिससे दरबार में अधिकारियों और अमीरों के बीच सत्ता संघर्ष बढ़ गया। मुग़ल साम्राज्य के उत्तराधिकारियों में नेतृत्व की कमी थी, और दरबारी वर्ग इस स्थिति का लाभ उठाने में लगा रहा। उच्च अधिकारी और दरबारी एक-दूसरे के खिलाफ साजिशें रचते थे, जिससे प्रशासन कमजोर

होता गया। मीर जाफर और मीर कासिम जैसे नवाबों ने अंग्रेज़ों के साथ मिलकर षड्यंत्र किए, जिससे बंगाल और अन्य क्षेत्रों में मुग़ल प्रभाव तेजी से घटने लगा। दरबारी षड्यंत्रों के कारण कई योग्य सैन्य और प्रशासनिक अधिकारियों को दरकिनार कर दिया गया, जिससे साम्राज्य की रक्षा और प्रशासन में और अधिक गिरावट आई।

2. सैन्य भ्रष्टाचार और कमजोर नेतृत्व

सैन्य प्रशासन में भ्रष्टाचार तेजी से बढ़ता गया, जिससे सेना कमजोर हो गई। सैनिकों को समय पर वेतन नहीं दिया जाता था, जिसके कारण वे असंतुष्ट हो गए और कई बार विद्रोह करने लगे। इसके अलावा, कई सूबेदार और सेनापति अपनी व्यक्तिगत संपत्ति और प्रभाव बढ़ाने में लग गए, जिससे साम्राज्य के प्रति उनकी निष्ठा घटती गई। सेनापतियों और नवाबों में एकजुटता की कमी थी, और वे अपने क्षेत्रीय हितों को अधिक महत्व देने लगे। कमज़ोर नेतृत्व के कारण मुग़ल सेना निर्णायक लड़ाइयों में हारने लगी, जिससे मराठों, जाटों, सिखों और अंग्रेज़ों को भारत में अपना प्रभुत्व बढ़ाने का अवसर मिला।

3. नौकरशाही में अक्षमता और अव्यवस्था

प्रशासनिक भ्रष्टाचार ने भी साम्राज्य को गंभीर रूप से प्रभावित किया। मनसबदारी प्रणाली, जो मुग़ल शासन की रीढ़ थी, पूरी तरह से भ्रष्ट हो चुकी थी। बिना किसी योग्यता के लोगों को उच्च पद मिलते थे, जिससे प्रशासनिक ढांचा ढहने लगा। नौकरशाही में अनुशासन और दक्षता की भारी कमी हो गई, जिससे प्रांतों में अराजकता फैल गई। बादशाह विलासिता और आंतरिक कलह में व्यस्त थे, जिससे राज्य को प्रभावी नेतृत्व नहीं मिल सका। इस अव्यवस्था के कारण सूबेदार और ज़मींदार स्वायत्त हो गए, और मुग़ल साम्राज्य का नियंत्रण धीरे-धीरे समाप्त होने लगा। प्रशासनिक और सैन्य कमजोरी के कारण मुग़ल सत्ता पूरी तरह से निर्बल हो गई और विदेशी शक्तियों को भारत में अपने पैर जमाने का मौका मिला।

7.3.4 जाट, सिख, राजपूत और अन्य स्थानीय शक्तियों का विद्रोह

मुग़ल साम्राज्य की सत्ता जैसे-जैसे कमजोर होती गई, विभिन्न स्थानीय शक्तियों ने विद्रोह कर स्वतंत्रता प्राप्त करने के प्रयास किए। इनमें जाट, सिख, राजपूत और अन्य स्थानीय समुदायों का विरोध प्रमुख था। इन विद्रोहों ने मुग़ल प्रशासन को कमजोर करने में महत्वपूर्ण भूमिका निभाई और अंततः भारत में विभिन्न स्वतंत्र राज्यों के उदय का मार्ग प्रशस्त किया।

1. **जाट विद्रोह (1669-1720):** जाट समुदाय, जो मुख्यतः किसान था, मुग़ल शासन के कठोर कर नीति और दमनकारी रवैये से असंतुष्ट था। 1669 में इस असंतोष ने विद्रोह का रूप ले लिया। सबसे पहले गोकुला जाट ने औरंगज़ेब के शासन के खिलाफ संघर्ष छेड़ा, लेकिन 1670 में उन्हें पराजित कर दिया गया। इसके बाद बदन सिंह और उनके उत्तराधिकारी राजा सूरजमल (1707-1763) ने जाट शक्ति को संगठित किया और 18वीं शताब्दी के मध्य में भरतपुर में एक स्वतंत्र जाट राज्य की स्थापना की। जाटों ने अपनी शक्ति को इतना मजबूत किया कि मुग़ल शासक उनकी विद्रोही गतिविधियों को रोकने में विफल रहे। सूरजमल के कुशल नेतृत्व में जाटों ने दिल्ली तक अपनी सैन्य उपस्थिति दर्ज कराई और मुग़ल साम्राज्य की कमजोरी को उजागर किया।

2. **सिख विद्रोह और खालसा पंथ की स्थापना (1675-1799):** सिखों का विद्रोह मुग़ल अत्याचार के खिलाफ एक संगठित प्रतिरोध था। गुरु तेग बहादुर की हत्या (1675) के बाद, उनके पुत्र गुरु गोविंद सिंह (1675-1708) ने सिख समुदाय को एक सशक्त सैन्य संगठन में बदलने के लिए खालसा पंथ की स्थापना की। उन्होंने मुग़ल सत्ता के खिलाफ संघर्ष जारी रखा। 1710 में उनके शिष्य बंदा बहादुर ने सिखों को संगठित कर मुग़ल अधिकारियों के खिलाफ सफल सैन्य अभियान चलाए। उन्होंने सरहिंद और पंजाब के अन्य हिस्सों में मुग़ल प्रशासन को चुनौती दी, हालांकि बाद में उन्हें बंदी बना लिया गया और 1716 में मृत्यु दंड दिया गया।

सिखों का संघर्ष जारी रहा और 1780 के दशक तक महाराजा रणजीत सिंह के नेतृत्व में पंजाब में एक शक्तिशाली सिख साम्राज्य स्थापित हुआ। उन्होंने 1799 में लाहौर पर अधिकार कर लिया और आगे चलकर 19वीं शताब्दी में एक सुदृढ़ राज्य की स्थापना की। रणजीत सिंह के शासन में सिख साम्राज्य ने मुग़ल और अफगान प्रभाव को समाप्त कर दिया और एक स्वतंत्र सैन्य शक्ति बन गया।

3. **राजपूत विद्रोह (1708-1750):** औरंगज़ेब की धार्मिक कट्टरता और उसकी राजपूत नीति के कारण राजपूत शासकों में असंतोष उत्पन्न हुआ। मारवाड़ के राजा अजीत सिंह और आमेर के सवाई जय सिंह जैसे शक्तिशाली राजपूत नेताओं ने मुग़ल शासन के खिलाफ विद्रोह किया। अजीत सिंह ने मारवाड़ को मुग़ल नियंत्रण से मुक्त कराया और एक स्वतंत्र शासक के रूप में स्थापित हुए। इसी तरह, सवाई जय सिंह ने अपने कूटनीतिक और सैन्य कौशल से आमेर (जयपुर) को एक स्वतंत्र राज्य के रूप में विकसित किया। राजपूतों की इस बगावत ने मुग़ल साम्राज्य को और कमजोर कर दिया, क्योंकि राजपूत कभी मुग़ल शासन के सबसे विश्वसनीय सहयोगी थे। लेकिन औरंगज़ेब की गलत नीतियों के कारण यह संबंध

बिगड़ गया। 18वीं शताब्दी के मध्य तक राजपूत स्वतंत्र रूप से अपने क्षेत्रों पर शासन करने लगे, जिससे मुग़ल सत्ता केवल नाममात्र की रह गई।

4. **अफगान और रोहिल्ला विद्रोह (1750-1770):** उत्तर भारत में अफगान और रोहिल्ला पठानों का प्रभाव बढ़ता जा रहा था। अफगान नेता नजीब-उद-दौला ने मुग़ल सत्ता को चुनौती दी और 1757 में दिल्ली पर अधिकार कर लिया। उन्होंने अहमद शाह अब्दाली के सहयोग से उत्तर भारत में अपनी शक्ति बढ़ाई।

इसी अवधि में रोहिल्ला पठानों ने भी विद्रोह किया। रोहिलखंड क्षेत्र में उनकी सत्ता बढ़ती गई, और वे दिल्ली तथा अवध पर लगातार दबाव बनाते रहे। इन विद्रोहों से उत्तर भारत में अराजकता फैल गई और मुग़ल प्रशासन पूर्ण रूप से असफल होता गया। 18वीं शताब्दी के उत्तरार्ध तक मुग़ल सत्ता केवल दिल्ली तक सीमित रह गई थी, और स्थानीय शक्तियां स्वतंत्र रूप से शासन करने लगी थीं।

7.4: साम्राज्य के पतन की शुरुआत

18वीं शताब्दी में मुग़ल साम्राज्य तेजी से पतन की ओर अग्रसर हुआ, जिसकी जड़ें आंतरिक और बाह्य दोनों कारणों में थीं। औरंगज़ेब की मृत्यु (1707) के बाद उत्तराधिकार के लिए संघर्ष ने साम्राज्य को कमजोर कर दिया, क्योंकि कमजोर शासकों के अधीन प्रशासनिक दक्षता समाप्त हो गई। सूबेदारों और नवाबों ने केंद्रीय सत्ता से स्वतंत्र होकर अपने-अपने क्षेत्रों में स्वायत्त शासन स्थापित कर लिया, जिससे मुग़ल नियंत्रण कमजोर पड़ गया। इस दौरान आर्थिक संकट भी गहरा गया—लगातार युद्धों, बढ़ते कर भार और भ्रष्टाचार ने राजस्व प्रणाली को बुरी तरह प्रभावित किया। विदेशी आक्रमणों ने भी मुग़लों की स्थिति को और अधिक जटिल बना दिया; 1739 में फारस के शासक नादिर शाह ने दिल्ली पर आक्रमण कर शहर को लूट लिया, जिससे मुग़ल सत्ता की कमजोरी उजागर हुई। इसके बाद अहमद शाह अब्दाली ने 1750 के दशक में कई बार आक्रमण किए और 1761 में पानीपत के तीसरे युद्ध में मराठों को हराकर उत्तर भारत में अराजकता फैला दी। इसी बीच, अंग्रेज़ ईस्ट इंडिया कंपनी ने धीरे-धीरे भारतीय राजनीति में हस्तक्षेप बढ़ाया और बंगाल, बिहार, अवध जैसे प्रमुख क्षेत्रों में अपना नियंत्रण स्थापित किया। प्लासी (1757) और बक्सर (1764) की लड़ाइयों के बाद ब्रिटिश प्रभाव बढ़ता गया, और मुग़ल सम्राट केवल नाममात्र के शासक रह गए। इस अध्याय में हम उन प्रमुख घटनाओं और कारणों का विस्तार से विश्लेषण करेंगे, जिन्होंने मुग़ल साम्राज्य के पतन को अपरिहार्य बना दिया।

7.4.1 उत्तर भारत में स्थानीय शक्तियों का उत्थान

18वीं शताब्दी के दौरान मुग़ल साम्राज्य लगातार कमजोर होता गया। इसकी वजह से उत्तर भारत में कई क्षेत्रीय शक्तियों का उदय हुआ, जिन्होंने धीरे-धीरे मुग़ल सत्ता को पूरी तरह समाप्त कर दिया। मराठों, जाटों, सिखों और अफगानों-रुहेलों जैसी शक्तियों ने न केवल अपनी स्वतंत्रता स्थापित की, बल्कि मुग़लों की राजनीतिक और सैन्य पकड़ को भी कमजोर कर दिया।

1. **मराठों का प्रभुत्व और उत्तरी भारत में प्रभाव:** औरंगज़ेब के लंबे दक्षिणी अभियानों के कारण उत्तर भारत में मुग़ल शासन की पकड़ कमजोर पड़ने लगी। इसी दौरान मराठों ने अपनी शक्ति बढ़ानी शुरू कर दी। पेशवा बालाजी बाजीराव (1740-1761) के नेतृत्व में मराठों ने उत्तरी भारत में अपनी स्थिति मजबूत कर ली।

   मराठों ने बंगाल, मालवा और बुंदेलखंड तक अपने सैन्य अभियानों का विस्तार किया। 1737 में बाजीराव प्रथम ने दिल्ली पर हमला कर मुग़लों की कमजोरी को उजागर कर दिया। इस आक्रमण के बाद यह स्पष्ट हो गया कि मुग़ल अब केवल नाममात्र के शासक रह गए थे, जबकि असली शक्ति क्षेत्रीय शासकों के हाथ में थी। आगे चलकर 1761 में पानीपत की तीसरी लड़ाई में अफगान आक्रमणकारी अहमद शाह अब्दाली के हाथों मराठों को पराजय मिली, लेकिन वे जल्द ही पुनः संगठित हुए और उत्तर भारत में अपनी पकड़ मजबूत बनाए रखी।

2. **जाट शक्ति का उदय:** मुग़ल साम्राज्य की कमजोर स्थिति का फायदा उठाकर जाटों ने अपनी राजनीतिक शक्ति बढ़ाई। राजा सूरजमल (1707-1763) के नेतृत्व में जाटों ने एक शक्तिशाली राज्य की स्थापना की। उन्होंने भरतपुर को अपनी राजधानी बनाया और अपनी सेना को मजबूत किया। सूरजमल ने मुग़लों के खिलाफ कई सफल युद्ध लड़े और आगरा तक अपने राज्य का विस्तार किया। जाटों ने अपने राज्य की रक्षा के लिए संगठित सैन्य प्रणाली विकसित की, जिससे मुग़ल सेना उनके प्रभाव को रोकने में असफल रही। 18वीं शताब्दी के मध्य तक भरतपुर एक स्वतंत्र और शक्तिशाली जाट राज्य बन चुका था, जिसने मुग़ल प्रशासन को पूरी तरह चुनौती दी।

3. **सिखों और बंदा बहादुर का विद्रोह:** गुरु गोविंद सिंह की मृत्यु (1708) के बाद, उनके प्रमुख अनुयायी बंदा बहादुर ने सिखों को संगठित कर मुग़ल सत्ता के खिलाफ विद्रोह किया। 1710 में उन्होंने सरहिंद पर कब्जा कर लिया, जिससे पंजाब में मुग़ल शासन को गहरा झटका लगा। हालांकि, 1716 में मुग़लों ने बंदा बहादुर को पकड़कर मार डाला, जिससे कुछ समय के लिए सिख विद्रोह

कमजोर पड़ गया। लेकिन 18वीं शताब्दी के उत्तरार्ध में सिखों ने फिर से अपनी शक्ति प्राप्त कर ली। वे एक संगठित सैन्य शक्ति के रूप में उभरे और 1799 में महाराजा रणजीत सिंह के नेतृत्व में एक स्वतंत्र सिख साम्राज्य की स्थापना हुई। रणजीत सिंह ने पंजाब में एक सुदृढ़ शासन स्थापित किया और मुग़ल तथा अफगान प्रभाव को पूरी तरह समाप्त कर दिया।

4. **अफगानों और रुहेलों का उत्थान:** मुग़ल साम्राज्य की कमजोर स्थिति का लाभ उठाकर अफगान और रुहेला पठानों ने उत्तर भारत में अपनी सत्ता स्थापित करनी शुरू कर दी। अफगान नेता नजीब-उद-दौला ने 1750 के दशक में रुहेलखंड (वर्तमान उत्तर प्रदेश) में अपनी शक्ति मजबूत की। उन्होंने दिल्ली के मुग़ल प्रशासन में भी प्रभाव डालने की कोशिश की और मुग़लों को अपने संरक्षण में लेने का प्रयास किया। रुहेला पठानों ने भी दिल्ली और आसपास के क्षेत्रों में अपनी शक्ति बढ़ाई। उनकी बढ़ती शक्ति ने मुग़लों के नियंत्रण को और कमजोर कर दिया। 18वीं शताब्दी के अंत तक, मुग़ल साम्राज्य केवल नाममात्र का रह गया था और क्षेत्रीय शक्तियां अपने-अपने राज्यों पर स्वतंत्र रूप से शासन कर रही थीं।

7.4.2 नादिर शाह का आक्रमण और दिल्ली की लूट (1739)

1739 में फ़ारस (ईरान) के शासक नादिर शाह ने मुग़ल साम्राज्य की कमजोरी का फायदा उठाकर भारत पर आक्रमण किया। मुग़ल साम्राज्य पहले से ही प्रशासनिक भ्रष्टाचार, आर्थिक संकट और प्रांतीय शासकों की स्वायत्तता से जूझ रहा था, जिससे इसकी सैन्य शक्ति कमजोर हो चुकी थी। नादिर शाह ने अफगानिस्तान पार कर भारत पर चढ़ाई की और 24 फरवरी 1739 को करनाल के युद्ध में मुग़ल सेना को करारी हार दी। मुग़ल बादशाह मुहम्मद शाह रंगीला इस हमले को रोकने में असफल रहा, और मजबूर होकर उसे आत्मसमर्पण करना पड़ा। इस विजय के बाद नादिर शाह ने दिल्ली पर कब्जा कर लिया और शहर में भारी रक्तपात किया। उसकी सेना ने नागरिकों का बड़े पैमाने पर नरसंहार किया और हजारों निर्दोष लोगों की हत्या कर दी। मुग़ल दरबार के पास इसे रोकने की कोई शक्ति नहीं बची थी, और दिल्ली में भयानक अराजकता फैल गई।

दिल्ली पर नियंत्रण स्थापित करने के बाद नादिर शाह ने राजधानी की खुली लूट की, जिससे मुग़ल साम्राज्य की आर्थिक रीढ़ टूट गई। उसने अपार धन-संपत्ति के साथ-साथ प्रसिद्ध कोहिनूर हीरा और तख्त-ए-ताउस (मयूर सिंहासन) को भी अपने साथ फारस ले गया। इस हमले ने भारत के राजनीतिक परिदृश्य को पूरी तरह बदल दिया। आर्थिक और सैन्य क्षति के कारण मुग़ल साम्राज्य की प्रतिष्ठा पूरी तरह ध्वस्त हो

गई, और इसके बाद विभिन्न क्षेत्रीय शक्तियों–मराठों, जाटों, सिखों और अफगानों–ने अपनी शक्ति बढ़ानी शुरू कर दी। सूबेदारों ने केंद्र से अपनी निष्ठा हटा ली और स्वतंत्र शासन की दिशा में आगे बढ़ने लगे। इस आक्रमण ने ब्रिटिश ईस्ट इंडिया कंपनी को भी संकेत दिया कि मुग़ल साम्राज्य अब एक कमजोर इकाई बन चुका है, जिससे भविष्य में ब्रिटिश हस्तक्षेप और नियंत्रण की संभावनाएं बढ़ गईं।

7.4.3 अफगानों और रुहेलों का उत्थान

18वीं शताब्दी के मध्य में जब मुग़ल साम्राज्य कमजोर हो गया, तब बाहरी आक्रमणकारियों और क्षेत्रीय शक्तियों ने उत्तर भारत में अपनी स्थिति मजबूत करनी शुरू कर दी। इनमें अफगानों और रुहेलों की भूमिका महत्वपूर्ण रही। अहमद शाह अब्दाली के आक्रमणों ने भारत में बड़े पैमाने पर विनाश किया, जबकि रुहेला पठानों ने दिल्ली और आसपास के क्षेत्रों में अपनी सत्ता स्थापित कर ली। इन घटनाओं ने उत्तर भारत को अराजकता और अस्थिरता की ओर धकेल दिया।

1. **अहमद शाह अब्दाली के हमले (1748-1761):** नादिर शाह की हत्या (1747) के बाद, उसका सेनापति अहमद शाह अब्दाली अफगानिस्तान का शासक बना। अब्दाली ने भारत की कमजोर राजनीतिक स्थिति का लाभ उठाकर 1748 से 1761 के बीच सात बार भारत पर आक्रमण किया। हर बार उसने दिल्ली और अन्य समृद्ध क्षेत्रों को बेरहमी से लूटा। 1757 में अब्दाली ने दिल्ली पर कब्जा कर लिया और मुग़ल बादशाह आलमगीर द्वितीय को केवल एक नाममात्र का शासक बना दिया। अब्दाली के हमलों के कारण उत्तर भारत में भारी राजनीतिक अस्थिरता पैदा हुई। उसने पंजाब, कश्मीर और पश्चिमोत्तर भारत के कई हिस्सों पर अपना नियंत्रण स्थापित किया, जिससे मुग़ल सत्ता पूरी तरह निर्बल हो गई।

2. **पानीपत का तृतीय युद्ध (1761):** 1761 में अहमद शाह अब्दाली और मराठों के बीच पानीपत का तृतीय युद्ध हुआ। मराठे उत्तर भारत में अपनी पकड़ मजबूत करने के प्रयास में थे, जबकि अब्दाली उन्हें रोकना चाहता था। इस युद्ध में अब्दाली की सेना ने मराठों को भारी पराजय दी।

मराठों की हार के बाद उत्तर भारत में कोई भी शक्तिशाली भारतीय सत्ता नहीं बची जो मुग़लों को संरक्षण दे सके। इस युद्ध के बाद दिल्ली और आसपास के क्षेत्र पूरी तरह से अराजकता में चले गए, और मुग़ल शासन केवल प्रतीकात्मक रह गया। अब्दाली ने दिल्ली से लूटपाट करने के बाद अपना ध्यान अफगानिस्तान पर केंद्रित किया, लेकिन उसकी इस विजय ने उत्तर भारत की राजनीतिक स्थिति को अस्थिर कर दिया।

3. **रुहेलों और नजीब-उद-दौला का प्रभाव:** अफगानों के अलावा, रुहेला पठानों ने भी उत्तर भारत में अपना प्रभुत्व बढ़ाया। रुहेलखंड (वर्तमान उत्तर प्रदेश का एक भाग) में रुहेला सरदारों ने अपनी शक्ति स्थापित कर ली। नजीब-उद-दौला, जो एक प्रभावशाली रुहेला नेता था, ने मुग़ल बादशाह को अपने नियंत्रण में रखा और दिल्ली की वास्तविक सत्ता अपने हाथ में ले ली। नजीब-उद-दौला ने मुग़लों के नाम पर शासन करते हुए दिल्ली के प्रशासन को चलाया और अपनी शक्ति का विस्तार किया। हालांकि, उसकी मृत्यु के बाद रुहेलों की शक्ति धीरे-धीरे कमजोर पड़ने लगी, और आगे चलकर 1774 में अवध के नवाब और अंग्रेजों ने रुहेलों को हरा दिया।

7.4.4 अंग्रेज़ों और मुग़लों के बीच शक्ति संघर्ष

18वीं शताब्दी के उत्तरार्ध में मुग़ल साम्राज्य अपनी अंतिम सांसें गिन रहा था, जबकि ब्रिटिश ईस्ट इंडिया कंपनी तेजी से भारत में अपना प्रभुत्व बढ़ा रही थी। मुग़ल शासकों की कमजोरी और आंतरिक कलह का लाभ उठाकर अंग्रेज़ों ने धीरे-धीरे भारत के विभिन्न हिस्सों पर नियंत्रण स्थापित कर लिया। प्लासी और बक्सर की लड़ाइयों के बाद अंग्रेज़ों का प्रभाव इतना बढ़ गया कि वे न केवल बंगाल, बिहार और उड़ीसा के शासक बन गए, बल्कि दिल्ली और मुग़ल सम्राट भी उनके अधीन हो गए। अंततः 1857 के विद्रोह के बाद मुग़ल साम्राज्य का पूरी तरह अंत हो गया और भारत पर ब्रिटिश शासन पूरी तरह स्थापित हो गया।

1. अंग्रेज़ों का भारत में प्रभाव बढ़ना

18वीं शताब्दी के मध्य तक ब्रिटिश ईस्ट इंडिया कंपनी ने भारत में अपनी स्थिति मजबूत कर ली थी। व्यापारिक उद्देश्यों से आई यह कंपनी धीरे-धीरे एक सैन्य और राजनीतिक शक्ति बन गई।

बंगाल, बिहार और अवध में अंग्रेज़ों ने स्थानीय शासकों को कमजोर कर दिया और उन्हें अपने नियंत्रण में ले लिया। नवाबों और मुग़लों की आपसी प्रतिद्वंद्विता का लाभ उठाकर अंग्रेज़ों ने भारतीय राजनीति में गहरी पैठ बना ली। स्थानीय राजाओं और नवाबों को परास्त कर अंग्रेज़ों ने अपना शासन स्थापित करना शुरू कर दिया।

2. प्लासी और बक्सर की लड़ाइयाँ

प्लासी का युद्ध (1757): 1757 में अंग्रेज़ों और बंगाल के नवाब सिराजुद्दौला के बीच प्लासी का युद्ध हुआ। इस युद्ध में अंग्रेज़ों के सेनापति रॉबर्ट क्लाइव ने नवाब को

पराजित कर दिया। इस विजय के बाद बंगाल पर अंग्रेज़ों का नियंत्रण स्थापित हो गया और भारत में उनका राजनीतिक प्रभाव बढ़ने लगा।

बक्सर का युद्ध (1764): 1764 में बक्सर की लड़ाई में अंग्रेज़ों ने मुग़ल बादशाह शाह आलम द्वितीय, बंगाल के नवाब मीर कासिम और अवध के नवाब शुजाउद्दौला की संयुक्त सेना को परास्त कर दिया। इस युद्ध के बाद मुग़ल सम्राट शाह आलम द्वितीय अंग्रेज़ों के अधीन हो गए और 1765 में ईस्ट इंडिया कंपनी को बंगाल, बिहार और उड़ीसा की दीवानी (राजस्व वसूली का अधिकार) मिल गई। इस तरह, अंग्रेज़ अब न केवल सैन्य रूप से बल्कि आर्थिक रूप से भी भारत पर अपना नियंत्रण स्थापित करने लगे।

3. 1803 में दिल्ली पर अंग्रेज़ों का कब्जा

19वीं शताब्दी की शुरुआत तक ब्रिटिश ईस्ट इंडिया कंपनी ने भारत के बड़े हिस्से पर अपना प्रभाव स्थापित कर लिया था। 1803 में गवर्नर-जनरल लॉर्ड वेलेस्ली के नेतृत्व में अंग्रेज़ों ने दिल्ली पर हमला किया और इसे अपने नियंत्रण में ले लिया। मुग़ल बादशाह शाह आलम द्वितीय को अंग्रेज़ों के संरक्षण में रहना पड़ा। अब वे केवल नाममात्र के शासक रह गए थे, जबकि वास्तविक सत्ता पूरी तरह अंग्रेज़ों के हाथ में चली गई। इसके बाद दिल्ली में अंग्रेज़ों का शासन मजबूत हो गया और मुग़ल सत्ता धीरे-धीरे समाप्ति की ओर बढ़ने लगी।

4. 1857 का विद्रोह और मुग़ल साम्राज्य का अंत

1857 में भारतीय स्वतंत्रता संग्राम की शुरुआत हुई, जिसे पहले स्वतंत्रता संग्राम या सिपाही विद्रोह भी कहा जाता है। इस विद्रोह का नेतृत्व कई भारतीय सैनिकों और राजाओं ने किया, लेकिन इसका प्रतीकात्मक नेतृत्व मुग़ल बादशाह बहादुर शाह जफर को दिया गया।

हालांकि, यह विद्रोह सफल नहीं हो सका और अंग्रेज़ों ने इसे क्रूरता से कुचल दिया। 1858 में अंग्रेज़ों ने आधिकारिक रूप से मुग़ल साम्राज्य को समाप्त कर दिया। बहादुर शाह जफर को गिरफ्तार कर बर्मा (रंगून, म्यांमार) में निर्वासित कर दिया गया, जहाँ 1862 में उनकी मृत्यु हो गई। इस तरह, मुग़ल साम्राज्य का अंतिम अध्याय समाप्त हो गया और भारत पूरी तरह ब्रिटिश शासन के अधीन आ गया।

निष्कर्ष:

मराठा शक्ति का उदय और मुग़ल साम्राज्य का पतन भारतीय इतिहास की सबसे महत्वपूर्ण घटनाओं में से एक था। शिवाजी महाराज के नेतृत्व में मराठों ने एक संगठित और प्रभावशाली सैन्य शक्ति के रूप में अपनी उपस्थिति दर्ज कराई। उनकी गुरिल्ला युद्ध नीति, किलों की रणनीतिक सुरक्षा व्यवस्था और नौसेना की स्थापना ने मराठों को एक सशक्त सैन्य शक्ति बनाया। शिवाजी की मृत्यु के बाद भी मराठा शक्ति कमजोर नहीं हुई बल्कि उनके उत्तराधिकारियों और पेशवाओं ने इसे और अधिक विस्तार दिया। शंभाजी, राजाराम और ताराबाई ने मुग़लों के विरुद्ध संघर्ष जारी रखा, जिससे मुग़ल सत्ता की जड़ें धीरे-धीरे कमजोर होती गईं। 18वीं शताब्दी में पेशवा बाजीराव प्रथम के नेतृत्व में मराठों ने मुग़लों को निर्णायक रूप से पराजित कर दिया और उत्तरी भारत में अपना प्रभुत्व स्थापित कर लिया। मराठों की बढ़ती शक्ति ने न केवल मुग़ल साम्राज्य को कमजोर किया, बल्कि भारतीय उपमहाद्वीप में एक नए शक्ति संतुलन को जन्म दिया।

हालांकि, मराठों को भी चुनौतियों का सामना करना पड़ा। अहमद शाह अब्दाली के साथ पानीपत के तृतीय युद्ध (1761) में मराठों को भारी नुकसान हुआ, जिससे उनकी उत्तर भारत में पकड़ कमजोर हुई। इसके बावजूद, मराठा शक्ति पूरी तरह समाप्त नहीं हुई, बल्कि उन्होंने पुनर्गठन करके आगे के दशकों में ब्रिटिश ईस्ट इंडिया कंपनी के खिलाफ संघर्ष किया। दूसरी ओर, मुग़ल साम्राज्य लगातार आंतरिक कमजोरियों, भ्रष्टाचार, आर्थिक संकट और प्रांतीय स्वायत्तता के कारण विघटित होता गया। 18वीं शताब्दी के अंत तक, मुग़ल शासन केवल नाम मात्र का रह गया और ब्रिटिश शक्ति उभरने लगी। मराठों और मुग़लों के संघर्ष ने भारत के राजनीतिक परिदृश्य को पूरी तरह बदल दिया और औपनिवेशिक शक्ति के उदय की नींव रखी।

प्रश्न:

- मुग़ल साम्राज्य के प्रशासनिक ढांचे की विशेषताओं को स्पष्ट करते हुए अकबर द्वारा लागू की गई प्रशासनिक नीतियों का आलोचनात्मक विश्लेषण करें।

- मंसबदारी प्रणाली की संरचना और उसके कार्यप्रणाली का वर्णन करें। साथ ही इसके प्रभाव एवं पतन के कारणों पर भी चर्चा करें।

- अकबर की धार्मिक नीति को समझाते हुए 'दीन-ए-इलाही' की अवधारणा एवं उसकी सफलता या असफलता का मूल्यांकन करें।

- जहाँगीर, शाहजहाँ और औरंगज़ेब के शासनकाल में मुग़ल साम्राज्य की सैन्य नीति और उसके प्रभावों का विश्लेषण करें।

- मुग़लकालीन राजस्व व्यवस्था की व्याख्या करें तथा टोडरमल द्वारा लागू की गई व्यवस्था के प्रभावों पर चर्चा करें।

- औरंगज़ेब की नीतियों की समीक्षा करते हुए यह स्पष्ट करें कि क्या वे मुग़ल साम्राज्य के पतन के लिए उत्तरदायी थीं?

- 17वीं शताब्दी में मुग़ल साम्राज्य की आर्थिक स्थिति का विश्लेषण करें और बताएं कि किस प्रकार व्यापार एवं वाणिज्य ने साम्राज्य की अर्थव्यवस्था को प्रभावित किया।

- मुग़ल साम्राज्य की प्रशासनिक एवं सामाजिक संरचना को समझाते हुए यह स्पष्ट करें कि इसके कौन-कौन से तत्व ब्रिटिश शासन द्वारा अपनाए गए थे?

अध्याय 8

पानीपत का तृतीय युद्ध (1761) - अंतिम बड़ी लड़ाई

18वीं शताब्दी के मध्य में भारत में राजनीतिक अस्थिरता और सत्ता संघर्ष चरम पर था। मुग़ल साम्राज्य कमजोर पड़ चुका था, और विभिन्न क्षेत्रीय शक्तियाँ दिल्ली और उत्तर भारत पर प्रभुत्व स्थापित करने के लिए संघर्ष कर रही थीं। इसी पृष्ठभूमि में मराठों और अहमद शाह अब्दाली के बीच 14 जनवरी 1761 को पानीपत का तृतीय युद्ध हुआ। यह युद्ध भारत के इतिहास की सबसे भीषण लड़ाइयों में से एक था, जिसने भारतीय उपमहाद्वीप की राजनीति को हमेशा के लिए बदल दिया। इस युद्ध में मराठों की हार ने उत्तर भारत में उनकी सत्ता के विस्तार को रोक दिया और अफगान आक्रमणकारियों को अस्थायी रूप से विजय दिलाई, लेकिन अब्दाली स्थायी शासन स्थापित करने में असफल रहा। इसके परिणामस्वरूप मुग़ल साम्राज्य और भी कमजोर हो गया, और धीरे-धीरे बंगाल, अवध तथा दक्षिण भारत में स्वतंत्र सत्ता केंद्र उभरने लगे। इस युद्ध ने न केवल भारतीय उपमहाद्वीप में शक्ति संतुलन को प्रभावित किया, बल्कि अंग्रेजों के लिए भी भारतीय राजनीति में हस्तक्षेप करने और अपनी स्थिति मजबूत करने का मार्ग प्रशस्त किया।

8.1 मराठों और अहमद शाह अब्दाली के बीच संघर्ष

8.1.1 मराठों की उत्तरी भारत पर दावेदारी

औरंगज़ेब की मृत्यु (1707) के बाद मुग़ल साम्राज्य तेजी से पतन की ओर बढ़ने लगा। कमजोर प्रशासन, आंतरिक कलह, और उत्तराधिकार संघर्षों ने मुग़ल शक्ति को कमजोर कर दिया, जिससे विभिन्न क्षेत्रीय शक्तियों को उभरने का अवसर मिला। इनमें मराठा सबसे प्रमुख शक्ति के रूप में उभरे। छत्रपति शिवाजी द्वारा स्थापित मराठा साम्राज्य को उनके उत्तराधिकारियों और विशेष रूप से पेशवाओं ने और मजबूत किया। पेशवा बाजीराव प्रथम के कुशल नेतृत्व में मराठों ने न केवल पश्चिमी भारत बल्कि उत्तर भारत में भी अपने प्रभुत्व का विस्तार किया। 1737 में, बाजीराव प्रथम ने दिल्ली

पर आक्रमण कर मुग़लों को पराजित किया, जिससे मराठों का आत्मविश्वास बढ़ा और उन्होंने उत्तर भारत में अपनी स्थिति मजबूत कर ली। बाजीराव प्रथम के बाद उनके पुत्र बालाजी बाजीराव (नाना साहेब पेशवा) के शासनकाल में मराठों की शक्ति अपने चरम पर पहुंच गई। इस अवधि में मराठों ने बंगाल, बिहार, ओड़िशा, पंजाब और अवध तक अपने प्रभाव का विस्तार किया।

मराठों ने 1758 में पंजाब पर विजय प्राप्त की, जहाँ उन्होंने अहमद शाह अब्दाली के गवर्नर को पराजित कर दिया और उसे पंजाब छोड़ने पर मजबूर कर दिया। इससे मराठों का प्रभाव उत्तर-पश्चिमी भारत तक फैल गया, जो रणनीतिक दृष्टि से अत्यंत महत्वपूर्ण था। पंजाब पर कब्ज़ा करना सिर्फ एक क्षेत्रीय विजय नहीं थी, बल्कि इसका सीधा प्रभाव अहमद शाह अब्दाली की महत्वाकांक्षाओं पर पड़ा। अब्दाली, जो पहले ही भारत पर कई बार आक्रमण कर चुका था, दिल्ली और उत्तर भारत में अपनी पकड़ मजबूत बनाए रखना चाहता था। मराठों द्वारा पंजाब पर नियंत्रण स्थापित करना अब्दाली के लिए सीधी चुनौती थी, क्योंकि इससे उसकी सामरिक स्थिति कमजोर हो गई और भारत में उसकी सत्ता को गंभीर खतरा उत्पन्न हो गया। अब्दाली को यह भय सताने लगा कि यदि मराठे आगे बढ़ते रहे, तो वे अफगान क्षेत्रों तक भी अपनी पकड़ बना सकते हैं और इस्लामी सत्ता के प्रभाव को समाप्त कर सकते हैं।

इसीलिए, अब्दाली ने मराठों के इस बढ़ते प्रभाव को रोकने के लिए एक मजबूत सैन्य अभियान की योजना बनाई। उसने विभिन्न उत्तर भारतीय मुस्लिम शासकों और रुहेला अफगानों को अपने साथ मिलाया ताकि मराठों के विरुद्ध एक शक्तिशाली गठबंधन बनाया जा सके। इस संघर्ष की परिणति 1761 में पानीपत के तीसरे युद्ध के रूप में हुई, जो भारतीय इतिहास की सबसे भयंकर और निर्णायक लड़ाइयों में से एक थी। यह युद्ध न केवल मराठों और अब्दाली के बीच सत्ता संघर्ष था, बल्कि इसने भारतीय उपमहाद्वीप की राजनीति और सत्ता संतुलन को भी हमेशा के लिए बदल दिया।

8.1.2 अहमद शाह अब्दाली की भारत पर दृष्टि

अहमद शाह अब्दाली, जिसे अहमद शाह दुर्रानी के नाम से भी जाना जाता है, अफगानिस्तान का शक्तिशाली शासक था, जिसने 1747 में अपनी सत्ता स्थापित की। वह नादिर शाह की सेना में एक प्रमुख सेनापति रह चुका था और 1747 में नादिर शाह की हत्या के बाद उसने कंधार में अपनी सत्ता स्थापित कर दुर्रानी साम्राज्य की नींव रखी। अब्दाली की भारत पर लगातार आक्रमण करने की नीति का मुख्य कारण धन-संपत्ति की लूट के साथ-साथ उत्तरी भारत में अपनी राजनीतिक पकड़ को

मजबूत करना था। 1748 से 1757 के बीच उसने भारत पर छह बार आक्रमण किया, जिसमें हर बार उसने दिल्ली और आसपास के समृद्ध क्षेत्रों को लूटकर अपनी सेना और साम्राज्य के लिए धन एकत्र किया।

1757 में अहमद शाह अब्दाली ने दिल्ली पर अधिकार कर लिया और मुग़ल बादशाह आलमगीर द्वितीय को अपनी अधीनता स्वीकार करने के लिए मजबूर कर दिया। इस आक्रमण के दौरान अब्दाली ने दिल्ली को भयंकर लूट-खसोट और विध्वंस का शिकार बनाया। उसने अपने समर्थकों को दिल्ली और इसके आसपास के क्षेत्रों में शासन स्थापित करने की अनुमति दी और मुग़ल दरबार को अपनी कठपुतली बना दिया। इसके अलावा, अब्दाली ने अपने विश्वस्त सहयोगी नजीबुद्दौला को दिल्ली का वज़ीर नियुक्त किया, ताकि मुग़ल शासन पर उसका नियंत्रण बना रहे। अब्दाली का मुख्य उद्देश्य भारत में स्थायी सत्ता स्थापित करना नहीं था, बल्कि वह चाहता था कि भारत की राजनीतिक व्यवस्था उसके अधीनस्थ रहे और अफगान प्रभाव निरंतर बना रहे।

1758 में जब मराठों ने पंजाब पर कब्जा कर लिया और अब्दाली के नियुक्त गवर्नर को खदेड़ दिया, तो अब्दाली को अपनी शक्ति के लिए गंभीर खतरा महसूस हुआ। पंजाब उसके साम्राज्य के लिए एक महत्वपूर्ण क्षेत्र था, क्योंकि यह न केवल उसकी भारतीय विजय का प्रवेशद्वार था, बल्कि आर्थिक और सामरिक दृष्टि से भी अत्यंत महत्वपूर्ण था। मराठों की उत्तरी भारत में बढ़ती शक्ति ने अब्दाली की स्थिति को चुनौती दी और उसे यह डर सताने लगा कि यदि मराठों को रोका नहीं गया, तो वे अफगानिस्तान तक भी अपने प्रभाव का विस्तार कर सकते हैं। इसी कारण, अब्दाली ने मराठों के विरुद्ध एक बड़े सैन्य अभियान की योजना बनाई और उत्तर भारत के मुस्लिम शासकों, रुहेला अफगानों, और अवध के नवाब शुजाउद्दौला को अपने पक्ष में कर लिया। यह गठबंधन मराठों के लिए एक बड़ी चुनौती बन गया और अंततः 1761 में पानीपत का तृतीय युद्ध हुआ, जिसने भारतीय राजनीति पर गहरा प्रभाव डाला।

8.1.3 अब्दाली और शुजा-उद-दौला का गठबंधन

अहमद शाह अब्दाली को यह भली-भांति समझ में आ गया था कि अकेले अपनी अफगान सेना के बल पर वह मराठों को हराने में सक्षम नहीं होगा। उत्तर भारत में अपनी विजय सुनिश्चित करने और मराठों की बढ़ती ताकत को रोकने के लिए उसने स्थानीय शक्तियों के साथ गठबंधन करने की रणनीति अपनाई। इस उद्देश्य से उसने अवध के नवाब शुजा-उद-दौला और रोहिल्ला सरदार नजीब-उद-दौला को अपने पक्ष में मिला लिया। शुजा-उद-दौला एक चतुर और व्यावहारिक शासक था, जो यह समझ चुका

था कि यदि मराठे दिल्ली और उत्तर भारत में मजबूत हो गए, तो अवध की स्वतंत्रता भी खतरे में पड़ सकती है। इसलिए उसने अब्दाली से हाथ मिलाने का निर्णय लिया, लेकिन यह गठबंधन पूरी तरह लाभ-हानि के आकलन पर आधारित था। शुजा-उद-दौला ने अपनी सेना और संसाधनों के बदले अब्दाली के साथ मिलकर मराठों का सामना करने का निश्चय किया।

दूसरी ओर, नजीब-उद-दौला, जो पहले से ही मराठों का कट्टर विरोधी था, अब्दाली का प्रमुख सहयोगी बन गया। उसने अब्दाली को दिल्ली में प्रवेश करने में सहायता की और मुग़ल दरबार में उसके प्रभाव को मजबूत करने का काम किया। नजीब-उद-दौला को इस बात का भय था कि यदि मराठे दिल्ली पर पूर्ण नियंत्रण कर लेते, तो वे रुहेलखंड पर भी आक्रमण कर सकते थे। इसलिए उसने अपनी सेना और संसाधनों के साथ अब्दाली का समर्थन किया और मराठों के खिलाफ युद्ध में अफगान सेना की सहायता की। इस गठबंधन को और अधिक प्रभावी बनाने के लिए अब्दाली ने मीर बख्शी इमाद-उल-मुल्क और कुछ अन्य मुग़ल दरबारियों को भी अपने पक्ष में कर लिया। इमाद-उल-मुल्क पहले मराठों का समर्थक था, लेकिन उसने अपने स्वार्थ और सत्ता-सुरक्षा के कारण अब्दाली का साथ देना बेहतर समझा। इस गठबंधन का सबसे बड़ा प्रभाव यह पड़ा कि मराठों को दिल्ली में अकेले लड़ना पड़ा। दिल्ली की राजनीतिक स्थिति पहले ही अस्थिर थी, और इस स्थिति में अब्दाली के गठबंधन ने मराठों के लिए चुनौतियाँ और भी बढ़ा दीं। इस प्रकार, अब्दाली, शुजा-उद-दौला, नजीब-उद-दौला और अन्य सहयोगियों के संयुक्त मोर्चे ने मराठों को कमजोर कर दिया और अंततः पानीपत के तृतीय युद्ध का आधार तैयार कर दिया, जो भारतीय उपमहाद्वीप के इतिहास में एक निर्णायक घटना साबित हुआ।

8.1.4 सदाशिवराव भाऊ और मराठा सेना की तैयारी

मराठा सेना के नेतृत्व की जिम्मेदारी सदाशिवराव भाऊ को सौंपी गई, जो पेशवा नाना साहेब के चचेरे भाई और एक अनुभवी योद्धा थे। वे न केवल एक कुशल सेनापति थे, बल्कि संगठन और रणनीति में भी निपुण थे। मराठों ने इस अभियान के लिए 100,000 से अधिक सैनिकों की एक विशाल सेना तैयार की, जिसमें घुड़सवार, पैदल सैनिक, तोपखाना और कई सहयोगी दल शामिल थे। इस युद्ध में मराठों ने आधुनिक सैन्य उपकरणों और रणनीतियों का भी उपयोग किया। उनकी सेना में यूरोपीय तकनीक से प्रशिक्षित तोपखाना भी शामिल था, जिसका संचालन इब्राहिम खान गार्दी के नेतृत्व में किया गया। हालाँकि, इतनी विशाल सेना को उत्तर भारत में लाने और बनाए रखने के लिए पर्याप्त रसद और संसाधनों की आवश्यकता थी, जो मराठों के लिए एक बड़ी चुनौती साबित हुई।

मराठों ने उत्तर भारत में अपनी स्थिति मजबूत करने के लिए जाट, राजपूत और अन्य स्थानीय शासकों से समर्थन माँगा। लेकिन अधिकांश राजपूत शासक मराठों की बढ़ती शक्ति को लेकर शंकित थे, और जाट सरदारों ने भी स्पष्ट समर्थन देने से इनकार कर दिया। केवल शिंदे और होल्कर जैसी मराठा टुकड़ियाँ सक्रिय रूप से इस युद्ध अभियान में शामिल हुईं। इसके अलावा, उत्तर भारत की ठंडी जलवायु मराठों के लिए एक नई चुनौती थी, क्योंकि महाराष्ट्र की गर्म जलवायु में पले-बढ़े सैनिकों को इस सर्द मौसम में कठिनाइयों का सामना करना पड़ा। दिल्ली तक पहुँचते-पहुँचते मराठा सेना को रसद संकट से जूझना पड़ा, क्योंकि अब्दाली की रणनीति थी कि वह मराठों की आपूर्ति लाइनों को बाधित करे और उन्हें थका दे। इन कठिनाइयों के बावजूद, सदाशिवराव भाऊ ने एक विशाल शिविर स्थापित किया और युद्ध की पूरी तैयारी की। उन्होंने सैनिकों को प्रेरित किया और युद्ध के लिए एक आक्रामक नीति अपनाई, जिससे पानीपत के मैदान में निर्णायक युद्ध की भूमिका तैयार हुई।

8.2 युद्ध की प्रमुख घटनाएँ

14 जनवरी 1761 को पानीपत के मैदान में हुआ तृतीय युद्ध भारत के इतिहास की सबसे रक्तरंजित और विनाशकारी लड़ाइयों में से एक था। यह युद्ध केवल मराठों और अहमद शाह अब्दाली की सेनाओं के बीच की सैन्य टकराहट नहीं था, बल्कि पूरे भारतीय उपमहाद्वीप की राजनीतिक दिशा को निर्धारित करने वाला निर्णायक संघर्ष था। मराठों ने उत्तरी भारत में अपने प्रभाव को स्थापित करने और दिल्ली पर अपना नियंत्रण बनाए रखने के लिए एक विशाल सेना संगठित की, लेकिन कई प्रतिकूल परिस्थितियों ने उनकी पराजय को सुनिश्चित कर दिया। मराठों की सबसे बड़ी कमजोरी रसद की कमी थी, क्योंकि अब्दाली ने युद्ध से पहले ही उनकी आपूर्ति लाइनों को काट दिया था, जिससे उनकी सेना भोजन और आवश्यक संसाधनों की भारी किल्लत से जूझ रही थी। दूसरी ओर, अब्दाली ने एक कुशल और सुनियोजित सैन्य रणनीति अपनाई, जिसमें घेराबंदी, छापामार हमले और कुशल घुड़सवार सेना का प्रयोग किया गया। मराठा सेनापति सदाशिवराव भाऊ ने साहस और दृढ़ संकल्प के साथ युद्ध लड़ा, लेकिन उनकी सेना थकी हुई और असंगठित थी, जबकि अब्दाली की अफगान सेना पहले से तैयार और अनुशासित थी। मराठों के लिए एक और बड़ा झटका यह था कि उन्हें राजपूतों, जाटों और अन्य उत्तर भारतीय शक्तियों से अपेक्षित सहयोग नहीं मिला, जिससे वे अकेले पड़ गए। युद्ध के दौरान मराठों की सेना धीरे-धीरे कमजोर पड़ने लगी, और अंततः भीषण रक्तपात के बाद उनकी हार हुई। इस युद्ध में लगभग एक लाख सैनिक मारे गए, और मराठों को अपने कई प्रमुख नेता, जैसे कि सदाशिवराव भाऊ, विश्वासराव और इब्राहिम खान गार्दी, खोने पड़े। इस पराजय के परिणामस्वरूप

मराठों की उत्तर भारत पर पकड़ समाप्त हो गई और भारतीय राजनीति में एक बड़ा शून्य उत्पन्न हो गया, जिसे बाद में अंग्रेजों ने भरने का प्रयास किया। पानीपत की यह लड़ाई भारत में शक्ति संतुलन को पूरी तरह बदलने वाली सिद्ध हुई और इसके दूरगामी प्रभाव भारतीय इतिहास में लंबे समय तक महसूस किए गए।

8.2.1 सैन्य ताकतों की तुलना

मराठा सेना अपनी विशाल संख्या और सैन्य क्षमता के लिए जानी जाती थी, लेकिन पानीपत की लड़ाई में उन्हें कई चुनौतियों का सामना करना पड़ा। सदाशिवराव भाऊ के नेतृत्व में मराठों ने एक शक्तिशाली सेना तैयार की थी, जिसमें अनुभवी घुड़सवार, पैदल सैनिक और यूरोपीय शैली के तोपखाने शामिल थे। मराठों के पास लगभग 100,000 सैनिक थे, जिनमें से 55,000 घुड़सवार थे, जो तेज़ गति से आक्रमण करने में सक्षम थे। पैदल सेना की अगुवाई इब्राहिम खान गार्दी कर रहे थे, जिनकी यूरोपीय शैली की तोपों ने युद्ध में अहम भूमिका निभाई। मराठों की रणनीति स्थायी शिविर बनाकर युद्ध लड़ने की थी, जिसके लिए उन्होंने एक विशाल रसद प्रणाली विकसित की थी। हालांकि, उत्तर भारत की सर्द जलवायु, लंबी दूरी की यात्रा से हुई थकान और रसद की आपूर्ति में भारी कमी के कारण उनकी सेना कमजोर पड़ गई। इसके अलावा, स्थानीय शक्तियों–जैसे जाटों और राजपूतों–का अपेक्षित सहयोग न मिलने के कारण मराठे रणनीतिक रूप से अकेले पड़ गए। उनकी सेना युद्ध के दौरान भारी नुकसान झेलने लगी, और धीरे-धीरे उनका नियंत्रण युद्ध के मैदान पर खत्म हो गया।

अहमद शाह अब्दाली की सेना, संख्या में मराठों से कम होने के बावजूद, अधिक अनुशासित और रणनीतिक रूप से सक्षम थी। अब्दाली ने अपने युद्ध कौशल का इस्तेमाल करते हुए एक संयुक्त सेना का गठन किया, जिसमें अफगान घुड़सवार, रोहिल्ला सैनिक और अवध के नवाब शुजा-उद-दौला के सहयोगी बल शामिल थे। उनकी सेना में लगभग 60,000-70,000 सैनिक थे, जिनमें से 40,000 घुड़सवार थे, जो घेराबंदी और तेज़ हमलों में माहिर थे। अब्दाली की सेना की प्रमुख ताकत उसकी तेज़ गति, समन्वित हमले और मनोवैज्ञानिक दबाव बनाने की क्षमता थी। उन्होंने मराठों की रसद काटकर उन्हें कमजोर कर दिया और युद्ध को लंबा खींचकर उनकी थकान का फायदा उठाया। हालांकि अब्दाली की सेना में कई जनजातीय समूह थे जो अनुशासन में कम थे और उनकी भारी तोपों की संख्या मराठों के मुकाबले कम थी, लेकिन उनकी कुशल रणनीति और आक्रामक हमलों ने मराठों को परास्त कर दिया। इस युद्ध ने भारतीय उपमहाद्वीप के शक्ति संतुलन को बदल दिया और मराठों की उत्तर भारत में विस्तार की योजनाओं को पूरी तरह समाप्त कर दिया।

8.2.2 युद्ध के प्रारंभिक चरण

युद्ध से पहले मराठों ने अपनी रणनीतिक स्थिति मजबूत करने के लिए दिल्ली के उत्तर में पानीपत के पास एक विशाल शिविर स्थापित किया। उनका उद्देश्य युद्ध में स्थायित्व बनाए रखना और अपनी रसद व्यवस्था को संगठित रखना था, लेकिन अहमद शाह अब्दाली ने उनकी रसद आपूर्ति को काटने की योजना बना ली थी। अब्दाली की सेना ने चारों ओर से मराठों को घेर लिया, जिससे वे आवश्यक भोजन और युद्ध सामग्री से वंचित हो गए। मराठों को जाट, राजपूत और सिख सरदारों से सहायता की उम्मीद थी, लेकिन विभिन्न राजनीतिक कारणों और मराठों के पूर्व के व्यवहार के कारण ये शक्तियाँ तटस्थ बनी रहीं। जैसे-जैसे समय बीतता गया, मराठा सेना रसद संकट, भूख और ठंड से जूझने लगी, जिससे उनके सैनिकों की युद्ध करने की क्षमता कमजोर पड़ने लगी। दूसरी ओर, अब्दाली की सेना अधिक संगठित और अच्छी तरह से आपूर्ति की गई थी, जिसने मराठों को रणनीतिक रूप से कमजोर स्थिति में धकेल दिया।

युद्ध का प्रारंभिक चरण 14 जनवरी 1761 की सुबह 8 बजे शुरू हुआ, जब मराठों ने अपने शक्तिशाली तोपखाने से हमला किया। इब्राहिम खान गार्दी के नेतृत्व में यूरोपीय शैली की पैदल सेना ने प्रभावी रूप से अब्दाली की अग्रिम पंक्ति पर प्रहार किया, जिससे दुश्मन सेना को शुरुआती झटके सहने पड़े। मराठों की भारी घुड़सवार सेना ने आक्रामक रुख अपनाते हुए अफगान घुड़सवारों पर धावा बोला और युद्ध के पहले चरण में बढ़त हासिल कर ली। इस प्रारंभिक आक्रमण से अब्दाली की सेना में अस्थिरता फैल गई और कई अफगान सैनिक पीछे हटने लगे। हालांकि, अब्दाली ने इस स्थिति का सामना करने के लिए अपनी सैन्य रणनीति में तेजी से बदलाव किया और अपनी सेना को पुनर्गठित कर मराठों पर पलटवार करने की योजना बनाई।

8.2.3 निर्णायक क्षण और मराठों की पराजय

युद्ध के निर्णायक क्षणों में अहमद शाह अब्दाली ने मराठों की कमजोरियों को भांपते हुए अपनी रणनीति में महत्वपूर्ण बदलाव किए। उसने अपनी सेना को नियंत्रित तरीके से पीछे हटने और फिर से आक्रामक हमला करने की रणनीति अपनाई। अफगान घुड़सवारों को चारों ओर से मराठों को घेरने का आदेश दिया गया, जिससे मराठा सेना के पास पीछे हटने या बचने का कोई रास्ता नहीं बचा। मराठों की रसद पहले ही समाप्त हो चुकी थी, और कई दिनों से भूख और थकान से जूझ रहे सैनिकों की युद्ध करने की क्षमता कमजोर पड़ चुकी थी। इस स्थिति में, अब्दाली की सेना अधिक ऊर्जावान और तैयार दिख रही थी, जबकि मराठों की सेना थकान और असंगठित हमलों से जूझ रही थी। अब्दाली की इस रणनीति ने मराठों को पूरी तरह से असहाय बना दिया, और धीरे-धीरे उनकी हार निश्चित होती गई।

युद्ध का सबसे दर्दनाक क्षण तब आया जब मराठा सेनापति सदाशिवराव भाऊ के नेतृत्व में लड़ रहे विश्वासराव, जो पेशवा नाना साहेब के पुत्र थे, युद्ध के दौरान मारे गए। उनके निधन के साथ ही मराठा सेना का मनोबल पूरी तरह से टूट गया, और अफरा-तफरी मच गई। कई मराठा सैनिकों ने बचने की कोशिश की, लेकिन अब्दाली की सेना ने उन्हें चारों ओर से घेरकर निर्ममता से मार गिराया। दोपहर तक मराठा सेना पूरी तरह से बिखर चुकी थी, और अंततः सदाशिवराव भाऊ भी युद्ध में वीरगति को प्राप्त हुए। मराठों की इस विनाशकारी हार ने भारत के राजनीतिक परिदृश्य को बदल दिया, जिससे दिल्ली और उत्तर भारत में अब्दाली तथा अन्य क्षेत्रीय शक्तियों का प्रभाव बढ़ गया, और मराठों का उत्तरी भारत पर प्रभुत्व समाप्त हो गया।

8.2.4 युद्ध के क्रूरतम दृश्य

पानीपत के तृतीय युद्ध के बाद का दृश्य इतिहास के सबसे क्रूरतम और भयावह नरसंहारों में से एक था। युद्ध समाप्त होने के बावजूद अब्दाली की सेना ने कोई दया नहीं दिखाई और युद्धक्षेत्र में बचे हुए घायल मराठा सैनिकों को निर्दयता से मार डाला। इसके अलावा, मराठा शिविर में रह रहे हजारों निर्दोष लोग–महिलाएँ, बच्चे और सेवक– भी इस अमानवीय हिंसा का शिकार बने। अब्दाली की सेना ने 50,000 से अधिक मराठा सैनिकों और आम नागरिकों का संहार कर दिया। कई मराठा सेनापतियों को युद्ध के बाद बंदी बना लिया गया, जिनमें से कुछ को अपमानजनक तरीके से मार दिया गया। विशेष रूप से इब्राहिम खान गार्दी, जिन्होंने मराठा सेना के तोपखाने का नेतृत्व किया था, को पकड़ने के बाद यातनाएँ देकर मारा गया। यह हत्याकांड कई दिनों तक चला, जिसमें पानीपत के आसपास के क्षेत्रों को खून से लाल कर दिया गया।

युद्ध के बाद अब्दाली की सेना ने दिल्ली में घुसकर भारी लूटपाट मचाई और पूरे क्षेत्र में आतंक का माहौल पैदा कर दिया। मुग़ल बादशाह शाह आलम द्वितीय अब्दाली के सामने असहाय थे और उसे संधि के लिए मजबूर होना पड़ा। अब्दाली ने दिल्ली और आसपास के इलाकों से बहुमूल्य खजाने, जवाहरात और संपत्ति लूटकर अफगानिस्तान भेज दिए। हालाँकि, अब्दाली की मंशा भारत में स्थायी रूप से शासन करने की नहीं थी, इसलिए उसने स्थानीय शक्तियों से संधियाँ कर उत्तर भारत को अपने सहयोगियों के हवाले कर दिया और अपनी सेना के साथ अफगानिस्तान लौट गया। हालाँकि, इस युद्ध की भयावहता ने उत्तर भारत को दशकों तक प्रभावित किया और मराठों की शक्ति को गहरा आघात पहुँचा, जिससे भारतीय राजनीति की दिशा बदल गई।

8.3 पानीपत युद्ध के बाद की स्थिति

पानीपत का तृतीय युद्ध (1761) भारतीय इतिहास में एक निर्णायक मोड़ साबित हुआ, जिसने पूरे उपमहाद्वीप की राजनीतिक और सामाजिक संरचना को गहराई से प्रभावित किया। इस युद्ध में अहमद शाह अब्दाली की अफगान सेना और मराठों के बीच भीषण संघर्ष हुआ, जिसमें मराठों को करारी हार का सामना करना पड़ा। युद्ध में भारी जनहानि हुई, हजारों सैनिक मारे गए, और मराठों की सैन्य शक्ति को गहरा आघात पहुंचा। मराठों की पराजय के बाद उत्तर भारत में व्यापक राजनीतिक अस्थिरता फैल गई, जिससे मुग़ल शासन और भी निर्बल हो गया। अब्दाली ने युद्ध में जीत के बावजूद स्थायी रूप से भारत में रहने का प्रयास नहीं किया, बल्कि दिल्ली पर अस्थायी नियंत्रण स्थापित कर उसने अपनी सेना को वापस अफगानिस्तान बुला लिया। इससे मुग़ल बादशाह केवल नाममात्र का शासक रह गया, और दिल्ली सहित समूचे उत्तर भारत में एक राजनीतिक शून्य उत्पन्न हो गया। इस अस्थिरता का लाभ उठाकर अंग्रेज़ों ने भारतीय उपमहाद्वीप में अपनी स्थिति और मजबूत करनी शुरू कर दी। बक्सर के युद्ध (1764) के बाद अंग्रेज़ों ने बंगाल, बिहार और उड़ीसा की दीवानी हासिल कर ली, जिससे उनकी आर्थिक और राजनीतिक शक्ति में जबरदस्त वृद्धि हुई। इस तरह, पानीपत के युद्ध ने न केवल मराठों के विस्तारवादी स्वप्न को समाप्त कर दिया, बल्कि मुग़ल सत्ता की अंतिम बची-खुची प्रतिष्ठा को भी नष्ट कर दिया और भारत में ब्रिटिश उपनिवेशवाद के विस्तार की नींव रखी।

8.3.1 मराठों की कमजोरी और पुनर्गठन

पानीपत के तृतीय युद्ध में मराठों को जो अपार क्षति उठानी पड़ी, उसने उनके साम्राज्य की शक्ति को गहरा आघात पहुँचाया। इस भीषण युद्ध में मराठा सेना के लगभग 50,000 से अधिक सैनिक मारे गए, जिनमें उनके प्रमुख सेनापति सदाशिवराव भाऊ और पेशवा नाना साहेब के पुत्र विश्वासराव भी शामिल थे। मराठा सेना की इस बुरी तरह हार के कारण दिल्ली और उत्तर भारत में उनका प्रभाव समाप्त हो गया। पानीपत की पराजय की खबर जब महाराष्ट्र पहुँची, तो इससे पूरा मराठा साम्राज्य शोक में डूब गया और इसी मानसिक आघात के कारण पेशवा नाना साहेब का भी निधन हो गया। इस पराजय से मराठा सत्ता अस्थायी रूप से कमजोर हो गई, लेकिन उनका साम्राज्य पूरी तरह समाप्त नहीं हुआ। मराठा सरदारों ने हार से सीख लेकर अपनी शक्ति को पुनर्गठित करने की प्रक्रिया शुरू की और आने वाले वर्षों में फिर से एक प्रभावी शक्ति के रूप में उभरे।

मराठा शक्ति के पुनर्गठन की नींव माधवराव पेशवा (1761-1772) ने रखी, जिन्होंने अपने कुशल नेतृत्व से साम्राज्य को दोबारा मजबूत किया। उन्होंने प्रशासनिक और सैन्य सुधारों पर जोर दिया, जिससे मराठा सत्ता धीरे-धीरे फिर से उभरने लगी। 1771 में मराठों ने दिल्ली पर दोबारा कब्ज़ा कर लिया और उत्तर भारत में अपनी खोई हुई प्रतिष्ठा को बहाल किया। इस बार उन्होंने अपनी पिछली गलतियों से सीख लेते हुए स्थानीय शक्तियों–राजपूतों, जाटों और सिखों–के साथ संबंध सुधारने की नीति अपनाई। मराठों ने यूरोपीय सैन्य रणनीतियों को अपनाने पर अधिक ध्यान दिया, ताकि भविष्य में ऐसी किसी भीषण पराजय से बचा जा सके। उन्होंने यह रणनीति भी अपनाई कि उत्तर भारत में अकेले युद्ध न लड़ा जाए, बल्कि स्थानीय राजाओं और सरदारों को सहयोगी बनाकर युद्ध लड़ा जाए। इस पुनर्गठन के परिणामस्वरूप, मराठों ने जल्द ही फिर से एक सशक्त शक्ति के रूप में भारतीय राजनीति में अपनी जगह बना ली।

8.3.2 अब्दाली की दिल्ली पर पकड़ और वापसी

अहमद शाह अब्दाली ने पानीपत के तृतीय युद्ध में मराठों को करारी शिकस्त देने के बाद दिल्ली पर अपनी पकड़ बनाई, लेकिन उसका उद्देश्य भारत में स्थायी शासन स्थापित करना नहीं था। उसने मुग़ल सम्राट शाह आलम द्वितीय को नाममात्र का शासक बनाए रखा और दिल्ली की सत्ता को कमजोर करने की नीति अपनाई। अब्दाली जानता था कि भारत में लंबे समय तक शासन करना उसके लिए व्यावहारिक नहीं होगा, इसलिए उसने दिल्ली की प्रशासनिक व्यवस्था को अपने प्रभाव में रखने के लिए नजीब-उद-दौला को दिल्ली का संरक्षक नियुक्त किया। इस रणनीति के तहत उसने यह सुनिश्चित किया कि उत्तर भारत में अफगान प्रभाव बना रहे और मराठे दोबारा इतनी जल्दी अपनी शक्ति न जुटा सकें। हालाँकि, अब्दाली को यह भी एहसास था कि भारत में उसकी स्थायी उपस्थिति उसके अपने साम्राज्य के लिए संकट खड़ा कर सकती है, इसलिए उसने दिल्ली और आसपास के क्षेत्रों में अपने अनुकूल शासकों को स्थापित करने के बाद 1761 में अफगानिस्तान लौटने का फैसला किया।

अब्दाली की विजय पानीपत में निर्णायक रही, लेकिन भारत में उसका प्रभाव लंबे समय तक नहीं टिक सका। उसकी वापसी के बाद भारत में उसके समर्थकों के बीच सत्ता संघर्ष शुरू हो गया, जिससे उत्तर भारत में अस्थिरता और अराजकता बढ़ गई। मराठों ने कुछ ही वर्षों में पुनर्गठन करके दिल्ली पर दोबारा नियंत्रण स्थापित कर लिया, जिससे अब्दाली की बनाई हुई राजनीतिक संरचना बिखर गई। पानीपत की लड़ाई ने भारत की राजनीति को गहरा झटका दिया, लेकिन अब्दाली इसे अपने दीर्घकालिक लाभ में परिवर्तित नहीं कर सका। उसने दोबारा भारत में किसी बड़े सैन्य अभियान की योजना नहीं बनाई, जिससे यह स्पष्ट हो गया कि पानीपत की विजय केवल एक

अस्थायी उपलब्धि थी। अंततः, उसकी यह असफलता भारत में मराठों के पुनरुत्थान और ब्रिटिश सत्ता के बढ़ते प्रभाव के लिए रास्ता खोलने वाली साबित हुई।

8.3.3 मुग़लों का दुर्बल शासन और अंग्रेज़ों का बढ़ता प्रभाव

पानीपत के तृतीय युद्ध के बाद मुग़ल साम्राज्य पूरी तरह से निष्क्रिय हो गया और दिल्ली की सत्ता केवल नाममात्र की रह गई। शाह आलम द्वितीय जैसे शासक कमजोर और असहाय बनकर रह गए, जो अपने शासन को बचाने के लिए लगातार बाहरी शक्तियों की शरण में जाते रहे। अब्दाली की वापसी के बाद दिल्ली की वास्तविक सत्ता अमीरों, नवाबों और रोहिल्ला सरदारों के बीच बंट गई, जिससे साम्राज्य में अराजकता और अस्थिरता बढ़ती चली गई। इस सत्ता संघर्ष का सबसे अधिक लाभ अंग्रेज़ों को मिला, जिन्होंने धीरे-धीरे भारतीय राजनीति में दखल देना शुरू किया। अंग्रेज़ों ने बंगाल में पहले ही अपनी जड़ें मजबूत कर ली थीं, और 1757 के प्लासी के युद्ध के बाद वे एक बड़ी शक्ति के रूप में उभर चुके थे। पानीपत के युद्ध ने भारतीय राज्यों को कमजोर कर दिया, जिससे अंग्रेज़ों को अपने साम्राज्य के विस्तार के लिए अनुकूल परिस्थितियाँ मिल गईं।

1764 में बक्सर के युद्ध ने इस बदलाव को और तेज कर दिया, जब अंग्रेज़ों ने मुग़ल सम्राट शाह आलम द्वितीय, अवध के नवाब शुजा-उद-दौला और बंगाल के मीर कासिम की संयुक्त सेना को पराजित किया। इस युद्ध के बाद अंग्रेज़ों को बंगाल, बिहार और ओड़िशा की दीवानी (राजस्व वसूली) का अधिकार मिल गया, जिससे वे भारत के आर्थिक और प्रशासनिक तंत्र पर हावी हो गए। मराठों, जाटों, राजपूतों और सिखों के आपसी संघर्ष ने भी अंग्रेज़ों के बढ़ते प्रभुत्व को चुनौती नहीं दी, बल्कि उनके लिए भारत में अपना नियंत्रण मजबूत करने का रास्ता खोल दिया। पानीपत की लड़ाई और उसके बाद के राजनीतिक घटनाक्रमों ने भारत में एक नए युग की शुरुआत की, जिसमें मुग़लों की जगह अंग्रेज़ों ने धीरे-धीरे सत्ता की बागडोर संभाल ली और आने वाले दशकों में पूरे भारत पर अपना साम्राज्य स्थापित कर लिया।

8.3.4 पानीपत युद्ध के दीर्घकालिक प्रभाव

1. **राजनीतिक प्रभाव**: पानीपत का तृतीय युद्ध भारत के राजनीतिक इतिहास का एक निर्णायक मोड़ था। इस युद्ध ने उत्तर भारत में शक्ति संतुलन को पूरी तरह से बदल दिया। मराठों की हार ने उन्हें उत्तर भारत की राजनीति से कुछ समय के लिए दूर कर दिया, जिससे क्षेत्र में अराजकता और अस्थिरता बढ़ गई। मुग़ल साम्राज्य, जो पहले ही कमजोर था, पूरी तरह से नाममात्र का शासन बनकर रह

गया। अहमद शाह अब्दाली की विजय के बावजूद, वह भारत में स्थायी शासन स्थापित नहीं कर सका और अफगान शक्ति भी जल्द ही कमजोर पड़ गई। रोहिल्ला सरदार नजीब-उद-दौला और अवध के नवाब शुजा-उद-दौला ने उत्तर भारत में कुछ समय तक प्रभाव बनाए रखा, लेकिन वे भी अंग्रेज़ों के बढ़ते प्रभुत्व के आगे टिक नहीं सके। इस युद्ध ने यह भी स्पष्ट कर दिया कि भारतीय शक्तियाँ आपसी सहयोग के बिना बाहरी आक्रमणकारियों और औपनिवेशिक शक्तियों का सामना नहीं कर सकतीं।

2. **सामाजिक, आर्थिक और सैन्य प्रभाव**: यह युद्ध भारत के इतिहास की सबसे भीषण और रक्तरंजित लड़ाइयों में से एक था, जिसमें लाखों निर्दोष नागरिक भी मारे गए। दिल्ली और आसपास के क्षेत्र इस युद्ध से पूरी तरह बर्बाद हो गए। व्यापार, कृषि और उद्योग पर गंभीर असर पड़ा, जिससे उत्तर भारत की आर्थिक स्थिति लंबे समय तक कमजोर बनी रही। पानीपत की लड़ाई के बाद पूरे क्षेत्र में लूटपाट और अराजकता का माहौल था, जिससे सामान्य जनता को भारी कष्ट झेलने पड़े। हालांकि, मराठों ने 1771 में माधवराव पेशवा के नेतृत्व में दोबारा दिल्ली पर अधिकार कर लिया और शाह आलम द्वितीय को पुनः गद्दी पर बैठाया, लेकिन पानीपत में हुए भारी नुकसान की भरपाई कभी पूरी तरह नहीं हो सकी। इस युद्ध ने अंग्रेज़ों के लिए भारत में सत्ता स्थापित करने का मार्ग भी खोल दिया। 1764 के बक्सर के युद्ध के बाद, अंग्रेज़ों ने बंगाल और बिहार पर अधिकार कर लिया, जिससे उनकी स्थिति मजबूत हो गई। 19वीं सदी की शुरुआत तक ब्रिटिश ईस्ट इंडिया कंपनी भारत की सबसे शक्तिशाली शक्ति बन चुकी थी, और पानीपत का युद्ध इस परिवर्तन का एक प्रमुख कारक बना।

निष्कर्ष:

पानीपत का तृतीय युद्ध भारतीय इतिहास की सबसे भीषण और निर्णायक लड़ाइयों में से एक था, जिसने भारतीय राजनीति, समाज और अर्थव्यवस्था को गहरे स्तर पर प्रभावित किया। यह युद्ध केवल दो सेनाओं के बीच का संघर्ष नहीं था, बल्कि यह पूरे उत्तर भारत के सत्ता संतुलन को परिवर्तित करने वाला निर्णायक मोड़ साबित हुआ। मराठों की उत्तर भारत पर बढ़ती प्रभुत्व की महत्वाकांक्षाएं, अहमद शाह अब्दाली की सैन्य कुशलता, और विभिन्न भारतीय शक्तियों की रणनीतिक भूलों ने इस युद्ध को एक व्यापक त्रासदी में बदल दिया। मराठों की हार का मुख्य कारण उनकी कमजोर रसद आपूर्ति, सामरिक गलतियाँ और उत्तर भारतीय राजाओं एवं जाट-सिख शक्तियों का तटस्थ रहना था। इसके विपरीत, अब्दाली ने अपने सहयोगियों, विशेष रूप से शुजा-उद-दौला और नजीब-उद-दौला के समर्थन से एक सशक्त सेना का गठन किया,

जो संगठित, अनुशासित और आक्रामक रणनीतियों पर आधारित थी। युद्ध के दौरान मराठों ने प्रारंभिक बढ़त बनाई, लेकिन अंततः रसद की कमी और अब्दाली की गुरिल्ला रणनीति ने उन्हें पूरी तरह पराजित कर दिया। मराठा सेना का मनोबल तब पूरी तरह टूट गया जब पेशवा नाना साहेब के पुत्र विश्वासराव युद्ध में मारे गए और स्वयं सेनापति सदाशिवराव भाऊ भी वीरगति को प्राप्त हुए। युद्ध समाप्त होने के बाद अब्दाली की सेना ने मराठों के शिविर में भीषण नरसंहार किया, जिसमें हजारों सैनिक, नागरिक, महिलाएँ और बच्चे मारे गए।

इस युद्ध के दूरगामी प्रभाव भारत के राजनीतिक परिदृश्य में गहराई से देखे गए। मराठों की पराजय ने उनकी शक्ति को अस्थायी रूप से कमजोर कर दिया, लेकिन वे पूरी तरह समाप्त नहीं हुए। माधवराव पेशवा के नेतृत्व में मराठों ने पुनर्गठन किया और 1771 में दिल्ली पर दोबारा नियंत्रण स्थापित किया। हालांकि, उनकी यह वापसी पानीपत युद्ध के नुकसान की भरपाई नहीं कर सकी। दूसरी ओर, अहमद शाह अब्दाली की विजय भी अस्थायी साबित हुई, क्योंकि वह भारत में स्थायी शासन स्थापित नहीं कर सका और अंततः अफगानिस्तान लौट गया। इस युद्ध के सबसे महत्वपूर्ण दीर्घकालिक प्रभावों में मुग़ल सत्ता का पूर्णतः कमजोर होना और अंग्रेज़ों के प्रभाव का बढ़ना था। पानीपत युद्ध ने भारतीय उपमहाद्वीप में यूरोपीय शक्तियों, विशेष रूप से ब्रिटिश ईस्ट इंडिया कंपनी के लिए मार्ग प्रशस्त किया। 1764 में बक्सर के युद्ध के बाद अंग्रेज़ों ने बंगाल, बिहार और अवध पर अधिकार कर लिया, जिससे उनका भारत पर नियंत्रण तेजी से बढ़ा। सामाजिक और आर्थिक स्तर पर भी इस युद्ध ने उत्तर भारत को गहरे घाव दिए—व्यापार, कृषि और अर्थव्यवस्था को भारी क्षति पहुँची, जिससे क्षेत्र में अस्थिरता और लूटपाट का दौर शुरू हो गया। कुल मिलाकर, पानीपत का तृतीय युद्ध भारतीय इतिहास का एक निर्णायक अध्याय था, जिसने न केवल तत्कालीन सत्ता संतुलन को बदला, बल्कि भारत में भविष्य की राजनीतिक संरचना को भी प्रभावित किया।

प्रश्न

- पानीपत के तृतीय युद्ध (1761) के कारणों का विश्लेषण करें। इस युद्ध में अहमद शाह अब्दाली और मराठों की रणनीतियों की तुलना करते हुए स्पष्ट करें कि किस पक्ष की रणनीति अधिक प्रभावी रही और क्यों?

- पानीपत का तृतीय युद्ध भारतीय इतिहास की सबसे रक्तरंजित लड़ाइयों में से एक था। इस युद्ध के दौरान मराठों की प्रमुख कमजोरियों और अब्दाली की रणनीतिक सफलताओं का विस्तार से वर्णन करें।

- पानीपत के युद्ध में मराठों की हार के क्या प्रमुख कारण थे? इस संदर्भ में रसद संकट, सहयोगियों की निष्क्रियता और सैन्य नेतृत्व की कमियों की भूमिका की विवेचना करें।

- पानीपत के तृतीय युद्ध का तत्कालीन भारतीय राजनीति, समाज और अर्थव्यवस्था पर क्या प्रभाव पड़ा? इसके दीर्घकालिक प्रभावों की चर्चा करें, विशेष रूप से अंग्रेज़ों के बढ़ते प्रभुत्व के संदर्भ में।

- अहमद शाह अब्दाली की भारत नीति का विश्लेषण करें। पानीपत की जीत के बावजूद वह भारत में स्थायी रूप से शासन स्थापित क्यों नहीं कर सका?

- मराठा साम्राज्य पर पानीपत के तृतीय युद्ध के प्रभावों का विश्लेषण करें। युद्ध के बाद मराठों की पुनर्संगठन नीति और उत्तर भारत में उनकी वापसी की प्रक्रिया पर चर्चा करें।

- पानीपत के युद्ध के समय भारतीय उपमहाद्वीप में शक्ति संतुलन की स्थिति क्या थी? इस युद्ध के बाद किस प्रकार मुग़ल साम्राज्य कमजोर हुआ और क्षेत्रीय शक्तियों का प्रभाव बढ़ा?

- पानीपत के तृतीय युद्ध के बाद अंग्रेज़ों को भारत में अपनी स्थिति मजबूत करने में कैसे सफलता मिली? इस युद्ध ने अंग्रेज़ों की शक्ति-विस्तार की नीति को कैसे प्रभावित किया?

अध्याय 9

ब्रिटिश ईस्ट इंडिया कंपनी और मुग़लों की अधीनता

18वीं शताब्दी के मध्य तक मुग़ल साम्राज्य अपनी शक्तिहीनता के चरम पर पहुंच चुका था, और भारतीय उपमहाद्वीप में सत्ता का संतुलन तेजी से बदल रहा था। पानीपत के तृतीय युद्ध (1761) में मराठों की हार और बक्सर के युद्ध (1764) में मुग़ल बादशाह शाह आलम द्वितीय, बंगाल के नवाब मीर कासिम और अवध के नवाब शुजाउद्दौला की संयुक्त सेना की पराजय के बाद ब्रिटिश ईस्ट इंडिया कंपनी ने भारत में अपनी राजनीतिक और आर्थिक पकड़ मजबूत करनी शुरू कर दी। 1765 में इलाहाबाद संधि के तहत शाह आलम द्वितीय को अंग्रेज़ों के संरक्षण में रहना पड़ा, और उन्होंने बंगाल, बिहार और उड़ीसा की दीवानी (राजस्व वसूली) कंपनी को सौंप दी। यह ब्रिटिश शासन की आधारशिला साबित हुई, क्योंकि अब वे केवल व्यापारिक शक्ति न रहकर प्रशासनिक नियंत्रण भी स्थापित करने लगे। इस दौरान भारतीय रियासतों की आर्थिक निर्भरता अंग्रेज़ों पर बढ़ती गई, क्योंकि ब्रिटिश नीति के तहत स्थानीय शासकों को कंपनी के समर्थन की आवश्यकता पड़ने लगी। धीरे-धीरे भारतीय राज्यों की सैन्य, प्रशासनिक और वित्तीय स्वायत्तता समाप्त होने लगी, जिससे मुग़ल सम्राट और अन्य क्षेत्रीय शक्तियाँ पूरी तरह अंग्रेज़ों के अधीन होती चली गईं। 1803 में लॉर्ड वेलेस्ली के नेतृत्व में ब्रिटिश सेना ने दिल्ली पर कब्जा कर लिया, और मुग़ल बादशाह शाह आलम द्वितीय केवल नाममात्र के शासक बनकर रह गए। इस तरह, 18वीं शताब्दी के अंत तक भारत में ब्रिटिश प्रभाव इतना मजबूत हो गया कि मुग़ल साम्राज्य औपचारिक रूप से केवल एक प्रतीकात्मक सत्ता रह गया, और भारतीय उपमहाद्वीप धीरे-धीरे पूर्णतः औपनिवेशिक शासन की ओर बढ़ने लगा।

9.1 ब्रिटिश प्रभाव का विस्तार

18वीं शताब्दी के उत्तरार्ध में भारत गंभीर राजनैतिक अस्थिरता, आर्थिक गिरावट और आपसी संघर्षों के दौर से गुजर रहा था, जिससे विभिन्न भारतीय शक्तियों के बीच शक्ति संतुलन तेजी से बदलने लगा। मुग़ल साम्राज्य अपनी अंतिम सांसें गिन रहा

था, क्षेत्रीय शासक आपसी प्रतिस्पर्धा में उलझे थे, और मराठा, जाट, सिख, अफगान व अन्य स्थानीय शक्तियाँ अपनी स्थिति मजबूत करने में लगी थीं। इस अस्थिरता का लाभ उठाकर ब्रिटिश ईस्ट इंडिया कंपनी ने अपनी सैन्य और कूटनीतिक शक्ति का इस्तेमाल कर भारतीय राजनीति में दखल देना शुरू कर दिया। 1757 में प्लासी के युद्ध और 1764 में बक्सर के युद्ध में जीत के बाद कंपनी ने बंगाल, बिहार और उड़ीसा की दीवानी प्राप्त कर प्रशासनिक नियंत्रण स्थापित कर लिया। इसके बाद, कंपनी ने धीरे-धीरे अपनी पकड़ बढ़ाते हुए भारतीय शासकों को संधियों, व्यापारिक लाभों और सैन्य दबाव के माध्यम से अपने अधीन करना शुरू किया। वेलेस्ली की सहायक संधि नीति (Subsidiary Alliance) ने भारतीय रियासतों को ब्रिटिश संरक्षण में ला दिया, जिससे उनके सैन्य और राजनीतिक अधिकारों का ह्रास हुआ। 1803 में अंग्रेज़ों ने दिल्ली पर कब्जा कर लिया, जिससे मुग़ल सम्राट महज एक ब्रिटिश संरक्षण में रहने वाले नाममात्र के शासक बनकर रह गए। इस तरह, 18वीं शताब्दी के उत्तरार्ध में भारत में ब्रिटिश ईस्ट इंडिया कंपनी की पकड़ मजबूत होती चली गई और भारत औपनिवेशिक शासन की दिशा में अग्रसर हो गया।

9.1.1 बंगाल में प्लासी का युद्ध (1757)

प्लासी का युद्ध 23 जून 1757 को ब्रिटिश ईस्ट इंडिया कंपनी और बंगाल के नवाब सिराजुद्दौला के बीच हुआ, जो भारतीय इतिहास में ब्रिटिश शासन की नींव रखने वाला निर्णायक युद्ध साबित हुआ। इस युद्ध के प्रमुख कारणों में नवाब सिराजुद्दौला का ईस्ट इंडिया कंपनी की बढ़ती शक्ति का विरोध करना शामिल था। कंपनी ने बिना नवाब की अनुमति के बंगाल में अपने व्यापारिक केंद्रों को मजबूत करना और किलेबंदी करना शुरू कर दिया था, जिससे नवाब को खतरा महसूस हुआ। इसके अलावा, ब्रिटिशों द्वारा कर न देने और नवाब के आदेशों का उल्लंघन करने से दोनों पक्षों के बीच तनाव बढ़ता गया। इस संघर्ष में नवाब के दरबार के कई उच्च अधिकारी, विशेष रूप से मीर जाफर, कंपनी से गुप्त रूप से मिल चुके थे, जिससे ब्रिटिशों को युद्ध में एक बड़ा लाभ मिला।

युद्ध के दौरान, ब्रिटिश सेना का नेतृत्व रॉबर्ट क्लाइव ने किया, जबकि नवाब की सेना संख्यात्मक रूप से अधिक थी। लेकिन मीर जाफर और अन्य सेनानायकों के विश्वासघात के कारण नवाब की सेना कमजोर पड़ गई, जिससे अंग्रेजों को आसान जीत मिली। युद्ध के बाद मीर जाफर को नवाब बना दिया गया, जो ब्रिटिशों का कठपुतली शासक था। इस जीत से अंग्रेजों को बंगाल के प्रशासन, राजस्व और व्यापार पर नियंत्रण मिल गया, जिससे भारत में उनके राजनीतिक प्रभुत्व की शुरुआत हुई। बाद में, जब मीर जाफर ने स्वतंत्र रूप से शासन करने की कोशिश की, तो अंग्रेजों ने उसे हटाकर

मीर कासिम को नवाब बना दिया। इस युद्ध ने भारतीय शासकों में फूट डालकर सत्ता हथियाने की ब्रिटिश नीति को मजबूत किया और आगे चलकर पूरे भारत में ब्रिटिश शासन के विस्तार का मार्ग प्रशस्त किया।

9.1.2 बक्सर का युद्ध (1764) और कंपनी का शासन

बक्सर का युद्ध 22 अक्टूबर 1764 को हुआ, जिसमें एक ओर ब्रिटिश ईस्ट इंडिया कंपनी थी और दूसरी ओर बंगाल के पूर्व नवाब मीर कासिम, अवध के नवाब शुजा-उद-दौला, और मुग़ल सम्राट शाह आलम द्वितीय का संयुक्त मोर्चा था। इस युद्ध का मुख्य कारण मीर कासिम का अंग्रेज़ों के हस्तक्षेप से असंतुष्ट होना था। जब मीर जाफर अंग्रेजों के प्रति पूरी तरह से समर्पित हो गया, तो उसे हटाकर मीर कासिम को नवाब बनाया गया, लेकिन जल्द ही मीर कासिम भी अंग्रेज़ों के नियंत्रण से बाहर होने लगा। उसने प्रशासनिक सुधार किए, कर-व्यवस्था में बदलाव लाए और अंग्रेज़ व्यापारियों को दी गई कर-मुक्त व्यापार की सुविधाओं का विरोध किया। यह ब्रिटिशों को स्वीकार नहीं था, इसलिए उन्होंने मीर कासिम को हटाकर पुनः मीर जाफर को नवाब बना दिया। मीर कासिम ने अंग्रेज़ों के खिलाफ शक्तिशाली भारतीय शासकों से गठबंधन कर लिया, जिससे यह संघर्ष और भी व्यापक हो गया।

युद्ध की घटनाएं और प्रभाव

युद्ध के दौरान, ब्रिटिश सेना का नेतृत्व हेक्टर मुनरो ने किया और उनकी रणनीति के सामने मुग़ल-अवध गठबंधन की सेना टिक नहीं पाई। अंग्रेजों ने निर्णायक जीत हासिल की, जिससे पूरे उत्तरी भारत में उनकी शक्ति बढ़ गई। इस युद्ध के परिणामस्वरूप 1765 में "इलाहाबाद संधि" हुई, जिसके तहत मुग़ल सम्राट शाह आलम द्वितीय ने बंगाल, बिहार और उड़ीसा की दीवानी (राजस्व वसूली) का अधिकार अंग्रेज़ों को सौंप दिया। इस संधि ने अंग्रेज़ों को भारत में राजस्व एकत्रित करने की कानूनी शक्ति प्रदान कर दी और भारतीय शासकों को उनके अधीन कर दिया। इसके बाद, मुग़ल सम्राट केवल नाममात्र के शासक रह गए, जबकि वास्तविक सत्ता अब ब्रिटिश ईस्ट इंडिया कंपनी के हाथों में आ गई। इस युद्ध ने भारत में ब्रिटिश शासन की नींव को और मजबूत किया और कंपनी के राजनीतिक व आर्थिक प्रभुत्व की शुरुआत को सुनिश्चित किया।

9.1.3 कंपनी का प्रशासनिक हस्तक्षेप

बक्सर के युद्ध (1764) और इलाहाबाद संधि (1765) के बाद, ब्रिटिश ईस्ट इंडिया कंपनी केवल व्यापारिक संस्था न रहकर एक प्रशासनिक शक्ति के रूप में उभर आई।

कंपनी ने भारतीय प्रशासन में हस्तक्षेप बढ़ाना शुरू कर दिया और स्थानीय शासकों को अपने नियंत्रण में ले लिया। 1772 में वॉरेन हेस्टिंग्स को बंगाल का गवर्नर बनाया गया, जिसने कंपनी के प्रशासन को संगठित किया और ब्रिटिश शासन की नींव को और मजबूत किया। इसके बाद, 1773 में **रेगुलेटिंग एक्ट** पारित किया गया, जिसने कंपनी के प्रशासन को कानूनी रूप से नियंत्रित करने के लिए ब्रिटिश संसद को अधिकार प्रदान किया। इस एक्ट के तहत, बंगाल के गवर्नर को "गवर्नर-जनरल" का दर्जा दिया गया और अन्य प्रेसिडेंसी (बंबई और मद्रास) को उसके अधीन कर दिया गया। यह कानून भारतीय प्रशासन में ब्रिटिश सरकार के प्रत्यक्ष हस्तक्षेप की शुरुआत थी, जिसने कंपनी की शक्तियों को कानूनी रूप दिया।

न्यायिक नियंत्रण और प्रशासनिक सुदृढ़ीकरण: 1774 में, **कलकत्ता में सर्वोच्च न्यायालय (Supreme Court)** की स्थापना की गई, जिससे भारतीय न्याय व्यवस्था में अंग्रेज़ों का प्रभाव और बढ़ गया। इस न्यायालय में अंग्रेज़ न्यायाधीशों की नियुक्ति की गई, जिससे भारतीयों को ब्रिटिश कानूनी प्रणाली के अनुसार न्याय मिलना शुरू हुआ। कंपनी ने भारतीय कानूनों में हस्तक्षेप करते हुए अपने शासन को न्यायिक रूप से सशक्त बनाया और स्थानीय नवाबों एवं राजाओं को कठोर कानूनों के माध्यम से अपने अधीन कर लिया। न्यायिक सुधारों के नाम पर भारतीय पारंपरिक कानूनों को कमजोर कर दिया गया और ब्रिटिश प्रणाली को लागू करने का प्रयास किया गया। इस प्रशासनिक हस्तक्षेप के कारण भारतीय शासक धीरे-धीरे कमजोर होते गए और ब्रिटिश शासन का प्रभाव पूरे देश में बढ़ता चला गया।

9.1.4 भारतीय राज्यों की आर्थिक निर्भरता

बक्सर के युद्ध (1764) और इलाहाबाद संधि (1765) के बाद, ब्रिटिश ईस्ट इंडिया कंपनी ने भारतीय अर्थव्यवस्था को अपने नियंत्रण में लेना शुरू कर दिया। उन्होंने बंगाल, बिहार और उड़ीसा में कर वसूली की नई प्रणाली लागू की, जिससे भारतीय किसान और जमींदार कंपनी के अधीन हो गए। धीरे-धीरे स्थानीय व्यापारिक संरचना को समाप्त कर दिया गया, जिससे भारतीय कारीगरों और व्यापारियों की आर्थिक स्वतंत्रता खत्म हो गई। अंग्रेज़ों ने भारतीय उद्योगों को कमजोर करने के लिए भारी कर लगाए, जिससे पारंपरिक हथकरघा उद्योग और कुटीर उद्योग नष्ट हो गए। भारतीय उत्पादों को सस्ते दामों में खरीदा जाता और ब्रिटिश निर्मित वस्तुओं को महंगे दामों में बेचा जाता, जिससे स्थानीय बाजार ब्रिटिश अर्थव्यवस्था पर निर्भर हो गया। यह आर्थिक दोहन भारत में गरीबी, बेरोजगारी और कृषि संकट का प्रमुख कारण बना।

भारतीय राज्यों की निर्भरता और ब्रिटिश राजनीतिक प्रभाव

अर्थव्यवस्था के साथ-साथ भारतीय शासक वर्ग भी ब्रिटिशों पर निर्भर होता चला गया। नवाब और राजा अब अपनी सैन्य शक्ति और प्रशासनिक खर्चों के लिए कंपनी से आर्थिक सहायता लेने लगे। अंग्रेज़ों ने **सहायक संधि प्रणाली** लागू की, जिसके तहत भारतीय राज्यों को ब्रिटिश सेना की सुरक्षा स्वीकार करनी पड़ती थी और बदले में उन्हें भारी कर और संसाधन देने पड़ते थे। इससे भारतीय शासकों की स्वतंत्रता समाप्त होती गई, और वे ब्रिटिश संरक्षण में कठपुतली शासक बन गए। इस नीति के माध्यम से अंग्रेज़ों ने धीरे-धीरे पूरे भारत को अपने नियंत्रण में ले लिया, जिससे भारत की राजनीतिक और आर्थिक स्वतंत्रता समाप्त हो गई।

9.2 अंग्रेज़ों की कूटनीति और मुग़ल सत्ता

प्लासी (1757) और बक्सर (1764) की ऐतिहासिक जीत के बाद ब्रिटिश ईस्ट इंडिया कंपनी ने भारतीय राजनीति में अपनी स्थिति को निर्णायक रूप से मजबूत कर लिया। इन युद्धों में अंग्रेज़ों की विजय के परिणामस्वरूप, उन्होंने न केवल व्यापारिक लाभ में भारी वृद्धि की, बल्कि भारतीय शासकों को कूटनीतिक चालों से अपने अधीन लाने का सिलसिला भी तेज़ किया। अंग्रेज़ों ने कठपुतली नवाबों को स्थापित किया, जिन्हें उन्होंने अपने पक्ष में काम करने के लिए मजबूर किया, और रेजिडेंट नीति (Resident Policy) के तहत ब्रिटिश अधिकारियों को स्थानीय शासकों के दरबारों में नियुक्त किया, ताकि वे सीधे तौर पर शासन की जानकारी प्राप्त कर सकें और स्थानीय प्रशासन पर नियंत्रण बना सकें। इसके अलावा, अंग्रेज़ों ने भारतीय शक्तियों के बीच असहमति और आपसी संघर्षों को बढ़ावा दिया, जिससे इन शक्तियों का ध्यान आपसी प्रतिस्पर्धा और संघर्षों में लगा रहा, और वे ब्रिटिश दबाव का विरोध करने के बजाय आपस में ही व्यस्त रहे। इसने मुग़ल सम्राटों की स्थिति को पूरी तरह अप्रभावी बना दिया, क्योंकि वे केवल नाममात्र के शासक बनकर रह गए थे और वास्तविक सत्ता ब्रिटिश अधिकारियों के हाथों में चली गई थी। ब्रिटिश ईस्ट इंडिया कंपनी ने विभाजनकारी राजनीति का सहारा लिया, जिससे विभिन्न भारतीय रियासतों को एकजुट होने का मौका नहीं मिला और वे अंग्रेज़ों के खिलाफ संघर्ष करने के बजाय आपस में ही लड़ते रहे। इस तरह, अंग्रेज़ों ने मुग़ल साम्राज्य को पूरी तरह से कमजोर कर दिया और भारत में अपनी पूरी सत्ता स्थापित कर ली।

9.2.1 अंग्रेज़ों की संधियाँ और कठपुतली शासक

इलाहाबाद संधि (1765) के बाद, मुग़ल सम्राट शाह आलम द्वितीय अंग्रेज़ों के प्रति पूरी तरह से निर्भर हो गए। बक्सर की प्रसिद्ध लड़ाई के बाद, अंग्रेज़ों ने शाह आलम से इलाहाबाद संधि की, जिसके तहत शाह आलम ने बंगाल, बिहार और उड़ीसा की दीवानी (राजस्व वसूली) के अधिकार अंग्रेज़ों को सौंप दिए। इसके परिणामस्वरूप, शाह आलम द्वितीय ने दिल्ली से बाहर रहकर अंग्रेज़ों के नियंत्रण में एक कठपुतली शासक की भूमिका निभाई। अंग्रेज़ों ने शाह आलम को आर्थिक सहायता प्रदान की, लेकिन वास्तविक सत्ता और शासन उनके हाथ में रहा, जिससे मुग़ल साम्राज्य की शक्ति और प्रभाव नष्ट हो गया। इस संधि ने अंग्रेज़ों को भारतीय उपमहाद्वीप में अपनी सामरिक और प्रशासनिक पकड़ मजबूत करने का अवसर दिया। अंग्रेज़ों ने सिर्फ मुग़ल सम्राट को ही नहीं, बल्कि विभिन्न भारतीय राज्यों के नवाबों को भी अपनी कठपुतली बना लिया। उदाहरण के लिए, अवध के नवाब शुजा-उद-दौला को बक्सर युद्ध में हारने के बाद अंग्रेज़ों के कठोर शर्तों पर राज करना पड़ा। इसी तरह, बंगाल, अवध और दक्षिण भारत के कई अन्य नवाब भी अंग्रेज़ों की कठपुतली बन गए। ये नवाब केवल नाम के शासक थे, जिनकी सत्ता सीमित थी, जबकि असली शक्ति और प्रशासन अंग्रेज़ों के अधिकारियों के हाथ में थी। इस रणनीति के माध्यम से, अंग्रेज़ों ने भारतीय राज्यों में राजनीतिक और आर्थिक नियंत्रण स्थापित किया, जिससे उनके साम्राज्य को और अधिक विस्तार मिला।

9.2.2 रेजिडेंट नीति और दरबारी राजनीति पर प्रभाव

18वीं शताब्दी के उत्तरार्ध में अंग्रेज़ों ने भारतीय दरबारों में 'रेजिडेंट' नियुक्त करने की नीति अपनाई, जिससे ब्रिटिश प्रशासन का प्रभाव और बढ़ गया। ये रेजिडेंट्स ब्रिटिश सरकार के अधिकारी होते थे, जो भारतीय राज्यों के नवाबों और राजाओं पर निगरानी रखते थे और उनकी गतिविधियों को नियंत्रित करते थे। लॉर्ड वेलेजली द्वारा 1798 में लागू की गई सहायक संधि (Subsidiary Alliance) ने भारतीय राज्यों में ब्रिटिश प्रभाव को और बढ़ाया। इस नीति के तहत, भारतीय शासकों को अपनी सेना और संसाधन ब्रिटिश ईस्ट इंडिया कंपनी को उपलब्ध कराने पड़ते थे, जिसके बदले उन्हें सुरक्षा प्रदान की जाती थी। इस तरह, अंग्रेज़ों ने भारतीय राज्यों पर अपना राजनीतिक और सैन्य दबाव लगातार बढ़ाया।

रेजिडेंट्स ने भारतीय शासकों के प्रशासन में हस्तक्षेप करना शुरू कर दिया और उनके निर्णयों पर सीधा प्रभाव डालने लगे। अंग्रेज़ों ने दरबारी षड्यंत्रों को बढ़ावा दिया, जिससे विभिन्न भारतीय दरबारों में आपसी फूट और संघर्ष उत्पन्न हुआ। यह

रणनीति उनके लिए लाभकारी थी, क्योंकि इससे भारतीय शासक आपस में ही कमजोर हो गए और अंग्रेज़ों का नियंत्रण मजबूत होता गया। इस प्रक्रिया के कारण भारतीय दरबारों में ब्रिटिश समर्थक और विरोधी गुटों के बीच संघर्षों की स्थिति बनी, जिससे स्थानीय शासन कमजोर पड़ा और अंग्रेज़ों को अधिक शक्ति मिली। यह नीति अंग्रेज़ों को भारतीय राज्य व्यवस्था में अधिक हस्तक्षेप करने और अपने साम्राज्य का विस्तार करने का अवसर प्रदान करती थी।

9.2.3 मुग़ल शासकों की औपचारिक सत्ता और वास्तविक नियंत्रण

मुग़ल सम्राट शाह आलम द्वितीय (1759-1806) के शासनकाल के दौरान, बक्सर युद्ध के बाद उनकी सत्ता पूरी तरह से कमजोर हो गई थी। शाह आलम दिल्ली से बाहर रहते हुए अंग्रेज़ों की सहायता से आगरा में रह रहे थे। 1772 में, मराठों ने उन्हें दिल्ली वापस लाकर एक नाममात्र का शासक बना दिया, लेकिन वास्तविक सत्ता उनके हाथों में नहीं थी। मराठों ने सभी प्रशासनिक और सैन्य फैसलों को अपने नियंत्रण में रखा था। 1803 में जब अंग्रेज़ों ने दिल्ली पर अधिकार कर लिया, तो शाह आलम को पूरी तरह से अंग्रेज़ों की छत्रछाया में रहने के लिए मजबूर होना पड़ा, जिससे उनके पास केवल प्रतीकात्मक सत्ता रह गई और वास्तविक नियंत्रण अंग्रेज़ों के हाथ में चला गया।

शाह आलम द्वितीय की मृत्यु के बाद, उनके पुत्र अकबर द्वितीय (1806-1837) को अंग्रेज़ों ने दिल्ली का सम्राट बनाया, लेकिन अकबर द्वितीय भी केवल प्रतीकात्मक रूप से सम्राट थे। वास्तविक सत्ता ब्रिटिश रेजिडेंट के हाथों में थी, और अकबर द्वितीय का प्रभाव सीमित था। इसके बाद, बहादुर शाह जफर (1837-1857) मुग़ल साम्राज्य के अंतिम शासक बने, लेकिन उनका प्रभाव केवल लाल किले तक ही सीमित था। 1857 के विद्रोह के बाद, अंग्रेज़ों ने बहादुर शाह जफर को सत्ता से हटा दिया और रंगून (बर्मा) भेज दिया, जिससे मुग़ल साम्राज्य का औपचारिक रूप से अंत हो गया और भारत में ब्रिटिश साम्राज्य की नींव और मजबूत हो गई।

9.2.4 भारतीय शक्तियों के बीच बढ़ती असहमति

अंग्रेज़ों ने भारत में अपनी सत्ता को स्थायी बनाने के लिए 'बांटो और राज करो' नीति अपनाई, जिससे भारतीय शासकों के बीच असहमति और संघर्ष को बढ़ावा मिला। इस नीति के तहत, अंग्रेज़ों ने विभिन्न भारतीय शक्तियों, जैसे मराठों, राजपूतों, सिखों और अवध के नवाबों के बीच आपसी फूट डाली और उन्हें एक-दूसरे से लड़वाया। इसका उद्देश्य भारतीय शक्तियों को आपसी संघर्षों में उलझाए रखना था, जिससे वे कभी भी एकजुट नहीं हो सके और अंग्रेज़ों का प्रभाव और नियंत्रण बढ़ता चला गया। अंग्रेज़ों की

कूटनीति ने भारतीय शक्तियों को एकजुट होने से रोका और उन्हें धीरे-धीरे कमजोर कर दिया, जिससे ब्रिटिश साम्राज्य की नींव मजबूत होती गई।

मराठों और अंग्रेज़ों के बीच संघर्ष इस नीति का अहम हिस्सा था। 1802 में अंग्रेज़ों ने बाजीराव द्वितीय (मराठा पेशवा) से 'बसई संधि' की, जिससे मराठा शक्ति कमजोर हो गई। इसके बाद 1803-1818 के बीच तीन एंग्लो-मराठा युद्ध हुए, जिनमें मराठों की हार हुई और वे पूरी तरह से अंग्रेज़ों के अधीन आ गए। इसी तरह, राजपूत राज्य 1818 तक अंग्रेज़ों के प्रभाव में आ गए, और 1845-1849 में एंग्लो-सिख युद्धों में अंग्रेज़ों ने पंजाब पर कब्जा कर लिया। अवध के नवाबों को 1856 में सत्ता से हटा दिया गया और अवध को ब्रिटिश साम्राज्य में मिला लिया गया। इस तरह, अंग्रेज़ों ने भारतीय शक्तियों के बीच बढ़ती असहमति और संघर्षों का फायदा उठाकर अपनी साम्राज्यवादी योजनाओं को सफलतापूर्वक लागू किया।

9.3 बहादुर शाह ज़फ़र और 1857 का विद्रोह

1857 का विद्रोह भारतीय इतिहास में एक महत्वपूर्ण मोड़ था, जिसे भारतीय स्वतंत्रता का पहला संगठित संघर्ष माना जाता है। यह विद्रोह भारतीय जनता की बढ़ती असंतोष और अंग्रेज़ों द्वारा की जा रही सामाजिक, धार्मिक और राजनीतिक नीतियों के खिलाफ एक प्रतिक्रिया थी। विद्रोह का नेतृत्व विभिन्न भारतीय शासकों, सैनिकों और आम जनता ने किया, लेकिन इस संघर्ष में प्रतीकात्मक रूप से मुग़ल सम्राट बहादुर शाह ज़फ़र को नेतृत्वकर्ता के रूप में स्वीकार किया गया। हालाँकि, ज़फ़र के पास कोई वास्तविक सत्ता नहीं थी और उनका साम्राज्य पहले ही अंग्रेज़ों द्वारा कमजोर किया जा चुका था, फिर भी उन्हें भारतीय विद्रोहियों का समर्थन मिला। बहादुर शाह ज़फ़र ने दिल्ली में विद्रोहियों को एकजुट किया और अंग्रेज़ों के खिलाफ संघर्ष की अपील की, जिससे इस विद्रोह को एक राष्ट्रीय आकार मिला। इस विद्रोह में भारतीय सैनिकों, खासकर भारतीय सिपाही (sepoys) का अहम योगदान था, जो ब्रिटिश ईस्ट इंडिया कंपनी के तहत काम कर रहे थे। इसके अलावा, विभिन्न भारतीय शासकों और रियासतों ने भी विद्रोह में भाग लिया, जैसे नाना साहब, रानी लक्ष्मीबाई और तात्या टोपे, जिन्होंने अंग्रेज़ों के खिलाफ संघर्ष किया। हालांकि, विद्रोह को अंग्रेज़ों द्वारा कुचला गया, लेकिन यह भारतीय राष्ट्रीयता की भावना को जगाने और अंग्रेज़ों के खिलाफ भविष्य के संघर्षों की नींव रखने में महत्वपूर्ण साबित हुआ।

9.3.1 1857 की क्रांति का प्रारंभ और विद्रोही सेनाएँ

विद्रोह के प्रमुख कारण: 1857 की क्रांति, जिसे भारतीय विद्रोह या 'सिपाही विद्रोह' भी कहा जाता है, भारतीय इतिहास में एक निर्णायक मोड़ साबित हुई। यह विद्रोह कई सामाजिक, आर्थिक और राजनीतिक कारणों से उत्पन्न हुआ था, जिनका गहरा असर था और जिसने भारतीय समाज के विभिन्न वर्गों को अंग्रेज़ों के खिलाफ एकजुट किया। इस विद्रोह के कुछ प्रमुख कारणों को समझना जरूरी है, क्योंकि इन्हीं के कारण भारतीय समाज में व्यापक असंतोष और गुस्सा उत्पन्न हुआ, जो अंततः व्यापक विद्रोह का रूप ले गया।

1. **अंग्रेज़ों की दमनकारी नीतियाँ:** ब्रिटिश ईस्ट इंडिया कंपनी की विस्तारवादी नीति, जो भारतीय राज्यों को औपनिवेशिक शासन के तहत लाने की थी, ने भारतीय शासकों और आम जनता के बीच गहरा असंतोष पैदा किया था। अंग्रेज़ों ने भारतीय राज्यों पर क़ब्ज़ा किया और कई रियासतों को उनका अस्तित्व समाप्त कर दिया। इसके साथ ही, भारी कर प्रणाली और भारतीय किसानों तथा ज़मींदारों पर जबरन कर लगाए गए, जो उनकी आर्थिक स्थिति को बेहद कठिन बना चुके थे। अंग्रेज़ों की इन नीतियों ने भारतीय समाज के विभिन्न वर्गों को शोषित किया और विद्रोह के लिए प्रेरित किया।

2. **सैनिक असंतोष:** भारतीय सिपाही, जिन्हें 'sepoys' कहा जाता था, अंग्रेज़ों के अधीन काम करते थे, लेकिन उनके साथ भारी भेदभाव किया जाता था। अंग्रेज़ों ने भारतीय सिपाहियों को न केवल कम वेतन दिया बल्कि उनकी सामाजिक स्थिति और सम्मान को भी नजरअंदाज किया। इसके अतिरिक्त, भारतीय सिपाहियों के बीच असंतोष का एक और बड़ा कारण था, 1857 में इस्तेमाल किए गए नई एनफील्ड राइफलों के कारतूसों में गाय और सूअर की चर्बी का उपयोग। यह भारतीय हिंदू और मुसलमान सिपाहियों के लिए एक बड़ा अपमान था, क्योंकि गाय हिंदू धर्म में पवित्र मानी जाती थी और सूअर मुस्लिम धर्म के अनुसार अशुद्ध होता है। इससे भारतीय सिपाहियों में गहरा गुस्सा और असंतोष उत्पन्न हुआ, जो विद्रोह का एक प्रमुख कारण बन गया।

3. **धार्मिक और सामाजिक हस्तक्षेप:** ब्रिटिश सरकार ने भारतीय समाज के धार्मिक और सांस्कृतिक प्रथाओं में भी हस्तक्षेप करना शुरू कर दिया था। ब्रिटिशों द्वारा हिन्दू और मुस्लिम धार्मिक प्रथाओं को प्रभावित करने के प्रयासों ने समाज में भारी विरोध उत्पन्न किया। उदाहरण के लिए, 1850 में ब्रिटिश सरकार ने 'काफ़ी' या धार्मिक रूप से अपनी पत्नी को छोड़ देने के अधिकार को कानूनी रूप से वैध

किया, जो हिंदू समाज के लिए एक गंभीर चुनौती थी। इस प्रकार के कदमों ने भारतीय समाज में असंतोष को जन्म दिया, जो एकजुट होकर विद्रोह की ओर बढ़ा।

4. **किसानों और ज़मींदारों की दुर्दशा:** स्थायी बंदोबस्त (Permanent Settlement) और मालगुज़ारी व्यवस्था के तहत किसानों और ज़मींदारों को भारी कर का सामना करना पड़ता था। अंग्रेज़ों ने इन करों को अत्यधिक बढ़ा दिया था, जिससे भारतीय किसानों की आर्थिक स्थिति अत्यधिक खराब हो गई थी। ज़मींदारों की जमीनों को अंग्रेज़ों द्वारा क़ब्ज़ा किया जा रहा था, और जो ज़मींदार अंग्रेज़ों के पक्षधर नहीं थे, उन्हें उखाड़ फेंका गया। इसके परिणामस्वरूप किसानों और ज़मींदारों में गहरी नाराजगी फैल गई, जो विद्रोह का एक प्रमुख कारण बनी।

विद्रोह की शुरुआत - मेरठ से दिल्ली तक

1857 की क्रांति की शुरुआत 10 मई को मेरठ की छावनी में हुई थी, जब भारतीय सिपाहियों ने ब्रिटिश अधिकारियों के खिलाफ विद्रोह कर दिया। मेरठ में यह विद्रोह खासतौर पर तब शुरू हुआ, जब सिपाही अपने धार्मिक विश्वासों की अनदेखी और अपमान के कारण गुस्से में थे, खासकर एनफील्ड राइफलों के कारतूसों के विवाद के बाद। मेरठ से विद्रोही सिपाही दिल्ली की ओर बढ़े और उन्होंने वहां के मुग़ल सम्राट बहादुर शाह ज़फ़र से समर्थन प्राप्त करने की कोशिश की।

दिल्ली में, बहादुर शाह ज़फ़र, जो पहले अंग्रेज़ों के नियंत्रण में एक प्रतीकात्मक शासक थे, विद्रोह का केंद्र बन गए। दिल्ली में स्थित लाल किले में, बहादुर शाह ज़फ़र को भारत का सम्राट घोषित किया गया। हालांकि, उनकी सत्ता पूरी तरह से औपचारिक थी, लेकिन विद्रोह ने उन्हें एक महत्वपूर्ण राजनीतिक प्रतीक बना दिया। दिल्ली में यह विद्रोह भारतीय सैनिकों और नागरिकों के बीच एकजुटता का प्रतीक बन गया, जो अंग्रेज़ों के खिलाफ लड़े। बहादुर शाह ज़फ़र और उनके समर्थकों ने विद्रोह की दिशा और रणनीति को स्थापित किया, हालांकि उनकी शक्ति का क्षेत्र सीमित था और उन्हें अंग्रेज़ों द्वारा जल्द ही घेर लिया गया था।

प्रमुख विद्रोही सेनाएँ और नेता: 1857 की क्रांति में कई महत्वपूर्ण नेता और सेनाएँ शामिल थीं, जिन्होंने अंग्रेज़ों के खिलाफ संघर्ष किया और भारतीय स्वतंत्रता की एकजुटता का प्रतीक बने। इन नेताओं और सेनाओं ने विद्रोह को संगठित किया और अंग्रेज़ों के खिलाफ एक मजबूत प्रतिरोध तैयार किया।

1. **दिल्ली - बहादुर शाह ज़फ़र और बख़्त खान:** दिल्ली में, बहादुर शाह ज़फ़र ने विद्रोह का नेतृत्व किया, हालांकि उनकी शक्ति और प्रभाव सीमित थे। उनके साथ बख़्त खान, एक सैन्य अधिकारी, ने भी महत्वपूर्ण भूमिका निभाई। बख़्त खान ने दिल्ली में विद्रोहियों की सेना को संगठित किया और अंग्रेज़ों के खिलाफ जंग लड़ी।

2. **कानपुर - नाना साहब और तात्या टोपे:** कानपुर में नाना साहब, जो पहले पेशवा बाजीराव द्वितीय के बेटे थे, ने विद्रोह का नेतृत्व किया। उनके साथ तात्या टोपे, एक महान सैनिक नेता, ने भी अंग्रेज़ों के खिलाफ संघर्ष किया। इन दोनों ने कानपुर में अंग्रेज़ों के खिलाफ कई महत्वपूर्ण लड़ाइयाँ लड़ीं, हालांकि अंततः उन्हें हार का सामना करना पड़ा।

3. **लखनऊ - बेगम हज़रत महल:** लखनऊ में, बेगम हज़रत महल ने अपने पति नवाब वाजिद अली शाह के स्थान पर विद्रोह का नेतृत्व किया। उन्होंने अंग्रेज़ों के खिलाफ संघर्ष करते हुए लखनऊ को एक महत्वपूर्ण विद्रोही केंद्र बनाया।

4. **झाँसी - रानी लक्ष्मीबाई:** झाँसी की रानी लक्ष्मीबाई ने अंग्रेज़ों के खिलाफ अद्वितीय बहादुरी दिखाई। रानी लक्ष्मीबाई ने अपने राज्य की रक्षा के लिए वीरता से युद्ध किया, और उनकी संघर्ष की भावना ने भारतीय इतिहास में अमर स्थान प्राप्त किया।

5. **बिहार - कुंवर सिंह:** बिहार में, कुंवर सिंह ने अंग्रेज़ों के खिलाफ विद्रोह किया। वे भारतीय किसानों और ज़मींदारों के पक्ष में लड़े और अंग्रेज़ों के खिलाफ संघर्ष में एक प्रमुख नेता के रूप में उभरे।

9.3.2 विद्रोह का प्रसार और ब्रिटिश दमन

1857 के विद्रोह ने भारतीय उपमहाद्वीप के अधिकांश हिस्सों को अपनी चपेट में ले लिया था। यह विद्रोह केवल एक स्थानीय संघर्ष नहीं था, बल्कि उत्तर भारत, बिहार, अवध, मध्य भारत और पश्चिमी भारत में फैल गया। इसकी शुरुआत मेरठ और दिल्ली से हुई थी, लेकिन जल्दी ही यह विद्रोह अन्य क्षेत्रों में भी फैल गया। विद्रोहियों ने अंग्रेज़ों के विभिन्न किलों और प्रशासनिक केंद्रों पर हमला किया और उन्हें हराने के लिए संघर्ष किया। दिल्ली, कानपुर, लखनऊ, झाँसी और ग्वालियर जैसे प्रमुख शहर विद्रोह के मुख्य केंद्र बन गए।

दिल्ली, जहां बहादुर शाह ज़फ़र को सम्राट के रूप में मान्यता दी गई थी, विद्रोहियों का प्रमुख ठिकाना था। कानपुर में नाना साहब और तात्या टोपे ने विद्रोह को तेज किया,

जबकि लखनऊ में बेगम हज़रत महल ने ब्रिटिश विरोधी सेना का नेतृत्व किया। झाँसी की रानी लक्ष्मीबाई ने अपने राज्य की रक्षा के लिए महान संघर्ष किया और ग्वालियर में विद्रोही सैनिकों ने अंग्रेज़ों के खिलाफ संघर्ष जारी रखा। इस प्रकार, 1857 का विद्रोह उत्तर भारत से लेकर मध्य और पश्चिमी भारत तक फैल गया, जिससे अंग्रेज़ों के लिए पूरे उपमहाद्वीप पर नियंत्रण बनाए रखना बेहद मुश्किल हो गया।

ब्रिटिश सेना की प्रतिक्रिया: विद्रोह के फैलने के बाद, ब्रिटिश सरकार और सेना ने इसे कुचलने के लिए रणनीतिक रूप से प्रतिक्रिया दी। शुरुआत में विद्रोहियों ने अंग्रेज़ों के खिलाफ तीव्र प्रतिरोध दिखाया, लेकिन धीरे-धीरे ब्रिटिश सेना ने अपने संसाधनों का उपयोग करते हुए विद्रोह को दबाना शुरू किया। ब्रिटिश सेना ने अपनी स्थिति को मजबूत करने के लिए सिखों, गोरखाओं और मद्रास रेजिमेंट जैसे सैनिकों को अपने पक्ष में कर लिया। इन सैनिकों ने विद्रोहियों के खिलाफ अभियान चलाने में ब्रिटिश सेना की मदद की, जिससे भारतीय सेना के भीतर फूट पड़ गई।

ब्रिटिश सेना ने जनरल कॉलिन कैंपबेल और जनरल ह्यूरोज़ जैसे सक्षम और अनुभवी सेनापतियों की मदद से विद्रोहियों के खिलाफ सख्त कार्रवाई की। जनरल कॉलिन कैंपबेल ने कानपुर में नाना साहब के विद्रोह को कुचलने के लिए जबरदस्त हमले किए और बाद में दिल्ली, लखनऊ, झाँसी और ग्वालियर में विद्रोहियों के केंद्रों पर हमला किया। उन्होंने हर एक विद्रोही ठिकाने पर हमला किया, जिससे विद्रोहियों के पास छिपने की कोई जगह नहीं रही। ब्रिटिश सेनापतियों ने धीरे-धीरे विद्रोह को नष्ट किया, और भारतीय सेना की एकता को तोड़ने में सफलता प्राप्त की।

दिल्ली पर पुनः अंग्रेज़ों का नियंत्रण (सितंबर 1857)

विद्रोह की शुरुआत के लगभग चार महीने बाद, अंग्रेज़ों ने सितंबर 1857 में दिल्ली पर पुनः अधिकार कर लिया। दिल्ली, जो विद्रोह का केंद्र बना हुआ था, को फिर से अंग्रेज़ों द्वारा कब्जे में लिया गया। 20 सितंबर 1857 को, ब्रिटिश सेना ने दिल्ली पर पूर्ण नियंत्रण कर लिया और विद्रोहियों को पीछे धकेल दिया। बहादुर शाह ज़फ़र, जो अब तक विद्रोह के प्रतीक के रूप में मौजूद थे, को ब्रिटिश सेना द्वारा घेर लिया गया। दिल्ली पर ब्रिटिश सेना का पुनः नियंत्रण स्थापित होने के बाद, बहादुर शाह ज़फ़र को लाल किले में शरण लेने के लिए मजबूर किया गया। वे अब एक मात्र प्रतीकात्मक शासक रह गए थे और उनका कोई वास्तविक नियंत्रण नहीं था। अंग्रेज़ों ने उन्हें गिरफ्तार कर लिया और उन्हें सजा देने की प्रक्रिया शुरू कर दी। यह घटना एक तरह से विद्रोह की हार का प्रतीक बन गई, क्योंकि दिल्ली पर अंग्रेज़ों का कब्जा, विद्रोहियों के लिए एक बड़ा आघात था।

अंग्रेज़ों ने दिल्ली पर कब्जा करने के बाद विद्रोहियों के खिलाफ कड़ी सजा का प्रावधान किया और विद्रोह को कुचलने के लिए अपने सैनिकों को और भी सख्त आदेश दिए। दिल्ली के अलावा, कानपुर, लखनऊ, झाँसी और ग्वालियर जैसे अन्य केंद्रों पर भी ब्रिटिश सेना ने लगातार हमले किए, जिससे विद्रोह धीरे-धीरे खत्म हो गया। इसके बाद, 1857 का विद्रोह एक ऐतिहासिक घटना के रूप में दर्ज हुआ, जिसने भारतीय स्वतंत्रता संग्राम के लिए एक महत्वपूर्ण नींव रखी, हालांकि वह विद्रोह असफल रहा।

9.3.3 बहादुर शाह ज़फर की गिरफ़्तारी और निर्वासन

1857 की क्रांति के विफल होने के बाद, 21 सितंबर 1857 को अंग्रेज़ों ने बहादुर शाह ज़फर को दिल्ली में गिरफ्तार कर लिया। उनके खिलाफ राजद्रोह और षड्यंत्र का मुकदमा चलाया गया, क्योंकि उन्हें विद्रोह का प्रतीक माना जा रहा था। अंग्रेज़ों ने उन्हें एक कड़ी सजा देने का निर्णय लिया और उनके परिवार के सदस्यों को भी निशाना बनाया। जनरल हडसन ने बहादुर शाह ज़फर के दो बेटों और पोते को बेरहमी से गोली मार दी। बाद में उनके कटे हुए सिर को सम्राट के सामने लाकर दिखाया गया, जिससे ज़फर को गहरे मानसिक आघात पहुँचा। इसके बाद, बहादुर शाह ज़फर पर राजद्रोह का मुकदमा चलाया गया, और 1858 में उन्हें मृत्युदंड के बजाय निर्वासन की सजा दी गई, जो ब्रिटिश सरकार की ओर से एक कड़ी और प्रतीकात्मक सजा थी।

रंगून (बर्मा) में निर्वासन: 1858 में, बहादुर शाह ज़फर को दिल्ली से रंगून (अब म्यांमार) निर्वासित कर दिया गया, जहाँ उन्हें पूरी तरह से नजरबंद कर दिया गया। रंगून में उनका जीवन बहुत ही कष्टकारी था, क्योंकि वे एक पूर्व सम्राट थे और अब उन्हें एक सामान्य नागरिक की तरह जीवन बिताना पड़ा। उनके साथ उनका परिवार भी निर्वासित हुआ, लेकिन वे कभी भी अपनी खोई हुई सत्ता को वापस नहीं पा सके। बहादुर शाह ज़फर की मृत्यु 1862 में रंगून में हुई, और उनके निधन के बाद उनके योगदान और संघर्ष को याद किया गया। उनका मकबरा आज भी रंगून में स्थित है और इसे भारतीय स्वतंत्रता संग्राम के साथ जुड़ा एक महत्वपूर्ण ऐतिहासिक स्थल माना जाता है, जहां भारत के संघर्ष की एक दुखद और प्रेरणादायक गाथा छिपी हुई है।

9.3.4 1857 के विद्रोह का प्रभाव और मुग़लों का आधिकारिक अंत

विद्रोह के दमन के बाद की स्थिति: 1857 के विद्रोह के दमन के बाद, अंग्रेज़ों ने भारत पर अपने शासन को और भी सशक्त और कठोर बना दिया। 1858 में, ब्रिटिश सरकार ने एक महत्वपूर्ण घोषणा की, जिसमें यह तय किया गया कि भारत अब सीधे ब्रिटिश क्राउन के नियंत्रण में रहेगा, और ब्रिटिश ईस्ट इंडिया कंपनी को समाप्त कर दिया गया।

इसका मतलब यह था कि अब भारत की सत्ता पूरी तरह से ब्रिटिश सम्राट और ब्रिटिश सरकार के अधीन आ गई। इसके साथ ही, अंग्रेज़ों ने भारतीय समाज पर अधिक कठोर नियंत्रण स्थापित करना शुरू किया। भारतीय सैनिकों पर विश्वास कम कर दिया गया, और ब्रिटिश सेना में भारतीयों की संख्या घटा दी गई। इसके अलावा, ब्रिटिश प्रशासन ने भारतीयों के खिलाफ विभिन्न कड़े कानून लागू किए और उनके अधिकारों को और सीमित कर दिया। इससे भारतीय समाज में और अधिक असंतोष और निराशा का माहौल उत्पन्न हुआ, जिससे भारतीयों की ब्रिटिश शासन के खिलाफ नफरत और बढ़ी।

मुग़ल सामाज्य का आधिकारिक अंत: 1857 के विद्रोह के बाद मुग़ल साम्राज्य का औपचारिक रूप से अंत हो गया। बहादुर शाह ज़फ़र की निर्वासन में मृत्यु के बाद, मुग़ल वंश का कोई व्यक्ति सत्ता में नहीं रहा। इसके साथ ही दिल्ली पर पूरी तरह से ब्रिटिश शासन स्थापित हो गया। 1858 में, ब्रिटिश प्रशासन ने दिल्ली को अपनी प्रशासनिक राजधानी बना लिया और लाल किले को एक महत्वपूर्ण ब्रिटिश प्रशासनिक केंद्र के रूप में स्थापित किया। मुग़ल शाही परिवार के अधिकांश सदस्य या तो मार दिए गए या उन्हें निर्वासित कर दिया गया। इस प्रकार, मुग़ल साम्राज्य का अस्तित्व समाप्त हो गया और ब्रिटिश साम्राज्य के तहत भारत में एक नया अध्याय शुरू हुआ, जिसमें मुग़ल दरबार और संस्कृति की जगह अंग्रेज़ी शासन और औपनिवेशिक नीतियाँ हावी हो गईं।

1857 के विद्रोह का ऐतिहासिक महत्व: हालाँकि 1857 का विद्रोह सीधे तौर पर असफल रहा, लेकिन इसका ऐतिहासिक महत्व बेहद महत्वपूर्ण था। इस विद्रोह ने भारतीय स्वतंत्रता संग्राम की नींव रखी और भारतीय जनता में राष्ट्रीय चेतना का संचार किया। 1857 के विद्रोह ने यह स्पष्ट कर दिया कि भारतीय जनता ब्रिटिश साम्राज्य के खिलाफ संगठित होकर लड़ सकती है। हालांकि विद्रोह की विफलता के बावजूद, यह घटना भारतीय समाज के विभिन्न वर्गों को एकजुट करने का काम करती है। इसके बाद, भारतीय स्वतंत्रता संग्राम की दिशा और गति बदली और 20वीं शताब्दी में महात्मा गांधी, नेताजी सुभाष चंद्र बोस, भगत सिंह जैसे नेताओं ने इसी राष्ट्रीय चेतना को आगे बढ़ाया। 1857 का विद्रोह स्वतंत्रता संग्राम के इतिहास में एक प्रेरणास्रोत के रूप में जुड़ा रहा, और यह भारतीय स्वतंत्रता की ओर बढ़ने वाली एक महत्वपूर्ण यात्रा का प्रतीक बना।

निष्कर्ष:

अठारहवीं शताब्दी के मध्य तक, मुग़ल साम्राज्य का प्रभाव धीरे-धीरे समाप्त होने लगा और ब्रिटिश ईस्ट इंडिया कंपनी ने अपनी स्थिति को मजबूत करना शुरू किया। विशेषकर पानीपत के तृतीय युद्ध (1761) और बक्सर के युद्ध (1764) के बाद, भारतीय

राजनीतिक परिदृश्य में निर्णायक बदलाव आया। इस दौर में ब्रिटिशों ने भारतीय शासकों के बीच विभाजन और संघर्ष का लाभ उठाकर, भारतीय उपमहाद्वीप में अपनी पकड़ को दृढ़ किया। मुग़ल सम्राट शाह आलम द्वितीय, जो पहले भारत के वास्तविक शासक थे, अब केवल एक नाममात्र के सम्राट बनकर रह गए, जबकि अंग्रेज़ों ने धीरे-धीरे उनका प्रभाव समाप्त कर दिया। प्लासी (1757) और बक्सर (1764) के युद्धों ने भारतीय राजनीति में गहरे बदलाव लाए। प्लासी के युद्ध के परिणामस्वरूप अंग्रेज़ों ने बंगाल पर कब्जा किया, और बक्सर के युद्ध ने उन्हें बंगाल, बिहार, और उड़ीसा में राजस्व वसूली का अधिकार दे दिया। इस तरह से मुग़ल सम्राट शाह आलम द्वितीय को केवल एक प्रतीकात्मक भूमिका निभानी पड़ी, जबकि वास्तविक सत्ता ब्रिटिश ईस्ट इंडिया कंपनी के हाथों में आ गई। इसके साथ ही, अंग्रेज़ों ने भारतीय व्यापार, न्याय और प्रशासन पर भी नियंत्रण स्थापित किया। इसने भारतीय समाज की आर्थिक और सामाजिक संरचनाओं में भारी बदलाव किया, जिससे भारतीय राज्यों की आर्थिक निर्भरता ब्रिटिश साम्राज्य पर बढ़ने लगी।

ब्रिटिश ईस्ट इंडिया कंपनी ने भारतीय राज्यव्यवस्था में गहरी हस्तक्षेप की नीति अपनाई। इसने भारतीय राजाओं और नवाबों के साथ संधियाँ कीं और उन्हें ब्रिटिश अधीन रखा। इसके अलावा, कंपनी ने रेजिडेंट नीति और सहायक संधियों के माध्यम से भारतीय दरबारों में अपनी उपस्थिति को मजबूत किया। यह सब ब्रिटिशों के 'बांटो और राज करो' सिद्धांत पर आधारित था, जिसने भारतीय शासकों के बीच फूट डालकर उन्हें कमजोर किया और ब्रिटिशों के प्रभुत्व को स्थापित किया।

इस समय में, मुग़ल साम्राज्य के शासक केवल नाममात्र के शासक बनकर रह गए। शाह आलम द्वितीय के बाद, अकबर द्वितीय और बहादुर शाह ज़फर भी केवल प्रतीकात्मक शासक बने, जिनका कोई वास्तविक प्रभाव नहीं था। उनका शाही दरबार केवल ब्रिटिश सरकार के नियंत्रण में था, और उनके निर्णयों पर अंग्रेज़ों का प्रत्यक्ष प्रभाव था। इसके परिणामस्वरूप, मुग़ल साम्राज्य की औपचारिक सत्ता समाप्त हो गई, और भारत ब्रिटिश साम्राज्य के एक अभिन्न अंग के रूप में स्थापित हो गया। ब्रिटिश ईस्ट इंडिया कंपनी की कूटनीति ने मुग़ल साम्राज्य को पूरी तरह से कमजोर कर दिया। इलाहाबाद संधि (1765) के बाद, मुग़ल सम्राट शाह आलम द्वितीय ब्रिटिशों पर निर्भर हो गए और दिल्ली में रहते हुए केवल एक नाममात्र के शासक बनकर रह गए। इसके बाद के वर्षों में, जैसे-जैसे अंग्रेज़ों ने अन्य भारतीय राज्यों को अपने अधीन किया, मुग़ल सत्ता का प्रभाव और भी सीमित हो गया। 1857 के विद्रोह के बाद, मुग़ल साम्राज्य का औपचारिक अंत हुआ, और भारत में ब्रिटिश शासन की स्थायी शुरुआत हुई।

1857 के विद्रोह का महत्व बहुत गहरा था। यह भारतीय स्वतंत्रता संग्राम का पहला संगठित प्रयास था, जिसने भारतीयों में राष्ट्रीय चेतना का संचार किया। यद्यपि यह विद्रोह सफल नहीं हो पाया, लेकिन इसने अंग्रेज़ों के खिलाफ भारतीय जनता के एकजुट होने का आह्वान किया। इसके बाद, भारतीय स्वतंत्रता संग्राम को और गति मिली, और 20वीं शताब्दी में महात्मा गांधी, नेताजी सुभाष चंद्र बोस, और भगत सिंह जैसे नेताओं के नेतृत्व में यह संघर्ष और भी मजबूत हुआ।

आखिरकार, 1857 का विद्रोह और उसके बाद के घटनाक्रम ने यह स्पष्ट कर दिया कि भारतीय राजनीति, समाज, और संस्कृति पर ब्रिटिश प्रभाव गहरा हो चुका था। इसने भारतीय समाज को एक नए दौर में प्रवेश कराया, जहाँ भारतीयों ने अपनी स्वतंत्रता के लिए एक लंबा और संघर्षपूर्ण रास्ता तय करना था।

प्रश्न:

- प्लासी और बक्सर के युद्धों के ऐतिहासिक प्रभावों का विश्लेषण करें। कैसे इन युद्धों ने भारत में ब्रिटिश ईस्ट इंडिया कंपनी की सत्ता को मजबूत किया और मुग़ल साम्राज्य की शक्ति को कमजोर किया?

- इलाहाबाद संधि (1765) और उसके बाद की घटनाओं का गहन विश्लेषण करें। इस संधि ने भारत में ब्रिटिश शासन की नींव कैसे मजबूत की, और मुग़ल सम्राट शाह आलम द्वितीय की स्थिति में क्या परिवर्तन हुआ?

- ब्रिटिश ईस्ट इंडिया कंपनी की कूटनीतिक नीतियों और उनके प्रभाव का अध्ययन करें। किस प्रकार अंग्रेजों ने भारतीय दरबारों में 'रेजिडेंट नीति' के माध्यम से अपनी पकड़ बनाई और भारतीय शासकों की सत्ता को सीमित किया?

- मुग़ल सम्राट शाह आलम द्वितीय, अकबर द्वितीय और बहादुर शाह ज़फ़र के शासनकाल में मुग़ल साम्राज्य की स्थिति पर विचार करें। किस प्रकार ये सम्राट केवल नाममात्र के शासक बनकर रह गए और वास्तविक सत्ता ब्रिटिशों के पास चली गई?

- 1857 के विद्रोह का विश्लेषण करें और यह बताएं कि किस प्रकार यह विद्रोह भारतीय स्वतंत्रता संग्राम का पहला संगठित प्रयास था। इस विद्रोह की विफलता के बावजूद इसके ऐतिहासिक महत्व पर प्रकाश डालें।

- ब्रिटिश ईस्ट इंडिया कंपनी की आर्थिक नीतियों के परिणामस्वरूप भारतीय अर्थव्यवस्था पर पड़े प्रभावों का विस्तार से विश्लेषण करें। कैसे भारतीय किसानों और कारीगरों की स्थिति बिगड़ी और भारतीय राज्यों की आर्थिक निर्भरता बढ़ी?

- "बांटो और राज करो" की ब्रिटिश कूटनीति का विश्लेषण करें। किस प्रकार अंग्रेजों ने भारतीय शक्तियों के बीच फूट डालकर उन्हें कमजोर किया और धीरे-धीरे भारत पर पूर्ण नियंत्रण स्थापित किया?

- प्लासी और बक्सर के युद्धों के बाद भारतीय राजनीति में हुए बदलावों का विश्लेषण करें। इन युद्धों ने भारतीय शासकों के राजनीतिक दृष्टिकोण और प्रशासनिक ढांचे को किस प्रकार प्रभावित किया और कैसे ब्रिटिशों ने अपनी सैन्य और कूटनीतिक रणनीतियों के माध्यम से अपनी स्थिति मजबूत की?

अध्याय 10

मुग़ल युद्ध नीति और उसकी ऐतिहासिक विरासत

मुग़ल साम्राज्य की स्थापना भारत में एक मजबूत सैन्य शक्ति और प्रभावी युद्ध नीति के आधार पर हुई थी। बाबर से लेकर अकबर तक, मुग़ल सम्राटों ने अपने सैन्य कौशल और रणनीतिक नीतियों के माध्यम से भारतीय उपमहाद्वीप में अपनी सत्ता स्थापित की और इसे लगभग तीन शताब्दियों तक कायम रखा। अकबर के समय में साम्राज्य का विस्तार उच्च स्तर पर हुआ, और उसने विभिन्न जातीय समूहों और धर्मों के बीच संतुलन बनाए रखने के लिए अपनी सेना और प्रशासनिक संरचना को मजबूत किया। लेकिन जैसे-जैसे समय बीतता गया, मुग़ल साम्राज्य में कुछ महत्वपूर्ण खामियाँ और कमज़ोरियाँ उभरने लगीं, जिन्होंने इसके पतन की प्रक्रिया को गति दी। सबसे पहले, औरंगज़ेब के समय में साम्राज्य की सैन्य नीति अधिक विस्तारवादी और कट्टर हो गई, जिससे स्थानीय राजपूतों, मराठों, जाटों और सिखों के खिलाफ संघर्ष तेज़ हो गया। इसके परिणामस्वरूप, साम्राज्य की सैन्य शक्ति पर अत्यधिक दबाव पड़ा, और कई मोर्चों पर युद्धों की स्थिति उत्पन्न हो गई, जिसने संसाधनों को बुरी तरह खंडित कर दिया। इसके अलावा, बादशाहों के बीच प्रशासनिक असंतुलन, भ्रष्टाचार, और कमजोर शाही नेतृत्व ने साम्राज्य को आंतरिक संकटों से जूझने पर मजबूर कर दिया। ये सभी कारण मिलकर साम्राज्य को कमजोर करते गए, और अंततः ब्रिटिश ईस्ट इंडिया कंपनी और अन्य क्षेत्रीय शक्तियों द्वारा मुग़ल साम्राज्य को समाप्त कर दिया गया। इस प्रकार, मुग़ल साम्राज्य की सैन्य शक्ति और युद्ध नीति में व्याप्त कमजोरियाँ ही अंततः इसकी गिरावट और पतन का कारण बनीं।

10.1 मुग़ल युद्ध प्रणाली का मूल्यांकन

मुग़ल साम्राज्य की युद्ध नीति भारतीय उपमहाद्वीप में तुर्की, मंगोल और फारसी सैन्य परंपराओं से गहरे प्रभावित थी, जो बाबर के समय से लेकर औरंगज़ेब तक लगातार विकसित होती रही। बाबर, जो मंगोल शासक Timur के वंशज थे, ने अपनी सैन्य रणनीतियों में घेराबंदी, तीव्र आक्रमण, और आधुनिक हथियारों का उपयोग किया।

अकबर के शासनकाल में, मुग़ल सेना को व्यवस्थित और पेशेवर बनाया गया, और युद्ध नीति में रेजिमेंटों (अफगान और राजपूत सेनाओं की भागीदारी) और समन्वित रणनीतियों को प्राथमिकता दी गई। अकबर ने साम्राज्य की रक्षा के लिए सैन्य प्रमुखों को बड़ी स्वतंत्रता दी, और उनकी युद्ध नीति में तात्कालिक परिस्थितियों के अनुसार लचीला दृष्टिकोण अपनाया गया, जो उसे विभिन्न जातीय समूहों के साथ सामरिक गठबंधन करने में सक्षम बनाता था।

हालाँकि, जैसे-जैसे समय बीतता गया, मुग़ल युद्ध नीति में कई कमजोरियाँ उभरने लगीं। औरंगज़ेब के शासनकाल में, जब साम्राज्य का विस्तार अत्यधिक हुआ, तो सैन्य संसाधनों की कमी और लंबे समय तक जारी रहने वाले युद्धों ने मुग़ल सेना को थका दिया। इसके अतिरिक्त, औरंगज़ेब ने युद्ध नीति को अधिक कट्टर और विस्तारवादी बना दिया, जिससे हिन्दू शासकों और स्थानीय शक्तियों से संघर्ष बढ़ा और इन मोर्चों पर निरंतर युद्ध के कारण साम्राज्य के सैन्य संसाधन सीमित हो गए। औरंगज़ेब के नेतृत्व में, एकजुटता के बजाय भारतीय उपमहाद्वीप में विभाजन की भावना बढ़ी, और इससे मुग़ल साम्राज्य की एकता को भी खतरा हुआ। इसके अलावा, मुग़ल सेना की युद्ध नीति पर अत्यधिक निर्भरता की वजह से प्रशासनिक ढांचे में गिरावट आई, जिससे साम्राज्य के अंदरूनी मामलों पर ध्यान कम दिया गया और कमजोर नेतृत्व के कारण युद्ध नीति में दक्षता की कमी आई। इन कारणों ने साम्राज्य को धीरे-धीरे कमजोर किया और विदेशी आक्रमणों और ब्रिटिश प्रभाव से मुग़ल साम्राज्य की शक्ति को समाप्त कर दिया।

10.1.1 मुग़ल सैन्य संगठन की विशेषताएँ

मुग़ल साम्राज्य की सैन्य संरचना में मनसबदारी प्रणाली का अहम स्थान था, जिसे अकबर ने लागू किया। इस प्रणाली के तहत, हर सैनिक और अधिकारी को एक निश्चित रैंक (मनसब) दी जाती थी, और उसी रैंक के आधार पर वह सेना को सैनिकों, घोड़ों और हथियारों से सुसज्जित करता था। मनसबदार को अपने सैनिकों की गिनती और उनके प्रशिक्षण के लिए जिम्मेदार ठहराया जाता था। इस प्रणाली से प्रशासनिक और सैन्य मामलों में एक निश्चित संगठन स्थापित हुआ, लेकिन समय के साथ यह प्रणाली भ्रष्टाचार और कुप्रबंधन का शिकार हो गई, जिससे उसकी प्रभावशीलता पर असर पड़ा। मनसबदारी व्यवस्था ने सैन्य और प्रशासन दोनों को एक साथ जोड़ने का कार्य किया, लेकिन इसके दुरुपयोग ने साम्राज्य के भीतर अंतर्विरोध और प्रशासनिक अराजकता को जन्म दिया।

मुग़ल सैन्य की प्रमुख ताकत उनके तोपखाने और घुड़सवार सेना में थी। बाबर ने पानीपत की पहली लड़ाई (1526) में तोपों का प्रभावी रूप से उपयोग किया था, जिससे मुग़ल सेना को बड़ी विजय प्राप्त हुई। मुग़ल साम्राज्य ने तुर्की और फारसी तोपों का व्यापक इस्तेमाल किया, जो उनकी युद्धकला को एक नई दिशा प्रदान करते थे। इसके अलावा, घुड़सवार सेना (कैवेलरी) ने मुग़ल सेनाओं को तेज़ गति से हमला करने की क्षमता दी थी, जिससे वे युद्ध के मैदान पर जल्दी और प्रभावी रूप से हमला कर पाते थे। इस सैन्य शक्ति के कारण मुग़ल साम्राज्य ने भारत में अपनी सैन्य विजय को कायम रखा और विभिन्न युद्धों में सफलता हासिल की।

मुग़ल सैन्य रणनीति में किलों और रसद आपूर्ति की महत्वपूर्ण भूमिका थी। मुग़ल साम्राज्य ने कई मजबूत किलों का निर्माण किया, जो न केवल आक्रमणों से सुरक्षा प्रदान करते थे, बल्कि सामरिक दृष्टिकोण से भी महत्वपूर्ण थे। किलों की सुरक्षा के लिए बड़ी संख्या में सैनिक तैनात किए जाते थे, और ये किले सैन्य संचालन के लिए ठिकाने के रूप में कार्य करते थे। इसके अलावा, मुग़ल सेनाओं की रसद आपूर्ति (सप्लाई चेन) भी युद्धों में सफलता के लिए महत्वपूर्ण थी, क्योंकि लंबी लड़ाइयों के दौरान सैनिकों को खाद्य, पानी और अन्य सामग्री की आवश्यकता होती थी। हालांकि, जैसे-जैसे युद्ध लंबी अवधि तक खिंचते गए, मुग़ल साम्राज्य की रसद प्रणाली कमजोर पड़ने लगी, जिससे युद्ध में उनके लिए मुश्किलें उत्पन्न होने लगीं।

10.1.2 युद्ध रणनीतियों की सफलताएँ

1. **तोपखाने और आधुनिक हथियारों का प्रयोग:** बाबर ने भारत में अपने सैन्य अभियानों के दौरान तोपखाने और बारूद के उपयोग में अग्रणी भूमिका निभाई। भारत में बारूद का प्रभावी उपयोग करने वाले बाबर ने पानीपत की पहली लड़ाई (1526), खानवा (1527) और घाघरा (1529) जैसी महत्वपूर्ण लड़ाइयों में विजय प्राप्त की। इन युद्धों में बाबर ने अपनी सेना को तोपों और बर्बर तोपखानों से सुसज्जित किया, जिससे वह अपने दुश्मनों के किलों और मजबूत घेराबंदी को तोड़ने में सक्षम हुआ। बाबर की युद्ध रणनीति में इन तकनीकी साधनों का अहम स्थान था, जिसने मुग़ल साम्राज्य के लिए सैन्य सफलता सुनिश्चित की। अकबर और जहाँगीर ने इस युद्ध तकनीक को और उन्नत किया, जिससे मुग़ल सेना लंबे समय तक अपनी सैन्य शक्ति बनाए रख सकी। अकबर के समय में तोपों और अन्य आधुनिक हथियारों का समुचित प्रयोग सेना को युद्ध में निर्णायक स्थिति में पहुंचाने में सहायक रहा, जिससे मुग़ल साम्राज्य की सैन्य ताकत और भी बढ़ गई।

2. **राजपूत और अन्य स्थानीय शक्तियों से संधियाँ:** अकबर की रणनीति केवल सैन्य संघर्ष तक सीमित नहीं थी, बल्कि उसने अपने शासन को मजबूत बनाने के लिए राजनीतिक गठबंधनों पर भी ध्यान दिया। राजपूतों, अफगानों और अन्य स्थानीय शासकों के साथ संधियाँ और विवाह गठबंधन स्थापित कर अकबर ने अपनी सामरिक स्थिति को और सुदृढ़ किया। राजपूतों के साथ अकबर के विवाह और संधियाँ केवल व्यक्तिगत गठबंधन नहीं थीं, बल्कि इनसे भारतीय उपमहाद्वीप के विभिन्न क्षेत्रीय शक्तियों के बीच समझौते और समर्थन मिल गया। इससे अकबर को युद्धों की संख्या कम करने में मदद मिली और प्रशासन में स्थिरता आई। इससे न केवल मुग़ल साम्राज्य को लाभ हुआ, बल्कि उसने इन गठबंधनों के माध्यम से सामरिक और राजनीतिक सहयोग भी प्राप्त किया, जो उसके साम्राज्य की शक्ति को और बढ़ाता था। इस नीति ने लंबे समय तक मुग़ल साम्राज्य को शक्तिशाली बनाए रखा, क्योंकि यह केवल सैन्य संघर्ष पर निर्भर नहीं था, बल्कि राजनीतिक सहयोग भी महत्वपूर्ण था।

3. **बड़ी और संगठित सेना:** मुग़ल सेना को अपनी बड़ी और संगठित संरचना के लिए जाना जाता था, जिसमें लाखों सैनिक शामिल होते थे। यह विशाल सेना न केवल युद्धों में निर्णायक भूमिका निभाती थी, बल्कि यह विशाल क्षेत्रों को नियंत्रित करने और प्रशासित करने में भी सक्षम थी। अकबर और उसके successors के समय में सेना को एक मजबूत संरचना के रूप में व्यवस्थित किया गया, जिसमें घुड़सवार सेना, पैदल सैनिक, तोपखाने और नाविक सेना शामिल थे। मुग़ल सेना की घुड़सवार सेना तेज़ी से आक्रमण करने में सक्षम थी, जिससे युद्धों में त्वरित सफलता मिलती थी। साथ ही, एक संगठित प्रशासनिक तंत्र होने के कारण मुग़ल साम्राज्य युद्ध के लिए आवश्यक संसाधनों को आसानी से जुटा सकता था, जिससे दीर्घकालिक युद्धों में सफलता मिलती थी। यह सेना मुग़ल साम्राज्य के सैन्य विजय और स्थिरता की कुंजी थी, जिसने भारत के बड़े हिस्से पर मुग़ल सत्ता को बनाए रखा।

4. **घेराबंदी और किलेबंदी की मजबूत नीति:** मुग़ल साम्राज्य की सैन्य नीति में घेराबंदी और किलेबंदी की महत्वपूर्ण भूमिका थी। मुग़लों ने बड़े-बड़े किलों और किलेबंदी का निर्माण किया, जिनका उद्देश्य न केवल अपने साम्राज्य की सुरक्षा करना था, बल्कि उन किलों का उपयोग घेराबंदी युद्धों में अपनी रणनीति के तहत किया जाता था। आगरा किला, दिल्ली का लाल किला और ग्वालियर किला जैसे प्रमुख किलों का निर्माण मुग़ल साम्राज्य के सैन्य और सुरक्षा दृष्टिकोण को मजबूत करता था। इन किलों में मुग़ल साम्राज्य के शाही परिवार के सदस्य रहते

थे, और यहां से साम्राज्य के विभिन्न हिस्सों की रक्षा की जाती थी। किलों का यह रणनीतिक महत्व था कि ये किसी भी आक्रमण को रोकने के लिए प्राकृतिक किलेबंदी के रूप में कार्य करते थे और घेराबंदी युद्धों में मुग़ल सेना को निर्णायक बढ़त प्रदान करते थे। इन किलों से मुग़ल सेना अपनी सुरक्षा को भी मजबूत करती थी, और इन किलों की घेराबंदी की नीति ने मुग़ल साम्राज्य को युद्धों में स्थिरता और सफलता दिलाई।

10.1.3 युद्ध प्रणाली की कमज़ोरियाँ

1. **भारी खर्च और आर्थिक बोझ:** मुग़ल साम्राज्य का सैन्य आकार बहुत बड़ा था, जिससे इसे बनाए रखना अत्यधिक खर्चीला हो गया था। बड़े पैमाने पर सैन्य अभियानों, किलों, तोपखाने और अन्य युद्ध सामग्री के लिए मुग़ल शासन को भारी वित्तीय संसाधनों की आवश्यकता थी। इसके परिणामस्वरूप राजकोष पर अत्यधिक दबाव पड़ा, और राज्य की राजस्व व्यवस्था लगातार युद्धों के कारण चरमरा गई। युद्धों की निरंतरता ने राज्य के संसाधनों को समाप्त कर दिया और शासन की वित्तीय स्थिति को कमजोर किया, जिससे साम्राज्य को सैन्य अभियानों और प्रशासन की लागतों को पूरा करने में कठिनाइयाँ आईं। इस आर्थिक बोझ का प्रभाव साम्राज्य की स्थिरता और उसकी सैन्य ताकत पर पड़ा, क्योंकि राजकोष की कमी ने सेना की उपयुक्त आपूर्ति और प्रशिक्षण में बाधाएं उत्पन्न कीं।

2. **नौसेना की कमजोरी:** मुग़ल साम्राज्य ने मुख्य रूप से स्थलीय युद्धों में सफलता प्राप्त की थी, लेकिन उनकी नौसेना अपेक्षाकृत कमजोर रही। मुग़ल सम्राटों ने समुद्र के रास्ते व्यापार और सैन्य संचालन के महत्व को पूरी तरह से नहीं समझा, जिससे उनके पास एक शक्तिशाली नौसेना का अभाव था। इसके परिणामस्वरूप पुर्तगाली, डच और अंग्रेज़ जैसे यूरोपीय शक्तियों ने समुद्री मार्गों पर अपनी पकड़ बना ली और भारत में अपनी उपस्थिति स्थापित की। इन यूरोपीय शक्तियों ने भारत के तटों पर अपना व्यापारिक प्रभुत्व स्थापित किया, जबकि मुग़ल साम्राज्य समुद्र में अपना प्रभाव नहीं बना सका, जिससे उनकी सामरिक और व्यापारिक स्थिति कमजोर पड़ी।

3. **दीर्घकालिक युद्ध और थकावट:** औरंगज़ेब के दक्षिणी अभियानों ने मुग़ल सेना को कई दशकों तक युद्ध में उलझा दिया। दक्कन में किए गए युद्धों ने न केवल सेना को थका दिया, बल्कि प्रशासनिक नियंत्रण को भी प्रभावित किया। लगातार युद्धों के कारण सैन्य शक्ति का अत्यधिक उपयोग हुआ और सैनिकों की मानसिक व

शारीरिक स्थिति भी कमजोर हुई। इसके अलावा, निरंतर युद्धों ने प्रशासनिक तंत्र में व्यवधान डाला, जिससे साम्राज्य के विभिन्न हिस्सों में अस्थिरता और विद्रोह की संभावना बढ़ी। यह स्थिति मुग़ल साम्राज्य के लिए दीर्घकालिक विकास की दृष्टि से हानिकारक साबित हुई, क्योंकि शासन को युद्धों की लगातार चुनौतियों से निपटने में काफी समय और संसाधन खर्च करने पड़े।

4. **मनसबदारी प्रणाली का पतन:** मुग़ल साम्राज्य की एक महत्वपूर्ण सैन्य और प्रशासनिक व्यवस्था थी मनसबदारी प्रणाली, जिसमें सैन्य अधिकारियों को उनके कार्यों और सेवाओं के आधार पर रैंक (मनसब) दिया जाता था। लेकिन समय के साथ इस प्रणाली में भ्रष्टाचार बढ़ने लगा। मनसबदारों ने अपनी सेनाओं की संख्या में हेरफेर करना शुरू किया, जिससे घुड़सवार सेना की गुणवत्ता गिर गई। कुछ मनसबदारों ने तो अपने सैन्य कर्तव्यों का पालन नहीं किया और केवल अपने निजी लाभ के लिए इसका इस्तेमाल किया। इस भ्रष्टाचार के कारण मुग़ल सेना की संगठनात्मक संरचना कमजोर पड़ी और सैन्य कार्यक्षमता में कमी आई। इसके अलावा, मनसबदारी प्रणाली का पतन प्रशासन की असफलता और सैन्य अनुशासन में कमी का संकेत था।

5. **स्थानीय विद्रोह और प्रशासनिक कमजोरी:** मुग़ल साम्राज्य को लगातार स्थानीय विद्रोहों का सामना करना पड़ा, खासकर मराठों, सिखों, राजपूतों और जाटों से। इन विद्रोहों के कारण सेना को अपनी पूरी ताकत झोंकनी पड़ी, जिससे साम्राज्य के अन्य हिस्सों में प्रशासनिक नियंत्रण कमजोर हो गया। इसके अलावा, मुग़ल प्रशासन में संसाधनों और वेतन की कमी थी, जिससे सैनिकों की कार्यक्षमता पर नकारात्मक प्रभाव पड़ा। प्रशासन की कमजोर स्थिति और अधिकारियों के बीच असहमति ने विद्रोहों को और भी प्रबल किया, जिससे साम्राज्य के भीतर स्थिरता की कमी आई और मुग़ल सेना को विभिन्न मोर्चों पर संघर्ष करना पड़ा। ये विद्रोह और प्रशासनिक कमजोरी मुग़ल साम्राज्य के पतन की ओर इशारा कर रहे थे।

10.1.4 युद्ध और आंतरिक अस्थिरता

1. **उत्तराधिकार के युद्धों ने सेना को कमजोर किया:** मुग़ल साम्राज्य में हर नए शासक के शासन के साथ उत्तराधिकार के युद्ध होते थे, जो न केवल शाही परिवार के भीतर सत्ता संघर्ष को बढ़ाते थे, बल्कि राज्य की सेना को भी कमजोर करते थे। शाहजहाँ के समय में भी जब उसके पुत्रों ने शासन पर कब्जा करने के लिए एक दूसरे से लड़ाई की, तब साम्राज्य में आंतरिक अस्थिरता का माहौल बना। इसके बाद औरंगज़ेब के उत्तराधिकार युद्ध ने भी सैन्य शक्ति को हानि पहुँचाई,

क्योंकि सेना के संसाधनों का इस्तेमाल सत्ता संघर्षों में हो गया, न कि साम्राज्य की रक्षा में। इन युद्धों ने मुग़ल प्रशासन के भीतर उथल-पुथल और असहमति को बढ़ावा दिया, जिससे साम्राज्य की सैन्य और राजनीतिक स्थिति कमजोर हो गई।

2. **मराठों, सिखों और जाटों का बढ़ता प्रभाव:** 17वीं और 18वीं शताब्दी में, मराठों ने अपनी गुरिल्ला युद्ध तकनीक से मुग़ल सेना को बड़ी चुनौती दी। उनके तेज़ और त्वरित आक्रमणों ने मुग़ल साम्राज्य को आर्थिक और सैन्य दृष्टि से कमजोर किया। इसी समय, सिखों और जाटों ने भी मुग़ल सत्ता के खिलाफ विद्रोह किया, जिससे मुग़ल सेना को अपने विभिन्न मोर्चों पर संघर्ष करना पड़ा। सिखों ने पंजाब में अपनी शक्ति को स्थापित किया, जबकि जाटों ने उत्तरी भारत में कई स्थानों पर मुग़ल शासन को चुनौती दी। इन विद्रोहों ने न केवल मुग़ल सेना की ताकत को क्षीण किया, बल्कि साम्राज्य को राजनीतिक दृष्टि से भी अस्थिर बना दिया।

3. **नादिर शाह और अहमद शाह अब्दाली के आक्रमण:** मुग़ल साम्राज्य की कमजोरी का फायदा विदेशियों ने उठाया, और 1739 में नादिर शाह ने दिल्ली पर आक्रमण कर इसे पूरी तरह लूट लिया। इस आक्रमण ने मुग़ल साम्राज्य को गहरे घाव दिए, और दिल्ली का शाही दरबार अपनी सम्मान और शक्ति खो बैठा। इसके बाद, 1761 में अहमद शाह अब्दाली ने पानीपत के तृतीय युद्ध में मराठों को हराया, जिससे भारतीय उपमहाद्वीप में शक्ति संतुलन पूरी तरह बदल गया। अब्दाली का यह आक्रमण मुग़ल साम्राज्य के लिए एक और बड़ा झटका था, क्योंकि अब उनकी शक्ति और प्रभाव धीरे-धीरे समाप्त होने लगा। इन आक्रमणों ने मुग़ल साम्राज्य के अंदर और बाहर दोनों जगहों पर अस्थिरता को बढ़ाया, जिससे उसकी रक्षा और विस्तार में कठिनाइयाँ आईं।

10.2 प्रशासनिक और कूटनीतिक सबक

मुग़ल साम्राज्य की युद्ध नीति, सैन्य संगठन और कूटनीतिक रणनीतियाँ उनके शुरुआती समय में अत्यधिक सफल साबित हुईं, खासकर अकबर के शासनकाल में। उनके सैनिकों की मजबूत संरचना, उन्नत रणनीतियाँ, और सटीक योजना ने साम्राज्य को बहुत विस्तृत किया। इसके साथ ही मुग़ल साम्राज्य ने समय-समय पर अपनी कूटनीतिक नीति में भी लचीलापन दिखाया, जिससे वे राजनीतिक और सैन्य दोनों मोर्चों पर प्रभावी ढंग से कार्य कर सके। हालांकि, जैसे-जैसे समय बीतता गया, प्रशासनिक और आर्थिक जटिलताएँ बढ़ने लगीं, जो साम्राज्य के विस्तार और उसकी प्रभावशीलता में बाधक बनने लगीं। इन कमज़ोरियों में भूमि प्रशासन, कर प्रणाली, और सैन्य नेतृत्व

की अस्थिरता जैसी समस्याएँ शामिल थीं, जिन्होंने मुग़ल साम्राज्य की स्थिरता को प्रभावित किया। इस प्रकार, हम यह देख सकते हैं कि मुग़ल साम्राज्य की युद्ध नीति और कूटनीतिक नीतियाँ अपनी शक्ति के बावजूद समय के साथ अप्रभावी हो गईं, और इनसे महत्वपूर्ण प्रशासनिक और सैन्य सबक लिए जा सकते हैं।

10.2.1 सैन्य वित्त और संसाधन प्रबंधन

1. **राजकोषीय संतुलन और सैन्य खर्च का नियंत्रण:** मुग़ल साम्राज्य की सैन्य संरचना अत्यधिक विशाल और खर्चीली थी, जो राजकोष पर लगातार दबाव डालती थी। प्रारंभिक दौर में, मुग़ल शासकों ने सैन्य खर्च को पूरा करने के लिए मुख्य रूप से जमीन से प्राप्त होने वाले राजस्व (जगदीरदारी प्रणाली) का सहारा लिया। लेकिन जैसे-जैसे मुग़ल साम्राज्य का विस्तार हुआ और युद्धों की संख्या बढ़ी, यह प्रणाली धीरे-धीरे कमजोर होने लगी। विशेषकर औरंगज़ेब के दक्कन अभियानों के दौरान, सभी राजस्व का अधिकांश हिस्सा युद्धों पर खर्च हुआ, जिसके परिणामस्वरूप प्रशासनिक और बुनियादी ढाँचे में उपेक्षा हुई। यह सैन्य वित्तीय प्रबंधन की एक बड़ी कमजोरी साबित हुई, क्योंकि यह सेना की स्थिरता और विस्तार की संभावना को प्रभावित करने लगा।

2. **मनसबदारी प्रणाली और भ्रष्टाचार:** मनसबदारी प्रणाली, जो मुग़ल साम्राज्य में सैन्य और प्रशासनिक संरचना को नियंत्रित करने का प्रमुख साधन थी, प्रारंभ में काफी प्रभावी साबित हुई थी। यह प्रणाली शासकों को सैन्य अफसरों और उनके संबंधित सैनिकों की संख्या और वेतन के बारे में जानकारी प्रदान करती थी। हालांकि, समय के साथ इस प्रणाली में भ्रष्टाचार और पक्षपात बढ़ने लगे। सैनिकों की संख्या के बारे में गलत जानकारी देना, वेतन की चोरी करना और सेना की गुणवत्ता में गिरावट जैसी समस्याएँ आम हो गईं। अगर सैन्य वित्तीय नियंत्रण मजबूत होता, तो शायद यह सिस्टम सेना की दक्षता और संगठन को बनाए रखने में मदद करता, जिससे साम्राज्य को दीर्घकालिक लाभ मिल सकता था।

3. **युद्ध और अर्थव्यवस्था का संतुलन:** मुग़ल साम्राज्य में लगातार चल रहे युद्धों ने केवल सैन्य शक्ति को प्रभावित नहीं किया, बल्कि आर्थिक क्षेत्र को भी गंभीर रूप से नुकसान पहुँचाया। कृषि, जो कि साम्राज्य की प्रमुख आर्थिक गतिविधि थी, युद्धों के कारण बुरी तरह प्रभावित हुई। व्यापार और उद्योग भी सैन्य अभियानों के कारण मंदा हो गए। प्रशासन इतना अधिक युद्धों में व्यस्त था कि उसे आर्थिक सुधारों और व्यापारिक गतिविधियों पर ध्यान देने का समय नहीं मिला। इस स्थिति का लाभ अंग्रेज़ों ने उठाया, जिन्होंने बाद में अपनी शक्ति को संतुलित

किया और व्यापार तथा सैन्य शक्ति को मजबूत किया। यही कारण था कि अंग्रेज़ों ने भारत में नियंत्रण स्थापित किया और धीरे-धीरे पूरे उपमहाद्वीप पर अपना प्रभुत्व स्थापित कर लिया।

10.2.2 सामरिक गठबंधनों की नीति

1. **अकबर की सुलह-ए-कुल नीति और गठबंधन कूटनीति:** अकबर ने अपनी सुलह-ए-कुल नीति के तहत विभिन्न धार्मिक और सांस्कृतिक समूहों के साथ सामरिक और राजनीतिक गठबंधन बनाने पर जोर दिया। इस नीति के तहत उन्होंने राजपूतों और अन्य स्थानीय शासकों के साथ मजबूत संबंध स्थापित किए, जिससे मुग़ल शासन को स्थिरता मिली और प्रशासनिक शक्ति में वृद्धि हुई। यह कूटनीतिक प्रयास मुग़ल साम्राज्य के लिए दीर्घकालिक लाभकारी साबित हुआ, क्योंकि इससे स्थानीय शासकों को अपने साथ जोड़कर उन्होंने संभावित विद्रोहों को रोकने की कोशिश की। जहाँगीर और शाहजहाँ ने भी इस नीति को जारी रखा, लेकिन औरंगज़ेब ने कट्टर धार्मिक नीतियाँ अपनाईं, जिसके कारण राजपूतों सहित अन्य समुदायों में विद्रोह बढ़े और साम्राज्य कमजोर हुआ।

2. **स्थानीय शासकों और नवाबों से संबंध:** मुग़ल साम्राज्य ने विभिन्न क्षेत्रों में सूबेदारों और नवाबों को नियुक्त किया, जैसे बंगाल, अवध, हैदराबाद और मैसूर में, ताकि स्थानीय शासकों के साथ अच्छे संबंध बनाए जाएं और शासन को मजबूत किया जा सके। हालांकि, समय के साथ ये सूबेदार और नवाब अपने अधिकारों में बढ़ोतरी करने लगे और कई बार ये स्वतंत्र होने की ओर बढ़े। अगर मुग़ल प्रशासन ने इन सूबेदारों और नवाबों के साथ सशक्त और समन्वित गठबंधन बनाए रखा होता, तो शायद साम्राज्य का पतन इतनी जल्दी नहीं होता और मुग़ल सत्ता को मजबूत बनाए रखने में मदद मिलती।

3. **मराठों, सिखों और जाटों के प्रति नीति:** मुग़ल साम्राज्य ने शुरू में मराठों, सिखों और जाटों को अपने प्रतिद्वंद्वी समझा और उन्हें दबाने के लिए सैन्य कार्रवाइयाँ कीं। हालांकि, इन समूहों के साथ संघर्षों के बावजूद, वे लगातार शक्तिशाली होते गए और मुग़ल सत्ता के लिए एक बड़ा खतरा बने। अगर मुग़ल शासकों ने इन समुदायों को अपनी गठबंधन नीति का हिस्सा बनाने की कोशिश की होती, तो शायद इनका विरोध कम होता और साम्राज्य को उन पर काबू पाने के लिए अधिक समय मिल पाता। यदि मुग़ल साम्राज्य ने इन समूहों को राजनीतिक साझेदार के रूप में देखा होता, तो संभवतः वे अंग्रेज़ों के खिलाफ अधिक प्रभावी रूप से एकजुट हो सकते थे और साम्राज्य की सुरक्षा को बनाए रख सकते थे।

10.2.3 मुग़लों की युद्ध नीति और विदेशी संबंध

1. **फारस और उस्मानी साम्राज्य से संबंध:** मुग़ल साम्राज्य ने फारस और उस्मानी तुर्कों के साथ अच्छे राजनीतिक और व्यापारिक संबंध बनाए थे, लेकिन इन साम्राज्यों के साथ वे कभी एक पूर्ण सैन्य गठबंधन स्थापित करने में सफल नहीं हो सके। फारसियों ने कंधार पर आक्रमण किया, जिससे मुग़ल साम्राज्य को गंभीर नुकसान हुआ, और यह संघर्ष मुग़ल साम्राज्य के लिए एक बड़ा झटका साबित हुआ। फारस के साथ यह संघर्ष मुग़ल साम्राज्य के सीमाओं की रक्षा में असमर्थता को दिखाता है, और इसी तरह उस्मानी साम्राज्य के साथ कूटनीतिक संपर्क में भी सैन्य सहयोग की कमी ने मुग़ल साम्राज्य की सुरक्षा को कमजोर किया।

2. **यूरोपीय शक्तियों से संबंध:** जहाँगीर और शाहजहाँ के शासनकाल में अंग्रेज़, डच, पुर्तगाली और फ्रांसीसी भारत में व्यापार करने के लिए आए। हालांकि, मुग़ल शासकों ने इन यूरोपीय शक्तियों के साथ व्यापारिक संबंध बनाए, लेकिन वे उनकी बढ़ती सैन्य और राजनीतिक शक्ति को समय पर नहीं पहचान पाए। अंग्रेज़ों और फ्रांसीसियों ने धीरे-धीरे भारत में अपनी पकड़ मजबूत कर ली, और मुग़ल शासक इस बदलाव को रोकने में असमर्थ रहे। अगर मुग़ल शासकों ने अंग्रेज़ों की बढ़ती शक्ति को नियंत्रित किया होता, तो शायद भारत में ईस्ट इंडिया कंपनी इतनी ताकतवर नहीं हो पाती और साम्राज्य के पतन में देरी हो सकती थी।

3. **नौसैनिक शक्ति की उपेक्षा:** मुग़ल साम्राज्य ने अपनी सैन्य शक्ति को मुख्य रूप से स्थलीय युद्धों पर केंद्रित किया, और समुद्री शक्ति पर बहुत कम ध्यान दिया। इस कारण, पुर्तगाली, डच और अंग्रेज़ों ने भारतीय महासागर पर अपनी ताकत स्थापित कर ली और समुद्री व्यापार पर नियंत्रण पा लिया। अगर मुग़ल साम्राज्य ने नौसैनिक रणनीति और शक्ति के विकास पर ध्यान दिया होता, तो वे समुद्री मार्गों पर अपना प्रभुत्व बनाए रख सकते थे और यूरोपीय शक्तियों को भारत में अपना प्रभाव बढ़ाने से रोक सकते थे।

10.2.4 मुग़ल युद्ध नीति का उत्तरवर्ती प्रभाव

1. **भारत में युद्ध की परंपरा और सामरिक दृष्टिकोण:** मुग़ल साम्राज्य की युद्ध नीतियाँ और रणनीतियाँ भारतीय युद्धकला पर गहरे प्रभाव छोड़ गईं। उनकी घेराबंदी युद्ध की तकनीक, तोपखाने का प्रभावी उपयोग और घुड़सवार सेना की रणनीतियाँ भारतीय सैन्य परंपरा का हिस्सा बन गईं, और इनका पालन बाद में कई भारतीय राज्यों और ब्रिटिश सेना ने किया। मुग़ल सेना की इन रणनीतियों ने युद्ध के तरीके

को स्थलीय युद्ध की बजाय एक अधिक संगठित और तकनीकी रूप से उन्नत प्रणाली में बदल दिया, जो आगे चलकर भारतीय सैन्य युद्धों में प्रभावी बनी रही।

2. **भारतीय राज्यों की सैन्य नीति पर प्रभाव:** मुग़ल साम्राज्य की सैन्य संरचना का प्रभाव भारतीय राज्यों की सैन्य नीति पर भी पड़ा। जैसे मराठों, हैदराबाद और मैसूर के राज्यों ने मुग़ल सैन्य संगठन के कुछ तत्वों को अपनाया। विशेष रूप से, इन राज्यों ने मुग़ल घुड़सवार सेना की तेज़ी और युद्ध में लचीलापन अपनाया। हालांकि, समय के साथ इन राज्यों ने अपनी रणनीतियों में बदलाव किया, जिससे वे मुग़ल साम्राज्य के कमजोर होते ही अंग्रेज़ों के खिलाफ प्रभावी संघर्ष कर सके और स्वतंत्रता के लिए संघर्ष में सक्षम हुए। मराठों ने विशेष रूप से घेराबंदी युद्ध की रणनीति में सुधार किया और उन्होंने अंग्रेज़ों के खिलाफ छापामार युद्ध के तरीके अपनाए।

3. **ब्रिटिश उपनिवेशवाद की शुरुआत:** मुग़ल साम्राज्य की कमजोरी और उनकी सैन्य नीतियों में आई कमज़ोरी ने अंग्रेज़ों को भारत में अपना प्रभुत्व स्थापित करने का अवसर दिया। पानीपत के तृतीय युद्ध (1761) के बाद भारत में स्थानीय शक्तियों के बीच संघर्ष और अराजकता का माहौल बन गया, और अंग्रेज़ों ने इस अवसर का पूरा लाभ उठाया। मुग़ल साम्राज्य के गिरते हुए प्रभाव ने ब्रिटिश ईस्ट इंडिया कंपनी को राजनीतिक और सैन्य दृष्टिकोण से भारत में अपनी स्थिति मजबूत करने की राह दिखाई, और उन्होंने धीरे-धीरे भारतीय उपमहाद्वीप पर अपनी पकड़ मजबूत की। इस तरह मुग़ल साम्राज्य की कमजोरी के परिणामस्वरूप ब्रिटिश उपनिवेशवाद की नींव पड़ी, जो भारतीय इतिहास में एक महत्वपूर्ण मोड़ था।

10.3 आधुनिक संदर्भ में मुग़ल नीतियाँ

मुग़ल साम्राज्य की सैन्य, कूटनीतिक, आर्थिक और प्रशासनिक नीतियाँ न केवल उस समय के समाज और शासन को प्रभावित करती थीं, बल्कि उनके दूरगामी प्रभाव आज भी आधुनिक भारत की नीतियों में देखे जा सकते हैं। मुग़ल साम्राज्य ने अपनी सैन्य रणनीतियों में जो स्थिरता, अनुशासन और सैन्य संगठन की परंपराएँ स्थापित की थीं, उनका प्रभाव आज भारतीय सेना की संरचना और संचालन में देखा जा सकता है, जिसमें उच्च प्रशिक्षित सैनिकों और उन्नत तकनीकी प्रणालियों का उपयोग प्रमुख है। इसके अलावा, मुग़ल कूटनीति, जो रिश्तों की लचीली रणनीति पर आधारित थी, आधुनिक भारतीय कूटनीति में भी परिलक्षित होती है, विशेष रूप से पड़ोसी देशों के साथ संवाद और समझौते की रणनीतियों में। मुग़ल काल की व्यापारिक नीतियाँ, जैसे

कि भूमि राजस्व प्रणाली और व्यापार मार्गों की सुरक्षा, आज भी भारतीय व्यापारिक रणनीतियों में महत्वपूर्ण हैं, जहाँ व्यापार और आर्थिक हितों को सुरक्षित करने की नीतियाँ अपनाई जाती हैं। इसी तरह, मुग़ल प्रशासनिक ढाँचा, जिसमें केंद्रीकृत शासन और विभाजन की प्रणाली थी, आज भी भारतीय प्रशासनिक संरचना को प्रभावित करता है, जहां राज्यों और केंद्र के बीच शक्तियों का संतुलन बना रहता है। इस प्रकार, मुग़ल काल की प्रमुख नीतियाँ भारतीय समाज और शासन की वर्तमान संरचना को आकार देने में एक महत्वपूर्ण भूमिका निभाती हैं।

10.3.1 आधुनिक सैन्य संगठन पर प्रभाव

मुग़ल साम्राज्य की युद्ध प्रणाली ने भारतीय सेना के संगठन और संरचना पर गहरा प्रभाव डाला। मुग़ल सेना ने तोपखाने और घुड़सवार सेना का जो कुशलतापूर्वक उपयोग किया, वह आज भी भारतीय सेना के आर्टिलरी और कैवेलरी रेजिमेंट्स में देखा जा सकता है। मुग़लकालीन सैन्य विविधता को ध्यान में रखते हुए, भारतीय सेना में राजपूत, मराठा, सिख और गोरखा रेजिमेंट्स का महत्व आज भी बरकरार है, जो उस समय की सैन्य संरचना और जातीय विविधता को दर्शाते हैं। इन रेजिमेंट्स की स्थापना और कार्यशैली ने भारतीय सेना को एक मजबूत और विविध बल में विकसित किया, जिसमें विभिन्न जातीय और सांस्कृतिक पृष्ठभूमियों से सैनिकों की भागीदारी को महत्व दिया गया। यह भारतीय सेना के प्राचीन सैन्य विचारों और युद्ध रणनीतियों को एक स्थायी आधार प्रदान करता है, जो मुग़ल सेना से ली गई कुशलताओं का फल है।

मुग़ल सेना की एक बड़ी कमजोरी थी कि वह स्थायी सेना पर निर्भर नहीं थी, और मनसबदारी प्रणाली के तहत सैनिकों की संख्या युद्ध के दौरान ही बढ़ाई जाती थी। इससे युद्धों के दौरान संसाधनों और सैन्य तैयारियों में कठिनाई आती थी। हालांकि, आधुनिक भारतीय सेना ने मुग़लों की इस कमजोरी से सीखा और एक स्थायी पेशेवर बल का निर्माण किया, जो युद्ध के लिए हमेशा तैयार रहता है। भारतीय सेना का यह पेशेवर दृष्टिकोण मुग़ल काल से अलग है, क्योंकि यह पेशेवर सैनिकों के एक संगठित और प्रशिक्षित बल के रूप में विकसित हुआ है। इसके अलावा, मुग़ल सेना की किलों और घेराबंदी की रणनीति का प्रभाव भारतीय सैन्य प्रतिष्ठान में भी दिखाई देता है। भारतीय सेना अब भी किलों और सामरिक स्थानों को मजबूत बनाने पर ध्यान देती है, खासकर राजस्थान, महाराष्ट्र और दक्षिण भारत के किलों का उपयोग सामरिक अभ्यास के लिए किया जाता है। यह किलों की उपयोगिता और सामरिक महत्व को बनाए रखने की दिशा में एक महत्वपूर्ण कदम है, जो मुग़ल सैन्य विचारों को आधुनिक संदर्भ में अपनाता है।

10.3.2 कूटनीति और राजनीतिक रणनीतियाँ

अकबर की सुलह-ए-कुल नीति, जिसका आधार "सर्वधर्म समभाव" था, ने भारतीय राजनीति और समाज में धर्मनिरपेक्षता के सिद्धांत की नींव रखी। अकबर ने यह सुनिश्चित किया कि विभिन्न धर्मों के लोग एक साथ सामंजस्यपूर्ण तरीके से रह सकें और कोई भी धर्म दूसरे धर्म से ऊपर न हो। यही नीति आधुनिक भारतीय धर्मनिरपेक्षता की अवधारणा से मेल खाती है, जो बहुधर्मी और बहुसांस्कृतिक समाज में सामंजस्यपूर्ण कूटनीति पर आधारित है। भारतीय समाज आज भी इसी विचारधारा को आगे बढ़ाता है, जिसमें सभी धर्मों और संस्कृतियों को सम्मान देने की बात की जाती है। अकबर के समय की यह नीति आज की भारतीय विदेश नीति और सामाजिक नीतियों के लिए एक प्रेरणा बन सकती है, जिसमें धर्मनिरपेक्षता का पालन किया जाता है।

इसके अलावा, अकबर ने सामरिक गठबंधन की रणनीति का सफलतापूर्वक पालन किया था, जिससे उसने राजपूतों, मराठों और अन्य स्थानीय शासकों के साथ मजबूत राजनीतिक गठबंधन बनाए। इन गठबंधनों ने मुग़ल साम्राज्य को स्थिर बनाए रखा और उसे विभिन्न आंतरिक और बाहरी खतरों से सुरक्षित रखा। आज का भारत भी इस कूटनीतिक दृष्टिकोण का पालन करता है, जैसे कि वह अंतरराष्ट्रीय गठबंधनों जैसे QUAD, BRICS और SCO का हिस्सा बनकर अपने राष्ट्रीय हितों की रक्षा करता है। इन गठबंधनों के माध्यम से भारत वैश्विक राजनीति में अपनी भूमिका को प्रभावी ढंग से निभा रहा है। मुग़ल साम्राज्य के विदेशी संबंधों के संदर्भ में, मुग़ल सम्राटों ने फारस और उस्मानी साम्राज्य के साथ रिश्ते बनाए, लेकिन उन्होंने अंग्रेजों की बढ़ती शक्ति को नजरअंदाज किया, जो बाद में उनकी कमजोरी साबित हुई। आज भारत सुपरपावर देशों, जैसे अमेरिका, रूस और चीन के साथ संतुलित कूटनीति अपनाता है, जिससे वैश्विक शक्ति संतुलन को बनाए रखा जाता है। यह व्यावहारिक दृष्टिकोण भारत को वैश्विक राजनीतिक परिप्रेक्ष्य में एक महत्वपूर्ण स्थिति में रखता है।

10.3.3 आर्थिक और व्यापारिक नीतियों का प्रभाव

मुग़लकालीन व्यापार नेटवर्क ने भारत को समृद्ध बनाने में महत्वपूर्ण भूमिका निभाई थी, विशेषकर व्यापार और कृषि के क्षेत्र में। मुग़ल साम्राज्य में भारत के पास दुनिया भर से व्यापारिक संबंध थे, और यह कृषि उत्पादन में भी उत्कृष्ट था, लेकिन उद्योगों की कमी के कारण औद्योगीकरण का कोई खास प्रभाव नहीं था। इस कारण से, औद्योगिक क्रांति की लहर के साथ अंग्रेज़ों को भारतीय बाजार पर कब्जा करने का मौका मिला। आज के भारत ने इस कमी को दूर करने के लिए औद्योगीकरण, स्टार्टअप इकोनॉमी, और डिजिटल क्रांति की दिशा में कई कदम उठाए हैं। आज भारत

एक मजबूत औद्योगिक और डिजिटल इकोनॉमी के रूप में उभरा है, जिसने उसकी वैश्विक आर्थिक ताकत को काफी बढ़ाया है। भारतीय सरकार के प्रौद्योगिकी और नवाचार को बढ़ावा देने वाले नीतियाँ जैसे "मेक इन इंडिया" और "आत्मनिर्भर भारत" ने भारत को एक वैश्विक आर्थिक शक्ति के रूप में पुनः स्थापित किया है।

अकबर द्वारा लागू की गई टोडरमल प्रणाली ने भारतीय राजस्व व्यवस्था को व्यवस्थित किया, जिससे भूमि से होने वाले राजस्व को अधिक सुव्यवस्थित और संगठित तरीके से इकट्ठा किया जा सका। यह प्रणाली मुग़ल प्रशासन के लिए एक मील का पत्थर साबित हुई और आज भी भारतीय सरकार भूमि सुधार, कराधान और जीएसटी जैसे क्षेत्रों में सुधार के लिए लगातार प्रयासरत है। इन सुधारों का उद्देश्य भारतीय अर्थव्यवस्था को अधिक पारदर्शी और कुशल बनाना है, जिससे राजस्व संग्रहण प्रक्रिया को बेहतर किया जा सके। मुग़ल साम्राज्य की वैश्विक व्यापार नीति का प्रभाव भी स्पष्ट था, लेकिन उनकी कमजोर नौसैनिक शक्ति के कारण यूरोपीय शक्तियों ने भारतीय व्यापार में अपनी मजबूत पकड़ बना ली। आज, भारत अपनी वैश्विक व्यापार नीति को "मेक इन इंडिया" और "आत्मनिर्भर भारत" जैसे प्रयासों से पुनर्निर्मित कर रहा है, जिससे वह अंतरराष्ट्रीय व्यापार में अपनी स्थिति मजबूत कर रहा है और आर्थिक स्वायत्तता की ओर बढ़ रहा है।

10.3.4 भारत के सामरिक दृष्टिकोण में मुग़लों की सीख

मुग़ल साम्राज्य के दौरान उत्तर-पश्चिमी सीमाओं की सुरक्षा पर पर्याप्त ध्यान नहीं दिया गया, जिससे कई विदेशी आक्रमणों का सामना करना पड़ा, जैसे कि अफगानिस्तान और फारस से होने वाले आक्रमण। मुग़ल शासकों की इस कमजोरी ने साम्राज्य की स्थिरता को प्रभावित किया और बाद में भारत के लिए एक महत्वपूर्ण शिक्षा का स्रोत बन गई। आज भारत अपनी सीमाओं की सुरक्षा पर विशेष ध्यान देता है, विशेष रूप से LOC (Line of Control) और LAC (Line of Actual Control) को मजबूत करने के लिए आधुनिक सैन्य रणनीतियों को अपनाया गया है। भारत ने सीमाओं की रक्षा के लिए उच्च तकनीकी उपकरणों और शक्तिशाली सैन्य बलों का निर्माण किया है, जिससे देश की सुरक्षा की स्थिति पहले से कहीं अधिक मजबूत हुई है। इसके साथ ही, सीमाओं पर सुरक्षा कड़ी निगरानी और त्वरित प्रतिक्रिया सुनिश्चित करने के लिए नए उपायों को लागू किया जा रहा है।

मुग़ल साम्राज्य के दौरान घरेलू विद्रोहों को नियंत्रित करने में भी गंभीर असफलताएँ रही थीं, जैसे कि जाट, सिख, मराठा और अन्य विद्रोहों को समय पर काबू नहीं किया जा सका, जिससे साम्राज्य की शक्ति कमजोर हुई। आज भारत ने इस क्षेत्र से कई

महत्वपूर्ण पाठ सीखे हैं और अब वह नक्सलवाद, उग्रवाद, और आतंरिक सुरक्षा को लेकर सतर्क है। भारतीय सेना और पुलिस बल, साथ ही अन्य सुरक्षा एजेंसियाँ, अब इन विद्रोहों और आंतरिक संकटों का प्रभावी तरीके से समाधान करने के लिए तैयार रहती हैं। इसके अलावा, मुग़ल साम्राज्य की एक और महत्वपूर्ण कमी यह थी कि उन्होंने अपनी नौसेना को पर्याप्त रूप से विकसित नहीं किया, जिससे पुर्तगालियों और अंग्रेज़ों को भारतीय समुद्री व्यापार पर नियंत्रण मिल गया। आज भारत ने इस कमजोरी से सीखा है और अपनी नौसैनिक शक्ति को विकसित करने के लिए INS विक्रांत, INS विक्रमादित्य जैसे शक्तिशाली विमानवाहक पोत और अन्य समुद्री सुरक्षा उपायों को स्थापित किया है, जिससे समुद्र में उसकी ताकत और सुरक्षा में वृद्धि हुई है।

10.4 इतिहास से सीख और वर्तमान में मुग़लों की प्रासंगिकता

मुग़ल साम्राज्य का प्रभाव सिर्फ उसके काल तक सीमित नहीं रहा, बल्कि उसके युद्ध रणनीतियाँ, प्रशासनिक नीतियाँ, सांस्कृतिक धरोहर और कूटनीतिक दृष्टिकोण आज भी भारतीय उपमहाद्वीप और वैश्विक राजनीति में गहरे प्रभाव डालते हैं। मुग़ल साम्राज्य ने युद्ध के मैदान में जो रणनीतियाँ अपनाई, जैसे कि खुफिया जानकारी का संकलन, रणनीतिक स्थानों पर हमले, और आक्रामकता के साथ-साथ सटीक कूटनीति, वे आज भी आधुनिक युद्धों और सैन्य रणनीतियों में महत्वपूर्ण मानी जाती हैं। इसके अलावा, मुग़ल काल में प्रशासन की जो दक्षता और केंद्रीयकरण की परंपरा स्थापित हुई, वह आज भी भारतीय सरकार की संरचना में प्रभावी है। सांस्कृतिक दृष्टिकोण से, मुग़ल साम्राज्य ने भारतीय कला, साहित्य, स्थापत्य और संगीत में जो योगदान दिया, वह आज भी हमारी सांस्कृतिक पहचान का अभिन्न हिस्सा है। कूटनीतिक दृष्टिकोण में, मुग़ल साम्राज्य ने पड़ोसी देशों के साथ रिश्तों को साधने की जो लचीली नीति अपनाई, वह आज भी अंतरराष्ट्रीय कूटनीति में प्रासंगिक है, जहां समझौते, सहयोग और शांति की दिशा में नीति बनाई जाती है। इस अध्याय में हम यह समझेंगे कि मुग़लकालीन युद्धों, राजनीतिक परिवर्तनों, सामाजिक प्रभावों और उनकी रणनीतियों से क्या महत्वपूर्ण पाठ सीखे जा सकते हैं, जो आज भी आधुनिक वैश्विक राजनीति और प्रशासन में उपयोगी साबित हो सकते हैं।

10.4.1 मुग़लकालीन युद्धों का दीर्घकालिक प्रभाव

मुग़ल काल में अपनाई गई सैन्य रणनीतियों का दीर्घकालिक प्रभाव आज भी महसूस किया जाता है। उदाहरण के लिए, तोपखाने युद्ध प्रणाली, घुड़सवार सेना का उपयोग और गुरिल्ला युद्ध के खिलाफ प्रतिक्रिया के तरीकों का अध्ययन आज भी सैन्य विज्ञान के

पाठ्यक्रमों में किया जाता है। मुग़ल साम्राज्य की विभिन्न सेनाओं ने इन रणनीतियों को बड़ी सफलता से लागू किया था, जो न केवल उनके समय में प्रभावी थीं, बल्कि बाद में विभिन्न युद्धों और संघर्षों में भी सहायक साबित हुईं। खासकर, मराठों, सिखों, राजपूतों और अफगानों के साथ हुए संघर्षों से मुग़ल शासकों ने स्थानीय विद्रोहों और अलगाववादियों से निपटने की रणनीतियाँ सीखीं, जो आज भी सुरक्षा और राजनीतिक स्थिरता के संदर्भ में महत्वपूर्ण हैं। इन संघर्षों से यह समझ आता है कि छोटी और जल्दी फैलने वाली सेनाओं के मुकाबले में एक संगठित सेना कैसे रणनीतिक रूप से विजय प्राप्त कर सकती है।

मुग़ल साम्राज्य की सैन्य शक्ति का एक अन्य दीर्घकालिक प्रभाव यह था कि प्रशासनिक और सैन्य असफलताओं से कई महत्वपूर्ण पाठ सीखे गए। मुग़ल साम्राज्य ने प्रारंभ में अपनी सैन्य शक्ति को संगठित रखा था, लेकिन दीर्घकालिक युद्धों, जैसे कि दक्कन अभियान, में आर्थिक और सैन्य कमजोरी के कारण उन्हें हार का सामना करना पड़ा। आज के संदर्भ में यह उदाहरण यह दर्शाता है कि लंबे समय तक चलने वाले युद्धों में केवल सैन्य ताकत ही नहीं, बल्कि सतत संसाधनों की उपलब्धता और रणनीतिक धैर्य भी अत्यंत महत्वपूर्ण हैं। बिना पर्याप्त आर्थिक और सैन्य समर्थन के, युद्धों का नतीजा अक्सर नकारात्मक हो सकता है। यही कारण है कि आज के सैन्य और राजनीतिक नेतृत्व में युद्धों की योजना बनाने और उन्हें सही संसाधनों के साथ संयोजित करने पर जोर दिया जाता है।

मुग़ल साम्राज्य में उत्तराधिकार संघर्षों ने भी साम्राज्य को कमजोर किया, जैसे कि औरंगज़ेब का अपने भाइयों से संघर्ष। इन युद्धों ने न केवल साम्राज्य की सैन्य ताकत को कमजोर किया, बल्कि साम्राज्य की राजनीतिक स्थिरता भी प्रभावित हुई। यह घटना आज के संदर्भ में यह सिखाती है कि सत्ता का शांतिपूर्ण हस्तांतरण और राजनीतिक स्थिरता कितनी महत्वपूर्ण हैं। आधुनिक लोकतंत्रों और शासनों में, यह सुनिश्चित करना कि सत्ता परिवर्तन हिंसक संघर्षों से मुक्त रहे, एक महत्वपूर्ण घटक है। यह एक बड़ी राजनीतिक और प्रशासनिक नीति बन चुकी है, जो देशों के अंदर स्थिरता और विकास को बढ़ावा देती है।

10.4.2 भारतीय उपमहाद्वीप में राजनीतिक और सैन्य बदलाव

मुग़ल साम्राज्य ने भारतीय उपमहाद्वीप में शक्ति संतुलन और क्षेत्रीय प्रतिद्वंद्विता की समस्या का सामना किया, जो आज भी महत्वपूर्ण है। मुग़ल साम्राज्य के दौरान राजपूतों, मराठों, सिखों, अफगानों और अंग्रेज़ों के साथ लगातार संघर्ष हुआ। यह संघर्ष क्षेत्रीय शक्ति संतुलन को प्रभावित करता था और विभिन्न शक्तियाँ एक-दूसरे के

खिलाफ संघर्ष करती थीं। यही स्थिति आज भी भारतीय उपमहाद्वीप में देखने को मिलती है, जहां भारत, पाकिस्तान, बांग्लादेश और अन्य दक्षिण एशियाई देशों के बीच क्षेत्रीय शक्ति संतुलन पर बहस और विवाद होते हैं। ये संघर्ष और प्रतिद्वंद्विता आज भी राजनीतिक निर्णयों, सुरक्षा नीतियों और अंतरराष्ट्रीय संबंधों को प्रभावित करती है, जो इन देशों के सामरिक और राजनीतिक दृष्टिकोण को दिशा देती है।

मुग़ल साम्राज्य में सैन्य सुधार और रणनीति के संदर्भ में एक महत्वपूर्ण बात यह थी कि मुग़ल शासकों ने मनसबदारी प्रणाली लागू की, लेकिन एक स्थायी सेना नहीं बनाई। यह कमी बाद में साम्राज्य की सैन्य शक्ति को कमजोर करने का कारण बनी। भारत ने मुग़लों से सीखा और अपनी सेना को एक स्थायी पेशेवर बल के रूप में विकसित किया, जो आज के भारतीय सेना की ताकत का एक प्रमुख हिस्सा है। स्थायी सेना की आवश्यकता को पहचानते हुए भारतीय सेना ने मजबूत और संगठित बलों की संरचना बनाई, जिससे उनकी सैन्य ताकत में सुधार हुआ और यह अधिक प्रभावी हो पाई। इसके विपरीत, मुग़ल साम्राज्य का सैन्य विस्तारवादी दृष्टिकोण, जैसे औरंगज़ेब का दक्कन में अनवरत अभियान, अंततः साम्राज्य के पतन का कारण बना। यह एक महत्वपूर्ण राजनीतिक पाठ है, जो आज भी यह सिखाता है कि आक्रामक सैन्य विस्तार के बजाय संतुलित कूटनीति और दीर्घकालिक रणनीतियाँ अधिक प्रभावी होती हैं।

10.4.3 मुग़ल संस्कृति और सामाजिक प्रभाव

मुग़ल साम्राज्य का भारतीय संस्कृति पर गहरा प्रभाव पड़ा, विशेष रूप से कला, स्थापत्य, और साहित्य के क्षेत्र में। मुग़ल काल के दौरान निर्मित कई अद्भुत स्मारक जैसे ताजमहल, लाल किला, फतेहपुर सीकरी और अन्य किलें भारतीय सांस्कृतिक धरोहर का अभिन्न हिस्सा बन गए हैं। इन स्मारकों ने भारतीय स्थापत्य कला को नया दिशा दी और विश्वभर में भारतीय कला की पहचान बनाई। मुग़ल कला ने संगमरमर, नक्काशी और रंगीन चित्रकला में नयापन जोड़ा, जो आज भी भारतीय संस्कृति की पहचान है। इसके साथ ही, मुग़ल काल में फारसी, हिंदी और उर्दू का सम्मिलन हुआ, जिसने भारतीय साहित्य और भाषा पर गहरा प्रभाव डाला। उर्दू और हिंदी भाषाओं का समागम, विशेष रूप से मुग़ल दरबार में, आज भी भारतीय साहित्य की समृद्ध धारा का हिस्सा है। इन भाषाओं ने भारतीय समाज में संवाद और कला के नए आयाम स्थापित किए, जो आज भी संस्कृति का अभिन्न अंग हैं।

धार्मिक सहिष्णुता और सामाजिक समरसता पर मुग़ल साम्राज्य का प्रभाव विशेष रूप से अकबर की सुलह-ए-कुल नीति से देखा जा सकता है। अकबर ने धार्मिक भेदभाव को खत्म करने के लिए एक व्यापक नीति अपनाई, जो सामाजिक सद्भाव और

सहिष्णुता की दिशा में थी। इसके विपरीत, औरंगज़ेब की धार्मिक नीतियों ने सामाजिक असंतोष को जन्म दिया, जिससे साम्राज्य की स्थिरता पर प्रतिकूल प्रभाव पड़ा। आज के भारत की धर्मनिरपेक्षता इसी प्रकार की धार्मिक सहिष्णुता और समाज में सभी धर्मों के सम्मान की नींव पर आधारित है। मुग़लकाल का सामाजिक जीवन खान-पान और रहन-सहन में भी गहरे प्रभाव छोड़ गया। मुग़लई व्यंजन जैसे बिरयानी, कबाब, नान, और कढ़ाई चिकन आज भी भारतीय उपमहाद्वीप में अत्यधिक लोकप्रिय हैं। इसके साथ ही, मुग़लकालीन पोशाकों जैसे शेरवानी, चूड़ीदार और दुपट्टा ने भारतीय फैशन में एक नई पहचान बनाई, जो आज भी पारंपरिक परिधानों के रूप में समाज में प्रचलित हैं।

10.4.4 वर्तमान विश्व व्यवस्था में मुग़लों की नीति से सीख

मुग़ल साम्राज्य ने अपने समय में वैश्विक कूटनीति और गठबंधन नीति को महत्वपूर्ण माना, विशेषकर फारस, तुर्की और यूरोपीय शक्तियों के साथ रिश्ते बनाने पर जोर दिया। हालांकि, अंग्रेज़ों की बढ़ती शक्ति को समय रहते पहचानने में विफलता ने बाद में साम्राज्य को बड़ी क्षति पहुंचाई। आज के समय में, भारत वैश्विक कूटनीति में एक स्थिर और सामंजस्यपूर्ण दृष्टिकोण अपनाता है। अंतरराष्ट्रीय गठबंधनों जैसे QUAD, BRICS और G20 के माध्यम से भारत अपनी रक्षा, विकास और सामरिक हितों की रक्षा करता है। इन गठबंधनों के जरिए, भारत वैश्विक मंच पर अपनी स्थिति को मजबूत करता है और अंतरराष्ट्रीय चुनौतियों का प्रभावी समाधान करता है, जैसा कि मुग़ल साम्राज्य ने एक समय में यूरोपीय शक्तियों से संपर्क किया था, लेकिन समय की आवश्यकता के अनुसार बदलाव की आवश्यकता होती है।

मुग़ल साम्राज्य में लंबे समय तक चलने वाले युद्धों और सैन्य विस्तार ने आर्थिक संकट को जन्म दिया, जिससे अंततः साम्राज्य कमजोर पड़ा। यह दिखाता है कि सैन्य और आर्थिक संसाधनों का संतुलन बनाए रखना कितना महत्वपूर्ण है। आज, भारत ने इस बिंदु से सीख लेते हुए अपनी रक्षा नीति और आर्थिक नीति के बीच संतुलन बनाए रखा है। भारत ने अपनी सैन्य ताकत को बढ़ाने के साथ-साथ आर्थिक विकास की दिशा में भी ठोस कदम उठाए हैं। प्रशासनिक अस्थिरता और दरबारी षड्यंत्रों के कारण मुग़ल साम्राज्य के पतन में अहम भूमिका थी, जिससे यह प्रमाणित होता है कि एक मजबूत और स्थिर प्रशासन का होना कितना महत्वपूर्ण है। आज भारत एक मजबूत लोकतांत्रिक प्रणाली और प्रभावी प्रशासनिक नीति को अपनाकर अपनी राजनीतिक स्थिरता बनाए रखता है, जिससे उसे आंतरिक और बाहरी चुनौतियों का सामना करने में मदद मिलती है।

निष्कर्ष

मुग़ल साम्राज्य की युद्ध नीति और सैन्य संगठन भारतीय उपमहाद्वीप के इतिहास का एक महत्वपूर्ण अध्याय रहे हैं। शुरुआत में, मुग़ल साम्राज्य का सैन्य संगठन बहुत मजबूत था और उसने भारतीय राजनीति को दशकों तक प्रभावित किया। विशेष रूप से अकबर और जहाँगीर के समय मुग़ल सेना अपने चरम पर थी। उनके द्वारा अपनाई गई युद्ध नीति और कूटनीति ने उन्हें स्थानीय शक्तियों पर विजय दिलाई और साम्राज्य को विस्तारित किया। अकबर ने राजपूतों के साथ सुलह-ए-कुल नीति अपनाई और राजनीतिक गठबंधनों को प्राथमिकता दी, जिससे मुग़ल साम्राज्य स्थिर और शक्तिशाली बना। लेकिन समय के साथ, जैसे-जैसे औरंगज़ेब के शासन का विस्तार हुआ और लंबे समय तक युद्धों में मुग़ल सेना उलझी रही, इसकी सैन्य ताकत में कमी आनी शुरू हो गई।

युद्ध नीति में एक बड़ी कमजोरी यह थी कि मुग़लों ने अपनी नौसेना को उतना महत्व नहीं दिया, जितना उन्हें देना चाहिए था। जबकि पुर्तगाली, डच और अंग्रेज़ जैसे यूरोपीय राष्ट्र समुद्री मार्गों पर नियंत्रण रखते हुए भारतीय उपमहाद्वीप में अपनी ताकत बढ़ा रहे थे, मुग़ल साम्राज्य स्थलीय युद्धों पर निर्भर था। इस कारण वे वैश्विक शक्ति संघर्ष में कमजोर पड़ गए। साथ ही, अकबर की सुलह-ए-कुल नीति जैसे समावेशी दृष्टिकोण से शुरुआत होने के बावजूद, औरंगज़ेब के कट्टर धार्मिक दृष्टिकोण ने साम्राज्य को आंतरिक विद्रोहों और विरोधों के रास्ते पर डाल दिया, जिससे प्रशासनिक और सैन्य नियंत्रण कमजोर हुआ।

मनसबदारी प्रणाली, जो प्रारंभ में प्रशासनिक और सैन्य दृष्टि से प्रभावी थी, बाद में भ्रष्टाचार और कुप्रबंधन के कारण विफल हो गई। सैनिकों की गुणवत्ता में गिरावट आई और उनकी वेतन व्यवस्था अस्थिर हो गई। मुग़ल सैन्य की सबसे बड़ी ताकत - तोपखाने और घुड़सवार सेना - समय के साथ कमजोर हो गई, क्योंकि संसाधन और प्रबंधन में कमी आ गई थी। मुग़ल साम्राज्य की संघर्षशीलता और उसकी सैन्य प्रणाली का एक अन्य महत्वपूर्ण पहलू उसके भीतर की आंतरिक अस्थिरता थी। उत्तराधिकार के युद्धों ने भी साम्राज्य को कमजोर किया और इससे सैनिकों की मनोबल पर विपरीत प्रभाव पड़ा। मराठों, सिखों और जाटों जैसे स्थानीय विद्रोहों ने मुग़ल सैन्य पर लगातार दबाव डाला। इन संघर्षों ने धीरे-धीरे मुग़ल सेना की शक्ति को कमजोर किया और अंततः, यह उस बिंदु तक पहुँच गई जहाँ साम्राज्य को ब्रिटिश ईस्ट इंडिया कंपनी जैसे बाहरी शत्रुओं से मुकाबला करने में कठिनाई का सामना करना पड़ा।

इसके अतिरिक्त, आर्थिक दबाव और लगातार युद्धों के कारण मुग़ल साम्राज्य के संसाधन समाप्त हो गए थे। यह स्थिति ऐसी बनी कि मुग़ल राज्य को अपनी सैन्य ताकत बनाए रखने के लिए संघर्ष करना पड़ा और परिणामस्वरूप, साम्राज्य की दीर्घकालिक स्थिरता में कमी आई। अंग्रेज़ों ने इस अवसर का फायदा उठाया और धीरे-धीरे भारत में अपना प्रभुत्व स्थापित कर लिया।

इससे यह स्पष्ट होता है कि मुग़ल साम्राज्य की युद्ध नीति, भले ही कुछ समय तक प्रभावी रही हो, लेकिन समय के साथ इसके भीतर की कमजोरियों ने इसे ध्वस्त कर दिया। अगर मुग़ल शासक अपनी सैन्य रणनीतियों को समय के साथ अद्यतन करते और आर्थिक, प्रशासनिक और कूटनीतिक दृष्टिकोण में सुधार करते, तो शायद साम्राज्य का पतन इतनी जल्दी नहीं होता।

मुग़ल युद्ध नीति से हम कई महत्वपूर्ण सबक ले सकते हैं। सबसे पहले, सैन्य और वित्तीय संतुलन बनाए रखना बहुत महत्वपूर्ण होता है, क्योंकि अगर यह संतुलन बिगड़ता है तो एक साम्राज्य की स्थिरता खतरे में पड़ जाती है। दूसरा, एक मजबूत प्रशासनिक तंत्र और कूटनीतिक गठबंधनों की नीति को बनाए रखना दीर्घकालिक स्थिरता के लिए आवश्यक है। तीसरा, विदेशी ताकतों के बढ़ते प्रभाव को समय रहते पहचानना और उससे निपटने के लिए प्रभावी उपाय करना चाहिए। चौथा, एक साम्राज्य को सिर्फ सैन्य बल पर निर्भर नहीं रहना चाहिए, बल्कि उसे आर्थिक विकास और सामाजिक समरसता पर भी ध्यान देना चाहिए।

इन सबकों ध्यान में रखते हुए, मुग़ल साम्राज्य की युद्ध नीति और उसकी असफलताओं ने भारतीय इतिहास पर गहरा प्रभाव डाला। इसके बावजूद, मुग़ल सैन्य संगठन और उनकी कूटनीतिक रणनीतियों के कुछ तत्व आधुनिक भारतीय सेना और राजनीतिक दृष्टिकोण में आज भी जीवित हैं।

प्रश्न

- मुग़ल साम्राज्य की युद्ध नीति और सैन्य संगठन की विशेषताओं का विश्लेषण करें। इसके साथ ही यह भी बताएं कि समय के साथ इन नीतियों में क्या कमियाँ उत्पन्न हुईं, और इन कमियों का साम्राज्य के पतन पर क्या प्रभाव पड़ा?

- मुग़ल साम्राज्य की कूटनीतिक नीतियों और गठबंधनों का विश्लेषण करें। विशेष रूप से अकबर की सुलह-ए-कुल नीति और मराठों, सिखों, तथा राजपूतों के साथ गठबंधन पर चर्चा करें। यह बताएं कि इन नीतियों का साम्राज्य की दीर्घकालिक स्थिरता पर क्या प्रभाव पड़ा और क्यों कुछ नीतियाँ असफल रहीं?

- मुग़ल साम्राज्य के पतन के कारणों का विस्तार से विश्लेषण करें। विशेष रूप से प्रशासनिक अस्थिरता, आर्थिक दबाव, और सैन्य नीतियों की कमज़ोरियों को ध्यान में रखते हुए, यह बताएं कि ये कारण किस प्रकार साम्राज्य के अंत का कारण बने और कैसे इनकी उपेक्षा ने ब्रिटिश ईस्ट इंडिया कंपनी को भारत में अपनी स्थिति मजबूत करने का अवसर दिया?

शब्दावली (Glossary)

- **मुग़ल (Mughal):** मुग़ल साम्राज्य के शासक और उनके वंशज। मुग़ल साम्राज्य का शासन भारतीय उपमहाद्वीप में 1526 से 1857 तक रहा। यह साम्राज्य बाबर से शुरू होकर औरंगजेब तक फैला था।

- **आइन-ए-अकबरी (Ain-i-Akbari):** अकबर के दरबारी मंत्री अबुल फजल द्वारा लिखा गया एक ऐतिहासिक दस्तावेज़, जिसमें अकबर के शासन, प्रशासन, और राजस्व व्यवस्था के बारे में विस्तृत जानकारी दी गई है।

- **जमीनदारी व्यवस्था (Zamindari System):** भूमि पर अधिकार रखने वाले जमींदारों के माध्यम से भूमि करों का संग्रहण और वितरण की एक प्रणाली, जिसे मुग़ल काल में लागू किया गया था।

- **मनसबदारी प्रणाली (Mansabdari System):** मुग़ल प्रशासनिक और सैन्य पदवी प्रणाली, जिसमें अधिकारियों को उनके पद और घुड़सवार सैनिकों की संख्या के आधार पर रैंक दी जाती थी। इसे अकबर ने लागू किया था।

- **तोपखाना (Topkhana):** मुग़ल सेना का तोपखाना विभाग, जिसमें बड़ी और छोटी तोपों का इस्तेमाल किया जाता था। बाबर ने पानीपत की पहली लड़ाई (1526) में बारूद आधारित तोपखाने का प्रभावी उपयोग किया था।

- **तुलगुमा (Tulughma):** युद्ध में प्रयुक्त एक विशेष सैन्य रणनीति, जिसमें सेना को कई भागों में बाँटकर दुश्मन को चारों ओर से घेर लिया जाता था। इसे बाबर ने भारत में लागू किया।

- **जज़िया कर (Jizya Tax):** ग़ैर-मुस्लिम प्रजा पर लगाया जाने वाला कर, जिसे अकबर ने 1564 में समाप्त कर दिया, लेकिन औरंगजेब ने पुनः लागू किया।

- **सुबाह (Subah):** मुग़ल साम्राज्य को बड़े प्रशासनिक भागों में बाँटकर बनाए गए प्रांत। प्रत्येक सुबाह का प्रशासन एक सूबेदार (गवर्नर) देखता था।

- **कारखाना (Karkhana):** मुग़ल शासन के अधीन विभिन्न वस्त्र, हथियार, आभूषण और अन्य सामान के निर्माण और संग्रह के लिए बनाई गई सरकारी कार्यशालाएँ।

- **हल्दीघाटी का युद्ध (Battle of Haldighati):** 1576 में अकबर की सेना और महाराणा प्रताप के बीच लड़ा गया प्रसिद्ध युद्ध, जिसमें मुग़ल सेना का नेतृत्व राजा मान सिंह ने किया था।

- **राजपूत नीति (Rajput Policy):** अकबर द्वारा अपनाई गई कूटनीतिक नीति, जिसके तहत उसने राजपूत शासकों से संधियाँ कीं, उनके साथ वैवाहिक संबंध स्थापित किए, और उन्हें मुग़ल प्रशासन में उच्च पद प्रदान किए।

- **शाही फरमान (Shahi Farman):** मुग़ल सम्राट द्वारा जारी किया गया आधिकारिक आदेश, जिसे साम्राज्य भर में मान्यता प्राप्त थी।

- **सुलह-ए-कुल (Sulh-i-Kul):** अकबर द्वारा अपनाई गई धार्मिक सहिष्णुता की नीति, जिसका अर्थ "सार्वभौमिक मेल-मिलाप" था। इसके तहत सभी धर्मों के लोगों को समान अधिकार दिए गए।

- **फौजदार (Faujdar):** मुग़ल साम्राज्य में कानून व्यवस्था बनाए रखने और प्रशासन चलाने वाला उच्च सैन्य अधिकारी।

- **दारोगा (Daroga):** विभिन्न विभागों का अधिकारी, जो कारखानों, बाजारों और सुरक्षा विभागों की देखरेख करता था।

- **दाग़ प्रणाली (Dagh System):** घोड़ों और सैनिकों की पहचान सुनिश्चित करने की एक प्रणाली, जिसे अकबर ने अपने सैन्य प्रशासन में लागू किया था।

- **पट्टा (Patta):** भूमि का अधिकार-पत्र, जो किसानों को उनके खेतों की अधिकृत स्वामित्व और कर प्रणाली को सुनिश्चित करने के लिए दिया जाता था।

- **मुफ्ती (Mufti):** इस्लामी न्यायशास्त्र का ज्ञाता, जो धार्मिक मामलों में परामर्श देता था और न्यायिक निर्णयों में सहायता करता था।

- **रायसिंगी (Raisingi):** महत्वपूर्ण प्रशासनिक पद, जो विभिन्न क्षेत्रों की देखरेख करता था।

- **गुंबद (Gumbad):** मुग़ल वास्तुकला में प्रयुक्त एक प्रमुख संरचनात्मक तत्व, जो कई ऐतिहासिक इमारतों, जैसे ताजमहल, हुमायूँ का मकबरा आदि में देखा जाता है।

- **चहार बाग (Charbagh):** मुग़ल बागवानी का एक विशेष शैलीगत नमूना, जिसमें चार भागों में बगीचों को विभाजित किया जाता था। ताजमहल और हुमायूँ का मकबरा इसके उदाहरण हैं।

- **बख़्शी (Bakshi):** मुग़ल सेना में सैनिकों की भर्ती और वेतन के प्रबंधन का अधिकारी।

- **दस्तक (Dastak):** व्यापारियों को दिया गया शाही आदेश-पत्र, जिससे वे बिना कर दिए व्यापार कर सकते थे। अंग्रेजों ने बंगाल में इसका दुरुपयोग किया।

- **इलाही सिक्का (Ilahi Sikka):** अकबर द्वारा जारी किया गया विशेष सिक्का, जो उसके द्वारा प्रचारित दीन-ए-इलाही की विचारधारा से संबंधित था।

- **बारूदखाना (Baroodkhana):** मुग़ल सेना का शस्त्रागार, जहाँ युद्ध के लिए गोला-बारूद, बंदूकें और तोपों का संग्रह किया जाता था।

- **दीन-ए-इलाही (Din-i-Ilahi):** अकबर द्वारा प्रतिपादित एक आध्यात्मिक विचारधारा, जो विभिन्न धर्मों के तत्वों को मिलाकर बनाई गई थी।

- **खिलअत (Khilat):** सम्मानस्वरूप किसी अधिकारी या सरदार को दिया जाने वाला वस्त्र या उपहार।

- **महल (Mahal):** मुग़ल शाही परिवार के निवास स्थान, विशेष रूप से महिलाओं के लिए सुरक्षित हरम क्षेत्र।

- **हरम (Harem):** मुग़ल राजाओं और कुलीनों के परिवारों में महिलाओं के लिए विशेष रूप से सुरक्षित महल क्षेत्र।

- **शिकदर (Shikdar):** एक स्थानीय प्रशासनिक अधिकारी, जो परगनों का प्रबंधन करता था और कानून-व्यवस्था बनाए रखता था।

- **मिर्ज़ा (Mirza):** मुग़ल वंश से संबंधित कुलीन व्यक्तियों को दी जाने वाली उपाधि।

- **राय (Rai):** स्थानीय हिंदू जमींदारों या प्रमुखों को दी जाने वाली प्रशासनिक उपाधि।

- **घाघरा का युद्ध (Battle of Ghaghra):** 1529 में बाबर और अफ़ग़ान सरदारों के बीच लड़ा गया युद्ध, जिसमें बाबर की निर्णायक विजय हुई।

- **सुलतानत-ए-मुग़लिया (Sultanate-e-Mughalia):** मुग़ल साम्राज्य को संदर्भित करने वाला शब्द, जो शाही मुहर और प्रशासनिक अभिलेखों में प्रयुक्त होता था।

- **अकबरनामा (Akbarnama):** अकबर के शासनकाल का विस्तृत इतिहास, जिसे अबुल फजल ने लिखा था।

- **आमिल (Amil):** मुग़ल शासन में राजस्व अधिकारी, जो कर संग्रहण का कार्य करता था।

- **दार-उल-शफा (Dar-ul-Shifa):** मुग़लकालीन अस्पताल, जहाँ मुफ्त चिकित्सा सेवाएँ दी जाती थीं।

- **चौसा का युद्ध (Battle of Chausa):** 1539 में हुमायूँ और शेरशाह सूरी के बीच लड़ा गया युद्ध, जिसमें हुमायूँ को पराजय का सामना करना पड़ा।

- **अल्लमगीर (Alamgir):** औरंगज़ेब द्वारा अपनाई गई उपाधि, जिसका अर्थ "संसार विजेता" होता है।

- **नवरत्न (Navratnas):** अकबर के दरबार में नौ प्रमुख विद्वान और सलाहकार, जिनमें अबुल फजल, बीरबल, टोडरमल, राजा मान सिंह आदि शामिल थे।

संदर्भ ग्रंथों सूची

- अबुल फ़ज़ल। (1590)। अकबरनामा (खंड 1-3)। एच. बेवरिज द्वारा अनुवादित। एशियाटिक सोसाइटी ऑफ बंगाल।

- अबुल फ़ज़ल। (1595)। आइन-ए-अकबरी। एच. ब्लॉचमैन द्वारा अनुवादित। एशियाटिक सोसाइटी ऑफ बंगाल।

- बाबर, ज़हीर उद्दीन। (1526)। बाबरनामा। ए. बेवरिज (1922) द्वारा अनुवादित। ऑक्सफोर्ड यूनिवर्सिटी प्रेस।

- गुलबदन बेगम। (1587)। हुमायूँनामा। ए.एस. बेवरिज द्वारा अनुवादित। रॉयल एशियाटिक सोसाइटी।

- मुहम्मद क़ासिम फ़रिश्ता। (1611)। तारीख-ए-फ़रिश्ता। जे. ब्रिग्स (1829) द्वारा अनुवादित। रॉयल एशियाटिक सोसाइटी।

- अब्बास खान सरवानी। (1580)। तारीख-ए-शेरशाही। ई. थॉमस (1871) द्वारा अनुवादित। बैपटिस्ट मिशन प्रेस।

- सतीश चंद्र। (2007)। मध्यकालीन भारत: सल्तनत से मुग़ल काल तक (1206-1748)। हर-आनंद पब्लिकेशन।

- इरफ़ान हबीब। (1999)। मुग़ल भारत की कृषि प्रणाली: 1556-1707। ऑक्सफोर्ड यूनिवर्सिटी प्रेस।

- जे.पी. शर्मा। (2001)। मुग़ल कला और संस्कृति। नेशनल बुक ट्रस्ट।

- सतीश चंद्र। (1996)। मुग़ल युद्ध और सैन्य व्यवस्था। ओरिएंट ब्लैकस्वान।

- जॉन एफ. रिचर्ड्स। (1993)। मुग़ल साम्राज्य। कैम्ब्रिज यूनिवर्सिटी प्रेस।

- जदुनाथ सरकार। (1991)। मुग़ल साम्राज्य का पतन (खंड 1-4)। ओरिएंट लॉन्गमैन।

- माइकल फिशर। (2016)। मुग़ल साम्राज्य का संक्षिप्त इतिहास। ब्लूम्सबरी अकादमिक।

- विलियम डेलरिंपल। (2006)। द लास्ट मुग़ल: एक वंश का पतन: दिल्ली, 1857। ब्लूम्सबरी पब्लिशिंग।

- रिचर्ड ईटन। (2003)। भारत की इस्लामी परंपराएँ: 711-1750। ऑक्सफोर्ड यूनिवर्सिटी प्रेस।

- कैथरीन एशर और सिंथिया टैलबॉट। (2006)। यूरोप से पहले भारत। कैम्ब्रिज यूनिवर्सिटी प्रेस।

- ऑड्री ट्रशके। (2017)। औरंगज़ेब: द मैन एंड द मिथ। स्टैनफोर्ड यूनिवर्सिटी प्रेस।

- आर.पी. त्रिपाठी। (1930)। शाहजहाँ और उसका युग। बनारस हिंदू यूनिवर्सिटी प्रेस।

- सतीश चंद्र। (2002)। मुग़ल भारत में युद्ध और समाज। ऑक्सफोर्ड यूनिवर्सिटी प्रेस।

- वाल्डेमार हैनसेन। (1986)। द पीकॉक थ्रोन: द ड्रामा ऑफ़ मुग़ल इंडिया। मोतीलाल बनारसीदास।

- आर.वी. स्मिथ। (2012)। दिल्ली: एक जीवनी। रूपा पब्लिकेशन।

- जे.एफ. रिचर्ड्स। (1998)। मुग़ल युद्ध प्रणाली: भारतीय सीमाएँ और साम्राज्य के राजमार्ग, 1500-1700। रूटलेज।

- शर्मा, योगेंद्र। (2016)। मुग़ल साम्राज्य का पतन और उसके कारण। दिल्ली: ओजस्वी प्रकाशन।

- राय, ब्रजेश। (2014)। भारत में मुग़ल साम्राज्य: एक ऐतिहासिक परिप्रेक्ष्य। दिल्ली: जयपुर प्रकाशन।

- कुमार, प्रदीप। (2012)। मुग़ल काल में महिलाएं और उनका समाज। पटना: बिहार यूनिवर्सिटी प्रेस।

- गुप्ता, वीरेन्द्र। (2009)। मुग़ल साम्राज्य और उसका प्रशासनिक ढांचा। मुंबई: शंकर पब्लिशिंग हाउस।

- आलोक, आशीष। (2003)। मुग़ल कला और संस्कृति। भोपाल: मध्यप्रदेश राज्य प्रकाशन।

- द्विवेदी, सूरज। (2018)। मुग़ल साम्राज्य के धार्मिक और सांप्रदायिक संबंध। इलाहाबाद: प्रगति प्रकाशन।

- शर्मा, माधुरी। (2011)। मुग़ल साम्राज्य में महिलाओं की स्थिति। दिल्ली: सिद्धार्थ पब्लिकेशंस।

- तिवारी, अशोक कुमार। (2015)। मुग़ल साम्राज्य और भारतीय समाज। बनारस: काशी प्रकाशन।

- नंद, बृज। (2006)। मुग़ल साम्राज्य में व्यापार और अर्थव्यवस्था। दिल्ली: चंद्रकांत प्रकाशन।

- सिंह, नरेंद्र। (2004)। मुग़ल साम्राज्य में न्याय व्यवस्था। दिल्ली: भारत विकास प्रकाशन।

- नरायण, सुदर्शन। (2010)। मुग़ल शासकों की संस्कृति और कलाएं। अहमदाबाद: गुजराती पुस्तकालय।

- Singh, Sushma Kumari. (2024). मुग़ल शासन और उत्तरी भारत का नवीनीकरण. New Delhi: AkiNik Publications. ISBN: 978-93-6135-465-6

- दत्ता, सुभाष। (2013)। भारत में मुग़ल साम्राज्य और उसका सामाजिक ढांचा। दिल्ली: लेखनी प्रकाशन।

- शुक्ला, भानु। (2019)। मुग़ल साम्राज्य का सांस्कृतिक विस्तार। लखनऊ: नवज्योति प्रकाशन।

- सिंह, रेखा। (2008)। मुग़ल साम्राज्य में सैन्य संगठन और युद्ध नीति। दिल्ली: भारतीय प्रकाशन।

- कृष्ण, पंकज। (2000)। अकबर का शासन और उसकी राजनीतिक विचारधारा। दिल्ली: गगन प्रकाशन।

- सिंह, जगत नारायण। (2012)। मुग़ल साम्राज्य और धार्मिक सहिष्णुता। बरेली: श्रीराम पुस्तकालय।

- रामनिवास, त्रिपाठी। (2005)। मुग़ल साम्राज्य और उसकी संरचनाएँ। जयपुर: मेघा प्रकाशन।

- सिंह, दीपक। (2007)। मुग़ल साम्राज्य के उत्थान और पतन के कारण। इलाहाबाद: भारत पुस्तक केंद्र।

- Singh, Sushma Kumari. (2025). मुग़ल साम्राज्य: उदय, स्थापना और कला का वैभव. New Delhi: Integrated Publications. ISBN: 978-93-5834-517-9.